TABI
CONTENTS
旅コンテンツ
完全セレクション

神秘の
聖地 聖域
パワースポット
西日本

Sanctuary, sacred places and power spots in western Japan

心のままに聖地聖域で祈る

神仏に手を合わせ、パワースポットで「気」を浴びる。
見えない何かを畏れ、祈る。願い事の成就を信じて。

それにしても何故に、これほど夥しい数の神社仏閣、
聖地聖域といわれる場所があるのだろうか。

ある人は、清々しい心持ちになるとか、心が洗われ
るとか言うが、それを気のせいだと抗するほど科学
的物理的になにかが見えるわけではない。が、見え
る人にはそれが見えているらしく、感知もしている
らしい。ドイツのある詩人は、見えないものを見て、
聴こえない音を聴け、と叫んだというが、凡人はた
だわけもわからず、神妙に手を合わせ、祈ってみる
のみ。神仏に祈るのは現世のご利益。それは世俗の
欲に執着することで奥ゆかしくないとする宗派もあ
るようだが、これは難しい。

パワースポットなどを信じる心根にあるのは、まさ
しく現世の世俗的なご利益だ。

聖地聖域といわれる場所では、過去の「奇蹟」が伝
説として語られることが多い。フランスのルルドに
は、かつて聖母の出現という奇蹟があって、以来パ
ワースポットだという。秋田には涙を流した聖母像
があるそうだ。世界中こういう奇蹟には事欠かない
が、奇蹟を信じたい傾向と、信仰や信心とはどこか
相通じるように思われる。

超常現象などというもの、見えない凡人にはどれほ
どいかがわしくても、見える人のリアルにはかなわ
ない。しかしそもそも信仰や信心とは人の意識の領
域。心のありよう。ならばそれこそ誰の目にも見え
ず自在だから、存分に神仏に願い、パワースポット
に期待するがよかろう。

本書は、見える人から見えない人へのメッセージと
思っていただければよい。

英彦山神宮の参道(福岡県)

モダンなデザインの社殿

足王社(愛知県)

いにしえの巨石信仰

磐船神社(大阪府)

CONTENTS
—— 神秘の聖地 聖域 パワースポット 西日本

神たちの聖地 `P99`
神話に導かれる旅へ

奇蹟の寺社 `P125`
固有の秘密に心を預ける

山岳信仰 `P135`
威容を誇る山々に祈る

祈願別スポット `P163`
ご利益を求めて神社を巡る

京都奈良の聖地
世界遺産の神社仏閣へ
P199

特異なパワースポット
伝説の霊力を秘める寺社
P227

絶景パワースポット
大自然の力が結ばれる場所
P247

水辺のパワースポット
水神が棲む滝と泉へ
P277

神秘の奇岩と巨石　P289
石たちが孕む不思議な力

巡礼の旅　P313
祈りの道を歩く

本書のご利用にあたって

● 本書中のデータは2023年1～2月現在のものです。料金、開門・開業時間、営業時間、休業日、メニューや商品の内容などが、諸事情により変更される場合がありますので、ご利用の際は事前にご確認ください。個人的なトラブルに関しましては、当社では一切の責任を負いかねますので、あらかじめご了承ください。
● 開門・開業時間、営業時間は実際に利用できる時間を示しています。参拝自由と表記の場合でも、社務所の受付時間などは別途定められている場合がありますのでご注意ください。
● 神社仏閣・各施設の開門・開業時間、営業時間は、変更される場合がありますので、ご利用の際は公式HPなどで事前にご確認ください。また、新型コロナ感染症予防対策のため従来と異なる場合があり、今後の推移により変更される場合があります。
● 休業日に関しては、基本的に定休日のみを記載しており、年末年始の休業は原則として記載していません。特に記載のない場合でもゴールデンウィーク、夏季、行事期間などに休業することがあります。
● 料金は消費税込みの料金を示していますが、変更する場合がありますのでご注意ください。また、料金に関して、参拝自由、無料と表記している場合でも、境内の諸施設ごと、また時期により別途費用がかかる場合があります。
● 交通表記における所要時間、最寄り駅、IC(インターチェンジ)などからの所要時間は目安としてご利用ください。
● 本書では山間部などアクセス難易度が高い場所も紹介しています。自然災害などで通行止めや立ち入り禁止になる場合もありますので、公式機関のHPなどで事前にご確認ください。

■ データの見方
- ☎ 電話番号
- 所 所在地
- 開 開門／開業時間
- 営 営業時間
- 休 定休日
- 料 料金

■ 地図のマーク
- ⛩ 神社
- 卍 寺院
- ⊗ 学校
- H 宿泊施設
- R 飲食店
- C カフェ
- S ショップ

五大聖地

伊勢、出雲、熊野、高千穂、阿蘇。
古来より人々に崇められ、そして親しまれてきた
西日本にある5つの聖地・聖域を訪れる。

2000年の時を刻み、再生を続ける一大聖地

伊勢 いせ

八百万の神の最高神である天照大御神を主祭神に祀る伊勢神宮は、
「日本人の心のふるさと」と呼ばれて、親しみと崇敬を集めてきた。
「一生に一度はお伊勢参り」をするのが江戸時代の庶民の憧れであり、
今日もなお、全国津々浦々から伊勢を目指して参詣者が訪れる。
式年遷宮で20年に一度生まれ変わる社殿はみずみずしく保れ、
古式ゆかしい建築の並ぶ境内は清浄な空気に包まれている。

9

内宮・外宮など125社からなる
日本全国の神社の中心的存在

伊勢神宮
いせじんぐう

三重県伊勢市

MAP P.329C2

　正式な名称を神宮といい、創建は約2000年前と伝えられる日本有数の古社。江戸時代には伊勢信仰が庶民に普及し、集団で伊勢へ参詣するおかげ参りがブームとなった。神宮の神域は内宮と外宮を中心に広域にわたる。内宮には日本人の大御祖神とされ、最高位の神である天照大御神を祀る。外宮に祀られる豊受大御神は天照大御神の食を司る神で、衣食住の神として崇敬されている。

　太古の面影を残す社殿では、日々の神事が脈々と続けられている。主祭神を祀る正宮以外にも、別宮や摂社、末社など多くの宮社が内宮や外宮に点在している。時間をかけてじっくりと参拝したい。

外宮と内宮の間を移動する

JR／近鉄・伊勢市駅から外宮へは徒歩圏内。外宮と内宮は離れているので、車かバスを利用する。バスの場合、三重交通の路線バスが2系統と周遊バスのCANバスの3種類が運行。所要10〜17分（系統により異なる）。

伊勢市中心に鎮座する
衣食住、産業の守り神

伊勢神宮 外宮
いせじんぐう げくう

三重県伊勢市　　**MAP** P.329C2

　外宮は正式には豊受大神宮といい、内宮創建から約500年後の雄略天皇22年（478）に鎮座したと伝わる。主祭神は天照大御神の食をつかさどる豊受大御神。衣食住の恵みを与える産業神ともいわれている。主祭神を祀る正宮や別宮などへ参拝したあとは、せんぐう館も訪れたい。参拝では近づけない御正殿の原寸大模型が展示されており、装束、神宝などの一部も見学できる。

御祭神

　豊受大御神 とようけのおおみかみ

主なご利益

　衣食住、産業に関する
　ご利益全般

DATA & ACCESS

☎0596-24-1111（神宮司庁）　🏠三重県伊勢市豊川町　⏰5:00〜18:00（5〜8月は〜19:00、10〜12月は〜17:00）　休無休　料無料　🚃JR／近鉄・伊勢市駅から徒歩5分　🅿あり

❶ 歩きながら心を清める道

表参道
おもてさんどう

第一、第二鳥居に続く参道。足元に敷かれた玉砂利が身を清め、心を落ち着かせてくれる。

約1500年前に豊受大御神が鎮座。祭典の順序にならい内宮に先立ってお参りを

❷ 外宮の中心的な宮社

正宮
しょうぐう

祭神の豊受大御神を御正殿に祀る。御正殿は唯一神明造と呼ばれる神宮独特の神社建築。四重の御垣に守られてりおり、一般参拝は外から二重目の御垣に設けられた外玉垣 南 御門で行う。

❸ 正宮に次ぐ格式

多賀宮
たかのみや

別宮

小高い丘に建つ宮社。主祭神・豊受大御神の荒御魂を祀り、別宮で最上位の格式を持つ。荒々しく力強い御魂といわれている。

❹ 古くからの土地の神様

土宮
つちのみや

別宮

外宮の創建前から祀られる土地の守り神。平安末期からは外宮の地主神、宮川堤防の守護神とされた。ほかの別宮は南向きで、土宮のみ東向きに建つ。

⑤ 蒙古軍から日本を守った

風宮
かぜのみや

祭神は、農業で大切な風雨を司る神様。鎌倉時代(げんこう)の元寇(げんこう)の際に、祭神が神風(みかぜ)を吹かせて蒙古軍を退けたと伝えられる。

⑥ 御朱印やお守りも受けられる祈祷所

神楽殿
かぐらでん

御饌(みけ)(お祓い)と御神楽(みかぐら)(舞楽奉納)の2種の祈祷を行う。授与所でお守りや御朱印の記帳も受け付ける。

⑦ 毎月3回神馬がお参り

御厩
みうまや

皇室から奉納された神馬を飼育。毎月1・11・21日の朝8時頃、菊花紋章の馬衣で正宮へ参拝する様子が見られる。

⑧ 式年遷宮や神宮を紹介

せんぐう館
せんぐうかん

外宮御正殿の原寸大模型のほか、20年に一度の式年遷宮を紹介する展示や映像も見学でき、伊勢神宮について詳しく学べる。

外宮ならではの神様の食

外宮には、神様が毎日召し上がる食事(神饌(しんせん))用の台所(忌火屋殿(いみびやでん))と食堂(御饌殿(みけでの))がある。神職たちは毎日朝夕に神饌を調理し、御饌殿へ供える。1日2回なのは、古代の人々が1日2食だったからという。

伊勢神宮 外宮 **MAP**

皇室のご祖神である
天照大御神の御鎮座地

伊勢神宮 内宮
いせじんぐう ないくう

三重県伊勢市 MAP P.329C2

正式には皇大神宮といい、神宮の中心的な地。約2000年前に、この地に天照大御神が祀られたのが神宮の起源とされる。清流・五十鈴川のほとりに神域の森が広がる。宇治橋を渡って鳥居をくぐり、森に続く参道の先が祭神を祀る正宮。子授け、安産の子安神社など多くの宮社が点在。

DATA & ACCESS

☎0596-24-1111(神宮司庁) 🏠三重県伊勢市宇治館町1 🕐5:00～18:00(5～8月は～19:00、10～12月は～17:00) 🈺無休 🎫無料 🚉JR／近鉄・伊勢市駅から三重交通バス・内宮前行きで10～17分、終点下車、徒歩すぐ Ｐあり

御祭神

天照大御神 あまてらすおおみかみ

主なご利益

開運、出世、健康祈願、
厄除など

1 五十鈴川を渡って森の中の聖域へ
宇治橋
うじばし

日常の世界と神聖な世界を結ぶのは長さ約100mの反り橋。20年に一度、式年遷宮の4年前に架け替えられる。

2 春に横綱土俵入りを奉納
神苑
しんえん

参道両側に松が並び、芝生が広がる。春と秋の神楽祭では舞台が設置されて舞楽を公開し、大相撲春巡業の際には横綱土俵入りが奉納される。

3 手のお清めは清水で

御手洗場
みたらし

五十鈴川沿いに設けられた、古来よりのお清めの場。岸辺に敷かれている石畳は、徳川綱吉の生母・桂昌院が寄進したと伝えられている。

4 古い形態を残している宮社
瀧祭神
たきまつりのかみ

古くからの五十鈴川の守り神・瀧祭大神を祀る。板垣に囲まれて門もあるが内部に社殿は設けておらず、石畳に祀られている。

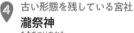
神明造が間近で見学できます

神様を祀る御正殿は、御垣や御幌(絹の布)に閉ざされて参拝場所からは見られない。小規模ながら、近くで見られる同様の形式の建物を紹介。

御稲御倉(みしねのみくら)。神宮神田で収穫した稲を納めるお社。三節祭のときに神様に供える。

外幣殿(げへいでん)。古神宝類を納める場所。高床式の建物は、古代の倉庫そのものの趣を持つ。

5 神宮で最も聖なる場所

正宮
（しょうぐう）

御正殿に天照大御神を祀る、神宮で最も神聖な場所。唯一神明造の御正殿は4重の御垣に囲まれ、神職が交代で常駐する宿衛屋もある。一般参拝は、外側から2重目の御垣にある外玉垣南御門で行う。

神が宿るという美しい神宮の森。四季折々の自然と動植物の命の営みに癒やされる

- 古殿地
- **5** 正宮
- 荒祭宮 **6**
- 荒祭宮遙拝所
- 籾だね石
- 外幣殿
- 御稲御倉
- 神宮司庁
- 忌火屋殿
- 四至神
- **11** 大山祇神社/子安神社
- 由貴御倉
- 五丈殿
- 御酒殿
- 御池
- 手水舎
- 神楽殿 **7**
- 衛士見張所
- 火除橋
- 参集殿 **10**
- 御厩 **9**
- おはらい町・おかげ横丁
- **1** 宇治橋
- **2** 神苑
- 饗膳所
- 斎館
- 火除橋
- 大正天皇御手植松
- 古札納所
- 手水舎
- 風日祈宮 **8**
- 衛士見張所
- 参宮案内所
- 内宮前
- 伊勢街道 23
- 外宮
- 五十鈴川
- 御手洗場 **3**
- 瀧祭神 **4**
- 12

0 100m

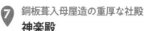

⑦ 銅板葺入母屋造の重厚な社殿
神楽殿
かぐらでん

一般的な祈祷を行う御饌殿、舞楽を伴う祈祷を行う神楽殿のほか、お守り・御朱印の授与所もある。

⑥ 神明造の特徴がよくわかる
荒祭宮
あらまつりのみや

内宮にある別宮で、第一の格式を持つ別宮。天照大御神の荒御魂（積極的で活発な御魂）を祀る。大規模な神明造は正宮に次ぐ大きさ。

⑧ 豊穣の祈りが捧げられる
風日祈宮
かざひのみのみや

伊勢神宮では5月と8月に全ての神社で風雨の順調と五穀豊穣を願う風日祈祭が行われる。

⑨ 神馬の参拝風景を見学
御厩
みうまや

神様の乗り物とされる神馬がいる。外宮同様、毎月1・11・21日の8時頃に神職に伴われ正宮へ参拝する。

⑩ 参拝途中にここでひと休み
参集殿
さんしゅうでん

参拝者向けに用意された無料休憩所。中央にある能舞台では、能や狂言の奉納などの行事が行われる。

⑪ 安産や子授け祈願に鳥居を奉納
大山祇神社／子安神社
おおやまつみじんじゃ／こやすじんじゃ

子安神社は安産、子授けの神・木華開耶姫神を祀る。大山祇神社はその父神で、神路山の入口の守護神・大山祇神を祀る。

正宮に次ぐ宮が別宮と呼ばれ
伊勢市外にも点在する

伊勢神宮の別宮
いせじんぐうの べつぐう

　伊勢神宮とは内宮、外宮の2カ所の正宮のほか、別宮、摂社、末社、所管社を合わせた125社の総称だ。別宮は、正宮に次いで格式が高く尊いものとされている。重要祭典の際には正宮と同様に、皇室から幣帛が供えられる。神宮にある14の別宮のうち、9社が内宮と外宮以外の伊勢市内外に在する。天照大御神にゆかりの深い神々を祀る宮、倭姫命が伊勢への巡行の途上に天照大御神を祀ったとされる伝承の地が別宮とされている。

内宮の別宮

1 親子神の4宮が横一列に並ぶ
月読宮 つきよみのみや MAP P.329C2

祭神の月読尊は夜を治める月の神様。月夜見宮の月夜見尊と同じ神だが、異なる漢字で表される。境内には月読尊荒御魂を祀る月読荒御魂宮、月読尊の両親で夫婦神の伊弉諾尊、伊弉冊尊を祀る伊佐奈岐宮、伊佐奈弥宮もある。

☎0596-24-1111(神宮司庁) 🚩三重県伊勢市中村町742-1 🚉近鉄・五十鈴川駅から徒歩10分

内宮の別宮

2 神秘的な渓谷に建つ
瀧原宮 たきはらのみや MAP P.329C2

瀧原宮と瀧原並宮の2宮が建ち、いずれも天照大御神御魂を祀る。内宮から離れて祀られるため遙宮と呼ばれる。瀧原並宮は天照大御神の荒御魂(行動的な魂)との説もある。

☎0596-24-1111(神宮司庁) 🚩三重県大紀町滝原872 🚉JR滝原駅から徒歩20分／紀勢自動車道・大宮大台ICから車で5分

内宮の別宮

3 田植え祭りが有名
伊雑宮 いざわのみや MAP P.329C2

瀧原宮と同じく天照大御神御魂を祀る宮。倭姫命が、天照大御神へ捧げる神饌(お供え)の原料を求めて訪れた地とされる。神田が隣接し、6月に行う御田植式は日本三大御田植祭のひとつ。

☎0596-24-1111(神宮司庁) 🚩三重県志摩市磯部町上之郷 🚉近鉄・上之郷駅から徒歩5分／伊勢自動車道・伊勢西ICから車で30分

4 天照大御神の弟神
月夜見宮 つきよみのみや MAP P.329C2

外宮の北御門から神路通りを北へ約300mの距離に鎮座。外宮の別宮で唯一宮域外にあり、天照大御神の弟神・月夜見尊を祀る。月夜見尊の行動的な一面である月夜見尊荒御魂も一緒に祀られている。

☎0596-24-1111(神宮司庁) 🚩三重県伊勢市宮後1 🚉JR／近鉄・伊勢市駅から徒歩3分

外宮の別宮

内宮の別宮

5 文化の森にある
倭姫宮 やまとひめのみや MAP P.329C2

大正12年(1923)、内宮と外宮の中央の丘陵地、倉田山に創建。祭神の倭姫命は11代垂仁天皇の皇女で、天照大御神の鎮座地を求めて伊勢にたどり着き、神宮創建の立役者となった。

☎0596-24-1111(神宮司庁) 🚩三重県伊勢市楠部町5 🚉JR／近鉄・伊勢市駅から三重交通バス・内宮前行きで10分、徴古館前下車、徒歩5分

❖ この寺社も訪れたい ❖

道開きの神や厄除けの観音様、御脚の神など、福を呼ぶスポットも訪れて

お伊勢参りに欠かせない
「みちひらき」の神様

猿田彦神社 MAP P.329C2
さるたひこじんじゃ

伊勢神宮の内宮へとつながる交差点に位置する。祭神である猿田彦大神が天孫降臨の際に道案内を務めたことから道開きの神とされ、方位除け、交通安全などにご利益がある。起業や転職といった節目にも訪れたい。

📞0596-22-2554 🏠三重県伊勢市宇治浦田2-1-10 🕐参拝自由(授与所8:30～17:00) 🚃JR／近鉄・伊勢市駅から三重交通バス・内宮前行きで15分、猿田彦神社前下車、徒歩すぐ 🅿あり(96台・有料)

➡猿田彦神社独自の「みちびきの舞い」が描かれた願かけ絵馬800円(左上)。かつての本殿跡地にある方位石。方位が刻まれた八角形の石で、直接触れるとご利益があるといわれる(左下)。方位除けのご神徳にちなみ、鳥居の脚や境内の随所に八角形がある(右)

⬅魔除札 300円。災難除けとしてご利益のあるお札。ご本尊をお守りした龍がモチーフになっている(右)。安産御守800円。雌雄の龍が力を合わせて観音様を守ったことにちなんで、安産・夫婦円満の信仰も篤い(左)

龍神伝説が今も残る
日本最古の厄除け観音様

松尾観音寺 MAP P.329C2
まつおかんのんじ

奈良時代に行基によって創建され、十一面観音がご本尊として安置されている。応永10年(1403)に起きた本堂火災の際、二ツ池に棲む雌雄の龍が観音様を救い出した逸話がある。

📞0596-22-2722 🏠三重県伊勢市楠部町156-6 🕐参拝自由(本堂8:00～16:00) 🚃JR／近鉄・伊勢市駅から三重交通バス・イオン伊勢店行きで10分、松尾観音下車、徒歩すぐ 🅿あり

MAP P.329C2

人生の足取りが軽くなる
健脚の神様として有名

宇治神社(足神さん)
うじじんじゃ(あしがみさん)

山の神様である大山祇神が主祭神。二ノ鳥居近くの祠に、足にまつわる願いを聞いてくれる足神さんが祀られており、数多くの陸上選手や足の悪い人が参拝に訪れている。

📞0596-24-9587 🏠三重県伊勢市宇治今在家町172 🕐参拝自由(授与9:30～13:30) 🚃JR／近鉄・伊勢市駅から三重交通バス・内宮前行きで20分、終点下車、徒歩3分 🅿なし(付近に伊勢神宮内宮駐車場あり)

⬆悪い足とこの石を交互に撫でることで平癒を祈る「撫石」。これが目的の参拝客も多い

⬆健康健脚御守700円。足腰の健康・丈夫を祈願するほか、旅路の安全にもご利益のある、わらじ形のお守り

参道グルメ & おみやげ

美しい石畳の道を散策しよう。伊勢ならではのグルメやみやげにも出会える

🍴 参宮街道の終点は年中大盛況

おはらい町
おはらいまち

宇治橋の手前から五十鈴川に沿って、約800mの石畳の通りにさまざまなグルメや雑貨の店が軒を連ね、内宮参拝後に立ち寄る人々で大いに賑わう。

📞0596-28-3705(伊勢市観光協会) 🏠三重県伊勢市宇治中之切町、宇治今在家町 🕐店舗により異なる 🚃JR／近鉄・伊勢市駅から三重交通バス・内宮前行きで20分、終点下車すぐ 🅿あり(市営宇治有料駐車場)

🛍 「おかげ参り」の雰囲気満点

おかげ横丁
おかげよこちょう

平成5年(1993)、内宮門前町の中ほどに誕生。江戸～明治期にかけての伊勢路の代表的な建築物を移築・再現し、50余りのお店が連なるひとつの町。

📞0596-23-8838(おかげ横丁総合案内) 🏠三重県伊勢市宇治中之切町52 🕐9:30～17:00(季節により異なる) 🚫無休 🚃JR／近鉄・伊勢市駅から三重交通バス・内宮前行きで20分、神宮会館前下車、徒歩すぐ 🅿なし(周辺有料駐車場利用)

神々が集う聖地、神話の舞台を訪れる

出雲 (いずも)

神話の国・出雲地方に数ある神社の中心的な存在であり、
『古事記』にその名が登場する、悠久の歴史を有する古社でもある。
旧暦10月の神無月には全国八百万の神様が出雲大社へと集まり、
人々のあらゆるご縁を結ぶために会合が開かれるという。
祭神の大国主命は、数々の恋愛伝説を持つ良縁祈願の神様であり、
国造りの神として国の基礎を築いた、ご利益豊富な福の神でもある。

③ 鉄の鳥居を過ぎて 静寂なる参道を進む

松の参道
まつのさんどう

樹齢400年を超す松並木の参道は、3つに区切られていて、真ん中は神様や高貴な人だけが通ることができたという。現在は通行禁止。

神々の国・出雲の象徴である神社。八雲山を背景に数千年の時を超え神殿群が建つ

「だいこくさま」と慕われる
縁結び・福の神様

出雲大社
いづもおおやしろ（いずもたいしゃ）

島根県出雲市

MAP P.327 C1

　創建は、斉明天皇5年(659)以前と『日本書紀』に伝えられる。御祭神の大国主大神が国譲りの条件として壮大な神殿を天照大神に所望し、出雲大社が建立されたという。高さ約24mの現在の御本殿は延享元年(1744)の造営で、木造社殿では日本最大を誇る。それ以前の建物は、さらに2倍、あるいは4倍の高さがあったともいわれている。出雲信仰の中心地であり、御祭神は五穀豊穣や縁結びの神、「だいこくさま」としても親しまれている。

□ D A T A & A C C E S S

☎0853-53-3100 所島根県出雲市大社町杵築東195 開6:00(11～2月6:30)～20:00 休無休 料宝物館300円、彰古館200円 交JR出雲市駅から一畑バス・大社線で22分、正門前下車、徒歩すぐ／一畑電車・出雲大社前駅から徒歩5分 Pあり
※詳しくはHPを確認

① 正門にあたる 巨大な鳥居

勢溜の大鳥居
せいだまりのおおとりい

境内入口に建つ二の鳥居。大勢の参拝客で賑わう場所(勢溜)にあることからその名がついた。出雲大社には全部で4基の鳥居がある。

② 小さなお社で 心身を清めよう

祓社
はらえのやしろ

心身を祓い清めるという祓井神四柱を祀る。小さな社なので、見逃さずにお参りを。

御祭神

大国主大神
おおくにぬしのおおかみ

主なご利益

縁結び
五穀豊穣
病気平癒
商売繁盛
必勝祈願など

境内のあちこちにウサギ像

「稲羽の素兎(いなばのしろうさぎ)」を題材にした大国主大神とウサギの「御慈愛の御神像」や、平成の大遷宮を記念して建立されたウサギの石像も見られる。

④ 神話の一場面を表現
ムスビの御神像
ムスビのごしんぞう

海のかなたから現れた「幸魂・奇魂」によって、大国主大神はムスビの大神になったと伝わる。

⑤ 参拝前に手と口を清める
手水舎
てみずしゃ

柄杓に汲んだ水で左手、右手の順で清めたら、左手で受けた水で口をすすいで清めよう。

⑥ 金運を上げる鳥居
銅鳥居
どうとりい

毛利輝元の孫・綱広が寛文6年（1666）に寄進した鳥居で、日本最古級の銅製鳥居。鳥居にふれると金運がアップするといわれている。

⑦ 牛馬像の鼻先はピカピカに
神馬神牛像
しんめしんぎゅうぞう

神馬と神牛の銅像を安置する厩。神馬の鼻先をさわると子宝に恵まれ、神牛をさわると学力向上などのご利益があると信じられている。

彰古館●

⑪ 素鵞社
●文庫

神殿正面遥拝所●
　　　　宝庫●
氏社●　　筑紫社●
氏社●　　　　楼門
西十九社●

御本殿
⑩
●御向社　●天前社

⑫
●西回廊　**⑨**
⑭ 神楽殿　御守所**⑬**　八足門　東回廊

⑫ 東十九社

鏡の池

●おくにがえり会館

国旗掲揚塔●
　　　　　祈祷受付待合所●
神馬神牛像**⑦**　●**⑥** 銅鳥居

神祜殿
（宝物殿）

⑧ 拝殿

⑤ 手水舎

社務所

⑫
●御慈愛の
　御神像
勅使館●

④ ムスビの御神像

杵那築森

Ⓟ

千本松の森

③ 松の参道

出雲大社連絡所バス停

野見宿禰神社●

●三の鳥居（鉄の鳥居）

祓橋

素鵞川

相撲場●

浄の池

② 祓社

●千家尊福公銅像

① 勢溜の大鳥居

正門前

一畑電車 出雲大社前駅

N

0　　　50m

9 御本殿の参拝を行う場所

八足門
やつあしもん

御本殿を囲む瑞垣に設けられた門。一般参拝客はここで御本殿の参拝を行う。門の内側へは、正月などの特別な期間を除いて立ち入ることはできない。出雲大社では、「二礼四拍手一礼」が正式な参拝方法とされる。

8 全国から集まった浄財で
再興した木曽檜造りの建築

拝殿
はいでん

昭和28年(1953)に火災に見舞われ、昭和34年(1959)に再建された。大社造と切妻造の折衷様式の建物で、参拝者の祈祷や古伝新嘗祭などの祭事が行われる。

10 圧倒的な建物に言葉を失う

御本殿
ごほんでん

主祭神の大国主大神が鎮座する、高さ24mの巨大な木造建築。延享元年(1744)の造営で、日本最古の神社建築様式である大社造が特徴。背面に回ると、社殿の規模の大きさがよくわかる。

14 巨大な注連縄が目を引く
神楽殿
かぐらでん

明治前期に結成された出雲大社教の教化を目的に、御本殿とは別に大国主大神を祀ったのが始まり。建物は昭和56年(1981)の造営で、祈祷やさまざまな祭事が行われる。

11 隠れた人気の
パワースポット
素鵞社
そがのやしろ

祭神は大国主大神の親神である素戔嗚尊。稲佐の浜の砂を供え、素鵞社の砂をもらって帰ると神のご加護を得るとの言い伝えが残る。

縁結び絵馬。金運上昇や合格祈願などもできる(上)。縁むすびの糸。常時身につけておくと効果絶大(左)

13 縁起あるお守りを授かる
御守所
おまもりしょ

八足門の左手すぐにあり、お守りやお札が購入できる。それぞれさまざまな種類が用意されているのでよく吟味を。

12 神々の宿泊施設
十九社
じゅうくしゃ

神議(神在祭)行われる旧暦10月の7日間、全国から八百万の神が大社へ集い、十九社に宿泊する。御本殿の東西両側の社に19枚の扉があり、神在月の期間のみ扉が開く。普段は神々への遥拝所。

23

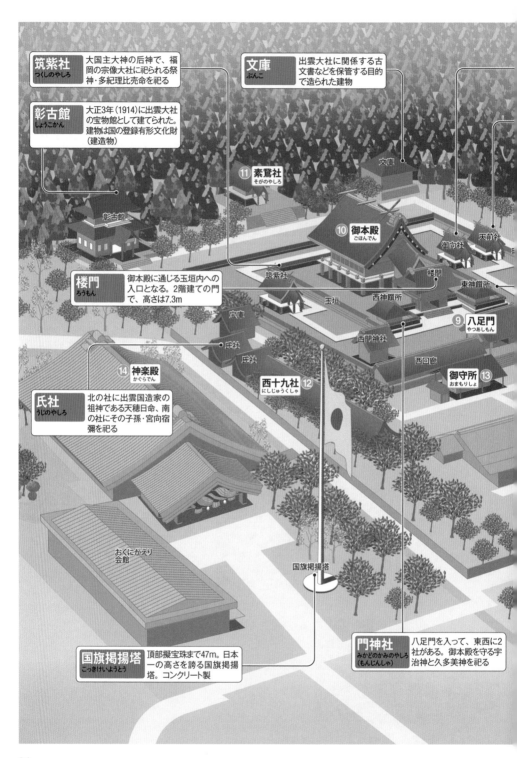

筑紫社
つくしのやしろ

大国主大神の后神で、福岡の宗像大社に祀られる祭神・多紀理比売命を祀る

彰古館
しょうこかん

大正3年（1914）に出雲大社の宝物館として建てられた。建物は国の登録有形文化財（建造物）

文庫
ぶんこ

出雲大社に関係する古文書などを保管する目的で造られた建物

⑪ **素鵞社**
そがのやしろ

⑩ **御本殿**
ごほんでん

楼門
ろうもん

御本殿に通じる玉垣内への入口となる。2階建ての門で、高さは7.3m

⑨ **八足門**
やつあしもん

氏社
うじのやしろ

北の社に出雲国造家の祖神である天穂日命、南の社にその子孫・宮向宿彌を祀る

⑭ **神楽殿**
かぐらでん

⑫ **西十九社**
にしじゅうくしゃ

⑬ **御守所**
おまもりしょ

彰古館

文庫

筑紫社

御向社

天前社

楼門

玉垣

西神饌所

東神饌所

宝庫

西門神社

氏社

西回廊

おくにかえり
会館

国旗掲揚塔

国旗掲揚塔
こっきけいようとう

頂部擬宝珠まで47m。日本一の高さを誇る国旗掲揚塔。コンクリート製

門神社
みかどのかみのやしろ
（もんじんしゃ）

八足門を入って、東西に2社がある。御本殿を守る宇治神と久多美神を祀る

24

出雲大社 境内

御向社
みむかいのやしろ

大国主大神の正妻・須勢理比売命を祀る

天前社
あまさきのやしろ

大国主大神が難に遭ったのち、やけどの治療と看護をした女神を祀る

神饌所
しんせんしょ

楼門の東西2カ所にある。神へのお供え物を準備しておくための建物

観祭楼
かんさいろう

境内で行われる歌舞・演芸を鑑賞した場所

釜社
かまのやしろ

食物を司る神・宇迦之御魂神を祀る。古伝新嘗祭（こでんしんじょうさい）では、この社から御釜を拝殿に移して御釜神事が行われる

東門神社

釜社

観祭楼

東回廊

⑫ **東十九社**
ひがしじゅうくしゃ

神祜殿（宝物殿）

⑧ **拝殿**
はいでん

⑥ **銅鳥居**
どうのとりい

神馬神牛像 ⑦
しんめしんぎゅうぞう

手水舎 ⑤
てみずしゃ

③ **松の参道**
まつのさんどう

勅使館
ちょくしかん

例祭に訪れる勅使の宿泊などに使われる。伊東忠太の設計で、大正10年（1921）に完成

社務所

勅使館

2つの名所を訪れて、出雲国に伝わる歴史と文化をより深く体感しよう

出雲大社の歴史と古代ロマンを知る
島根県立古代出雲歴史博物館
しまねけんりつこだいいずもれきしはくぶつかん MAP P.327C1

実物の宇豆柱や高さ16丈説に基づく出雲大社御本殿の模型、加茂岩倉遺跡から出土した銅鐸などの展示があり、古代出雲の歴史や文化の豊かさが訪れる者を圧倒する。

📞0853-53-8600 🏠島根県出雲市大社町杵築東99-4 🕐9:00〜18:00(11〜2月は〜17:00) 入館は各30分前まで 🈺第3火曜(変更の場合あり) 💴常設展620円、企画展は別途 🚃一畑電車・出雲大社前駅から徒歩7分 🅿244台

⬆古代の出雲の姿を知ることができる博物館

国譲り神話の舞台となった浜
稲佐の浜 MAP P.327C1
いなさのはま

大国主神と建御雷之男神が国譲りの交渉をしたと伝えられている。神迎神事で神々を迎える浜でもある。

📞0853-53-2298(神門通り観光案内所) 🏠島根県出雲市大社町杵築北稲佐 🚗出雲大社から車で3分 🅿あり

⬆稲佐の浜の中央にある弁天島

定番のそばやぜんざいをはじめ、参道には名物グルメやみやげの店が並ぶ

🍴 小豆の上品な甘みを堪能
ご縁横丁出雲ぜんざい餅店
ごえんよこちょういずもぜんざいもちてん

契約農家から仕入れたもち米や大納言小豆など、上質な素材を使用したぜんざいが楽しめる。

📞0853-53-5026 🏠島根県出雲市大社町杵築南840-1 🕐9:00〜18:00(12〜2月は〜17:00) 🈺不定休 🚃一畑電車・出雲大社前駅から徒歩7分 🅿なし

⬆出雲ぜんざい600円。昼夜の温度差が大きい土地で育った小豆の凝縮した甘みが存分に楽しめる。出西窯の器も素敵

🍴 日本で最も古い出雲そばの老舗
出雲そば 荒木屋
いずもそば あらきや

地元の玄そばを石臼挽きにし、そば本来の香りがいちばん引き立つ絶妙な配合で作られる。細めの麺でありながらコシが強いのも魅力。自家の井戸水を使い、うるめイワシからとったつゆはやさしい口当たり。

📞0853-53-2352 🏠島根県出雲市大社町杵築東409-2 🕐11:00〜16:00(売り切れ次第終了) 🈺水曜 🚃一畑電車・出雲大社前駅から徒歩10分 🅿あり

⬆割子そば870円。3段重ねになった出雲そば特有の「割子そば」。1段目を食べ終えたら、そばの旨みが加わったつゆを2段、3段と移していく

🛍 女性のための風水漢方
風水漢方 艸楽
ふうすいかんぽう そうらく

婦人科漢方専門の薬剤師がブレンドする、心と体を整える薬膳茶。全国各地から多数の喜びの声が届く「ご縁授茶」や生年月日からお茶をセレクトする「風水薬膳茶」が人気。

📞0120-40-9383(サポートデスク) 🏠島根県出雲市大社町杵築南1370-2 🕐9:00〜17:00 🈺火曜 🚃一畑電車・出雲大社前駅からすぐ 🅿なし

⬆ご縁授茶4860円(30包)。6種の和漢植物をブレンド。飲みやすい三年番茶とほのかに甘い出雲紅茶ベースの2種類

🛍 明治創業の老舗が作る
俵屋 神門店
たわらや しんもんてん

明治31年(1898)から続く和菓子店。出雲大社の御祭神・大国主大神が乗る俵を模した菓子は、長く地元の人に愛される。店内でも味わえるので、街歩きの途中に立ち寄りたい。

📞0853-53-4737 🏠島根県出雲市大社町杵築南771 🕐8:30〜17:30 🈺無休 🚌一畑バス・正門前下車、神門通り徒歩4分 🅿なし

⬆俵まんぢう130円(1個)。ほのかな甘みがある、ふんわりとした生地の中には、口どけのよい白餡がたっぷり

神話の国「出雲・石見」の神楽

神を迎えるための奉納舞として生まれた神楽。
島根には、県内ほぼ全域に神楽が伝承されている。

地域ごとさまざまな特徴がある神楽

島根の神楽は、出雲、石見、隠岐の旧国ごとに違った特徴が見られる。

出雲神楽は、佐太神社で伝承される奉納舞・佐陀神能が源流とされている。佐陀神能は江戸初期に、佐太神社の神職が京都で学んだ能を取り入れて確立させた。神事舞の「七座」と「式三番」、演劇的な舞楽「神能（神楽能）」の3部で構成され、この様式が出雲各地の神社に伝わり、出雲神楽となった。儀式的な要素が濃く、ゆったり舞うのが出雲神楽の特徴だ。佐陀神能はユネスコの無形文化遺産に登録されている。

石見神楽は、明治時代に石見の神社の氏子たちによって形づくられた。儀式的な舞は少なく、ほとんどが仮面演劇風の神楽能で構成される。神楽能の演目は娯楽性が強く、刺繍で飾った華美な衣装をまとい、和紙製の軽い面をつけて速いテンポで舞う。石見東部の山間地では、古来の神楽の形式を持つ大元神楽が伝承されており、国の重要無形民俗文化財に指定されている。

隠岐神楽は、離島という地域性もあって、県内のほかの地域とは異なる歩みをしてきた。江戸時代までは、社家と呼ばれる専門の神楽師のみが行っていた。演劇的要素は少なく、巫女舞が多くを占めている。

島根神楽のおもな演目

出雲神楽では、神話や神社の縁起を題材とする神楽能が多い。代表演目の『国譲』は、大国主神と天照大御神の国譲り神話がテーマ。神々が参拝客に行う餅まきで盛り上がる。ほかに、女神が邪神退治をする日御碕神社の縁起の『日御碕』、佐太神社の縁起物語『大社』などが知られる。

石見神楽は、神話を題材にした勧善懲悪劇が多い。人気の『塵輪』は、典型的な悪鬼退治劇だ。悪狐退治の物語『黒塚』は、ユーモラスなせりふまわしで評判がよい。代表演目『大蛇』は、八岐大蛇神話の物語。巨大な提灯蛇胴が舞台をうごめきまわるシーンは圧巻だ。

神楽は各地の神社の祭礼で奉納されるほか、公演や神楽競演大会でも披露される。

↑翼を持つ鬼・塵輪が登場する、石見神楽の人気演目『塵輪』〈ゆのつ温泉 夜神楽〉

目の前で繰り広げられる舞は圧巻
ゆのつ温泉 夜神楽
ゆのつおんせんよかぐら

島根県大田市　MAP P.326B1

温泉津温泉の龍御前神社では、毎週土曜の夜8時から、伝統の石見神楽を披露している。伝統の神楽を、神聖な空気漂う神社で見学できる。演目は日によって異なる。

☎0855-65-2065（大田市観光協会 温泉津観光案内所）🏠島根県大田市温泉津町温泉津イ738-1 龍御前神社

🕐毎週土曜20:00〜21:00（追加公演日・休演日あり）💴2000円🚃JR温泉津駅から徒歩11分Ｐなし

※石見神楽の上演予定は、島根県西部公式観光サイト「なつかしの国石見」www.all-iwami.com で確認を

↑石見神楽の『大蛇（おろち）』で火を吐く大蛇。蛇の使い手は胴内にいるため見えない

熊野 （くまの）

熊野三千六百峰の山々に抱かれて自然が広がる熊野の地は、
あらゆる自然に神々が宿る聖域であり、「現世の浄土」と称される。
熊野に鎮座する熊野本宮大社、熊野速玉大社、熊野那智大社は
熊野三山と総称され、その起源は古代の自然信仰に端を発する。
熊野詣がブームとなった11世紀以降は参詣者が後を絶たない。
熊野三山をつなぐ参詣道の熊野古道や社に歴史の面影を残す。

神代の昔から歴史を紡ぐ
全国の熊野神社の総本宮

熊野本宮大社
くまのほんぐうたいしゃ

和歌山県田辺市

MAP P.328B3

旧社地である大斎原のイチイの巨木に、主祭神・家津美御子大神(素戔嗚尊)が降臨したのが起源と伝わる、熊野信仰発祥の地。檜皮葺きの社殿は重厚感にあふれ、熊野三山のなかでもひときわ古式ゆかしい風情を残す。明治22年(1889)の大水害で中社・下社の社殿が流失。難をまぬがれた上四社が現在地に遷座された。江戸時代に造営された上四社は、熊野三山で最古の建築だ。流出された中四社、下四社は、大斎原の石祠に祀られている。

□ DATA & ACCESS

☎0735-42-0009 所和歌山県田辺市本宮町本宮1110 開7:00～17:00、宝物殿9:00～16:00 休無休(宝物殿不定休) 料無料(宝物殿300円) 交JR紀伊田辺駅からバスで1時間30分～2時間、本宮大社前下車、徒歩すぐ(JR新宮駅からはバスで50分～1時間) Pあり

御祭神

家津美御子大神
けつみみこのおおかみ(すさのおのみこと)

主なご利益

勝運、厄除開運、大漁満足など

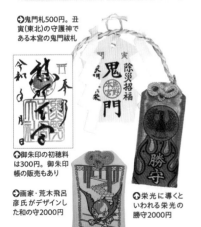

⤴鬼門札500円。丑寅(東北)の守護神である本宮の鬼門祓札

⤴御朱印の初穂料は300円。御朱印帳の販売もあり

⤴画家・荒木飛呂彦氏がデザインした和の守2000円

⤴栄光に導くといわれる栄光の勝守2000円

① 各殿を参る順序をチェック
結宮・証誠殿・若宮
むすびのみや・しょうじょうでん・わかみや

上四社を祀る神殿で、国の重要文化財。左から①結宮第一殿(熊野夫須美大神)、②結宮第二殿(熊野速玉大神)、③証誠殿(主祭神・家津美御子大神)、④若宮(天照大神)と並び、③→②→①→④の順に参拝。最後に右隣の満山社へお参りする。

結宮

② 参道へと誘う神域への入口
一の鳥居
いちのとりい

参道入口に建つ木製の鳥居。ここから先が神域。一礼してから鳥居をくぐろう。

③ 穢れを祓う神様に参拝
祓戸大神
はらえどのおおかみ

参道の途中にある。罪や穢れを祓ってくれる祓戸大神にお参りして心を清めよう。その先にある手水舎でもお清めを。

若宮

正誠殿

祓殿王子 🕊

裏鳥居

❶ 結宮・証誠殿・若宮

招霊木　　　　　　　❹ 満山社
和泉式部の供養塔　拝殿　　❺ 神門

八咫ポスト
社務所　　　　●授与所

●宝物殿

●手水舎

祓戸大神 ❸

🅿

●瑞鳳殿　　参道

❶ 一の鳥居 ❷

168
大斎原　　本宮大社前

N

0　　50m

緑深い山々に囲まれた熊野信仰の中心地。全国4000社以上ある熊野神社の総本宮だ

❹ 人の縁を結ぶ
神様を祀る
満山社
まんざんしゃ
結ひの神(八百万の神)を祀る。明治の大水害で流失し、しばらく再建されないままだったが、平成20年(2008)に再興した。

❺ 神々の座す
聖域の入口
神門
しんもん
大注連縄が掛けられ荘厳さの漂う神門の先が、最も神聖な本殿域。神門から先は、撮影に許可が必要なので気をつけよう。

熊野本宮大社の旧社地

熊野本宮大社の一の鳥居から国道を渡り石畳の遊歩道を5分ほど行くと、熊野川横に巨大な鳥居が見える。鳥居をくぐり、しばらく歩くと森林に包まれた広場に出る。ここが旧社地で、かつては12の社殿が横一列に並んでいた壮大なたたずまい。参拝者は川の水で身を清めてからでないと境内に入れなかったと伝えられる。

大斎原
おおゆのはら　MAP P.328B3

📞0735-42-0009(熊野本宮大社) 🏠和歌山県田辺市本宮町本宮1 🕐休料見学自由 🚌熊野本宮大社から徒歩5分 🅿なし

1 夫婦の神様を参拝

拝殿
はいでん

主祭神の参拝を行う場所。正面左の結宮に伊弉冉尊(熊野速玉大神)、右の速玉宮に伊弉諾尊(熊野夫須美大神)の夫婦神を祀る。

熊野川河口のほとりに鎮座
主祭神として夫婦神を祀る

熊野速玉大社
くまのはやたまたいしゃ

和歌山県新宮市

MAP P.328B3

　速玉とは「映え輝く御神霊」を表す。神倉山のゴトビキ岩に降臨した神々を、約2000年前の景行天皇の時代に現在地に遷し、社殿を造営したと伝えられる。神倉山は元宮、速玉大社は新宮と呼ばれる。朱が鮮やかな神殿に、熊野速玉大神と熊野夫須美大神をはじめ18祭神を祀る。御神木の梛は推定樹齢1000年。約1200の社宝を有し、国宝や重要文化財も数多い。

□ DATA & ACCESS

📞0735-22-2533 🏠和歌山県新宮市新宮1 🕐境内自由(神宝館9:00〜16:00) 🈳無休 🈺無料(神宝館500円、高校生以下無料) 🚃JR新宮駅から徒歩20分 Ⓟあり

2 朱塗りが鮮やか
入口の大鳥居

大鳥居
おおとりい

国道42号を渡って真っすぐに進めば、入口に建つ大鳥居に到着。鳥居の奥には森に包まれた神域が広がる。

3 熊野のシンボルを祀る
**八咫烏神社・
手力男神社**
やたがらすじんじゃ・
たぢからおじんじゃ

鳥居を抜けて右手すぐに、2社が並んで鎮座。八咫烏神社には八咫烏を祀り、手力男神社には天岩戸の扉を開けた天手力男神が祀られる。

4 立派な注連縄に
守られる聖域

神門
しんもん

朱色の神門に、結界を表す太い注連縄が掲げられている。門の奥には鈴門を配した上三殿が建つ。

❻上三殿・八社殿
速玉宮
結宮
拝殿❶
🇯鳥居新宮神社
🇯熊野恵比寿神社
授与所
神門❹
手水舎
大禮殿
P
御神木 梛
❺熊野神宝館
佐藤春夫記念館
❸八咫烏神社
手力男神社
大鳥居❷
権現前
下馬橋
0　　20m
神倉神社
新宮駅

熊野参詣道を歩き
たどり着く聖地。
生い茂る杉木立と
立派な社殿に
歴史を感じて

❻ 3つの鈴門が並ぶ上三殿
上三殿・八社殿
かみさんでん・はっしゃでん

上三殿には向かって左から第三殿（証誠殿）、第四殿（若宮）、第五殿（神倉宮）が、八社殿には中四社、下四社が並び、それぞれに祭神を祀る。

❺ 歴史的な神像や調度品
熊野神宝館
くまののしんぽうかん

国宝に指定された御神像や彩絵檜扇、蒔絵手箱など、約1200点におよぶ宝物を所蔵している。展示内容は随時変更される。

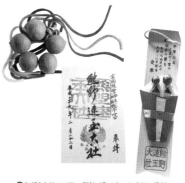

⬆なぎまもり600円。梛（なぎ）の実のお守りで縁結びなどに（左）。御朱印300円。元宮である神倉神社の御朱印もここでいただける（中）。なぎ人形1500円。梛の実で縫製した柱掛け人形。家内安全などに（右）

御祭神

熊野夫須美大神 くまのふすみのおおかみ
熊野速玉大神 くまのはやたまのおおかみ

主なご利益

現世安隠、家内安全、縁結びなど

那智の滝への
自然崇拝が起源。
熊野夫須美大神は
ご縁や願いを結ぶ
神でもある

万物の育成を司る
女神を主祭神として祀る

熊野那智大社
くまのなちたいしゃ

和歌山県那智勝浦町

MAP P.328B3

　参道に続く467段の急な石段を上りきると、熊野那智大社の朱塗りの鳥居が緑に包まれて現れる。隣接して青岸渡寺が建ち、熊野三山のなかでもとくに神仏習合の形態を色濃く残している。那智の滝を御神体として祀ったのが起源とされ、およそ1700年前に現在地へ社殿が遷された。主祭神は、女神の熊野夫須美大神（伊弉冉尊）。三山で唯一、滝の神様を祀る瀧宮がある。信仰のルーツとなった大滝は、別宮の飛瀧神社に祀られている。

□ D A T A ＆ A C C E S S

☎0735-55-0321 ㊟和歌山県那智勝浦町那智山1 ㊐7:30〜16:30、宝物殿8:30〜16:00 ㊡無休（宝物殿は水曜）㊷無料（宝物殿300円）㊱JR紀伊勝浦駅から那智山行きバスで20分、那智山下車、徒歩すぐ ㋅あり（有料）

御祭神

熊野夫須美大神（くまのふすみのおおかみ）
熊野速玉大神（くまのはやたまのおおかみ）
家津美御子大神（けつみみこのおおかみ）
天照大神（あまてらすおおかみ）

主なご利益

縁結び、諸願成就など

1 貴重な重要文化財
本殿
ほんでん

第一殿（瀧宮）から第五殿（若宮）が右から順に並び、第五殿の左前に八社殿が建っている。八咫烏が石になって眠っていると伝わる烏石が第五殿の前にある。

⬆飛瀧神社の注連縄守り800円。大滝の注連縄を使用
⬆縁結びの糸500円は縁結びの神ちなみだお守り

2 風流な石畳の坂道
大門坂
だいもんざか

樹齢800年以上の老杉が生い茂る森に、約640m続く石畳の坂道。熊野古道でもとくに歴史の面影を残す。

3 鳥居を抜けて本殿へ
一の鳥居・二の鳥居
いちのとりい・にのとりい

大門坂を上りきると、467段の石段の参道が続く。途中にみやげ物屋も並んで賑やか。石段を上がれば、一の鳥居、さらに二の鳥居へとたどり着く。

④ 主祭神は結びの神様
礼殿
らいでん

本殿には近づけないので、礼殿で参拝を行う。手水舎で手と口を清め、護摩木の煙で身を清めてから参拝する。

地図内ラベル:
⑦ 那智の滝（飛瀧神社）
・飛瀧神社拝所
那智原生林
0 200m
・那智の滝前
P
・三重塔
那智川
P ⑤ 那智山青岸渡寺
本殿 ① 仁王門
① 那智の大橋
③ 一の鳥居
・社務所
③ 二の鳥居
② 大門坂
那智山
④ 礼殿
夫婦杉
大門坂茶屋
宝物殿
那智山スカイライン
八咫烏像
⑥ 御縣彦社
大門坂
那智駅

⑤ 西国第一番の札所
那智山青岸渡寺
なちさんせいがんとじ

仁徳天皇の頃、裸形上人が那智の滝で修行を積み、この地に草庵を結んで観音菩薩を安置したのが始まりと伝わる。現在の本堂は豊臣秀吉が再建した。

⑥ 熊野の神の使いを祀る
御縣彦社
みあがたひこしゃ

よりよい方向へ導く、導きの神様とされる三本足のカラスの八咫烏を祀る神社。熊野のシンボル的存在で、石段下にある八咫烏の銅像は人気の撮影スポット。

⑦ 熊野那智大社信仰発祥の地
那智の滝（飛瀧神社）
なちのたき（ひろうじんじゃ）

一の滝ともいい、高さが約133mある落差日本一の滝。那智山信仰の根元であり、大己貴命が現れたとする滝を御神体として祀る。延命長寿の水としても有名。

35

聖地へと続く祈りの旅
神域への道の多くは世界文化遺産に登録

熊野古道

くまのこどう

MAP P.328B3

　熊野は古代より続く自然信仰の地。熊野三山の信仰が盛んになると、それらを巡る参詣道が整備されていった。主要な道は、京都・大阪と田辺を結ぶ紀伊路、田辺から海沿いを本宮・新宮・那智に到る大辺路、田辺から山中を通り本宮・那智へ到る中辺路、高野山から本宮へ続く小辺路、伊勢から熊野への伊勢路。ほかに、吉野から熊野へ向かう修験道の道・大峯奥駈道などがある。随所にいにしえの面影を残しており、それら参詣道を総称して熊野古道と呼ぶ。道そのものが自然の濃密なパワースポットでもある。

世界遺産 紀伊山地の霊場と参詣道

平成16年（2004）に「紀伊山地の霊場と参詣道」が世界文化遺産として登録され、その対象は和歌山県・三重県・奈良県を舞台とする吉野・大峯（修験道の聖地）と熊野三山（神仏信仰の聖地）、高野山（密教の聖地）の3つの霊場と、熊野参詣道（紀伊路は含まれない）、大峯奥駈道、高野参詣道となっている。平成28年（2016）に追加登録が承認され、総延長347.7kmに。

1 沿岸部の由緒ある寺社を結ぶ 紀伊路

きいじ

大阪の淀川河口あたりから紀伊の田辺に向かう参道で、平安〜鎌倉期には九十九王子巡拝もなされた。ほとんどの道が舗装されているため、世界遺産には未登録。

2 いにしえより多くの人が歩いてきた 中辺路

なかへち

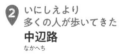

田辺から険しい山道を経て熊野三山を巡る熊野古道のメインルートで、神域への入口とされる滝尻王子などの、熊野の神々の御子神を祀った「王子」が点在する。花山法皇の御幸姿を彫った石仏「牛馬童子像」などにも出会える。

最新情報を入手する もっと熊野古道を知る

世界遺産 熊野本宮館 せかいいさん くまのほんぐうかん　MAP P.328 B3
紀州材使用の木造平屋建ての美しい建物で、熊野古道観光の拠点。
📞0735-42-0751 🕐和歌山県田辺市本宮町本宮100-1 ⏰9:00〜17:00 🈳無休 🈯無料 🚃JR紀伊田辺駅から龍神バス・本宮大社方面行きで2時間5分／JR新宮駅から熊野御坊南海バス・本宮大社方面行きで1時間20分、本宮大社前下車、徒歩すぐ 🅿あり

③ 紀伊半島東岸を結ぶ信仰の道
伊勢路
いせじ

「伊勢に七度、熊野に三度」といわれるほど人々が憧れた伊勢神宮と熊野三山を結ぶ約170kmの参詣道で、主として東国からの参詣者が利用した。『東海道中膝栗毛』にも登場する。

④ 熊野と高野山を結ぶ
小辺路
こへち

紀伊山地を縦走するが、参詣道として利用されるようになったのは近世以降で、それまでは生活道路だった。庶民が主に使ったが、江戸期には芭蕉の門人・曾良が利用している。

⑤ 海と山が織りなす絶景路
大辺路
おおへち

田辺から海岸線に沿って那智勝浦、熊野三山に続く参詣道。開発などで本来の姿が保存されている部分は限られているが、枯木灘や熊野灘などの素晴らしい景観が楽しめる。

熊野古道 MAP

美しい自然に恵まれた日本神話の故郷
高千穂 たかちほ

天照大神の孫の瓊瓊杵尊が葦原の中つ国(日本)を治めるために、
初めて降り立った地が高千穂であるとの天孫降臨伝説が残る。
天岩戸伝説も伝えられており、舞台とされる洞窟が天岩戸神社に祀られる。
神話ゆかりの地が数多く残された高千穂は「神々の故郷」と呼ばれる。
切り立った断崖や滝、奇岩が織りなす高千穂峡の多様な自然は、
神話を生み出す舞台にふさわしい神秘的な美しさに満ちあふれている。

断崖と澄んだ水が魅せる
圧倒的なスケールの美景に感動

高千穂峡
たかちほきょう

宮崎県高千穂町

MAP P.321D1

約12万〜9万年前という太古の昔、阿蘇山噴火によって流出した火砕流が急激に冷え固まってできた柱状節理を五ヶ瀬川が浸食してできた峡谷。平均80mという切り立った崖が約7kmにわたって続き、国の名勝・天然記念物にも指定されている。

DATA & ACCESS

📞0982-73-1212(高千穂町企画観光課)⑰宮崎県高千穂町三田井御塩井 ⑳❨見学自由 ⓧ高千穂バスセンターから車で5分 Ⓟあり(御塩井、あららぎ、大橋の3カ所)

① 高さ約70m、岩の屏風
仙人の屏風岩
せんにんのびょうぶいわ

柱状の岩体が連なる柱状節理が屏風のように見える。阿蘇噴火時の溶岩が数万年にわたって浸食された高千穂の特徴的な地層だ。

② 神話にも登場する名瀑
真名井の滝
まないのたき

高千穂峡を代表する名所。川幅が狭く、岩壁と滝が両側に迫って神秘的な美しさに圧倒される。

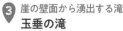

③ 崖の壁面から湧出する滝
玉垂の滝
たまだれのたき

柱状節理と呼ばれる高千穂の特徴的な地層の隙間から幾筋もの滝が噴出する。特に雨の季節は滝の数、水量ともに増えて迫力満点。

④ 国産み神話の伝説が残る
おのころ池
おのころいけ

水源は天真名井。伊邪那岐命、伊邪那美命が結婚し天沼矛から滴り落ちたしずくが池中のおのころ島になったという。

⑤ 力自慢の荒神が投げた巨石
鬼八の力石
きはちのちからいし

高さ3m、推定重量200tといわれる石。鬼八が、御毛沼命を相手に力自慢をしようと投げたという神話が残る。

河原の石を積みながら願い事をすると叶うといわれている

八百万の神を祀る河原
石を積みつつ願う

天安河原
あまのやすかわら

宮崎県高千穂町　**MAP** P.321D1

　天照大御神が天岩戸に隠れてしまい、困った神々が相談のために集ったという河原。洞窟になっている仰慕窟には天安河原宮があり、八百万の神々が祀られているため願い事が叶うと信じられている。

☎0982-74-8239(天岩戸神社)　⊕宮崎県高千穂町岩戸　休料見学自由　⊗高千穂バスセンターから車で15分　Pあり

日本で最も有名な神話
天岩戸伝説の舞台

天岩戸神社
あまのいわとじんじゃ

宮崎県 高千穂町　**MAP** P.321D1

御祭神
天照大御神
あまてらすおおみかみ

主なご利益
所願成就

　天照大御神を祀る東本宮と、天照大御神が弟神である須佐之男命の乱暴な振る舞いを嘆いて籠もったという洞窟、天岩戸を遥拝する西本宮がある。

☎0982-74-8239　⊕宮崎県高千穂町岩戸1073-1　休料参拝自由　⊗高千穂バスセンターから車で15分　Pあり

↖↗天照皇大神が天岩戸から出て最初に住んだ場所とされる東本宮(左)。天照皇大神が隠れた天岩戸をご神体として祀る西本宮(下)

御祭神
高千穂皇神
たかちほすめがみ

瓊瓊杵尊
ににぎのみこと

木花開耶姫命
このはなさくやひめのみこと

彦火火出見尊
ひこほほでみのみこと

豊玉姫命
とよたまひめのみこと

鵜鵝草葺不合尊
うがやふきあえずのみこと

玉依姫命
たまよりひめのみこと

主なご利益
縁結び、夫婦円満諸願成就など

↑安永7年(1778)に再建された本殿。国の重要文化財に指定されている

☎0982-72-2413　⊕宮崎県高千穂町三田井1037　休料参拝自由　⊗高千穂バスセンターから徒歩13分　Pあり

創建は約1900年前
荘厳な杜に鎮座する神社

高千穂神社
たかちほじんじゃ

宮崎県 高千穂町　**MAP** P.321D1

　高天原より降臨した瓊瓊杵尊をはじめとする日向3代とその配偶神を高千穂皇神と称し、祀っている。境内には夫婦杉や樹齢約800年の秩父杉、祈ると悩みが鎮められると伝わる鎮石などがある。毎晩奉納される神楽も必見。

縁結び、夫婦円満の
有名パワースポット

荒立神社
あらたてじんじゃ

宮崎県高千穂町 MAP P.321D1

天孫降臨を先導した猿田毘古神(さるたびこのかみ)と天宇受売命(あめのうずめのみこと)が結婚し、新居を構えた場所と伝わる。荒木を用い、急造で建てたため荒立宮と呼ばれたそう。

☎0982-72-2368 所宮崎県高千穂町三田井667 開8:30～17:00 休無休 料無料 交高千穂バスセンターから徒歩11分 Pあり

↑芸事の神でもあり、祈願に訪れる芸能関係者も多い

御祭神

猿田彦命
さるたひこのみこと
天鈿女命
あめのうずめのみこと

主なご利益

縁結び、夫婦円満
諸芸上達

↑拝殿奥にある本殿の扉を開けると、夫婦2神と鏡が祀られている

神々が地上に降り立った
まさにその場に建つ神社

槵觸神社
くしふるじんじゃ

宮崎県高千穂町 MAP P.321D1

『古事記』の、「筑紫(つくし)の日向(ひむか)の高千穂の久士布流多気(くしふるたけ)に天降りましき」という記述の久士布流多気(=槵觸峰(くしふるみね))が古くからのご神体。元禄時代に社殿が建てられ、天孫降臨ゆかりの神々を祀る。相撲発祥の地とも伝えられる。

↑杉の大木に囲まれた石段を上ると、風格ある拝殿が現れる

↑本殿に施された彫刻が見事。近くで見るとその精巧さに驚く

御祭神

瓊瓊杵命
ににぎのみこと
天児屋根命
あめのこやねのみこと
天太玉命
あめのふとたまのみこと
経津主命
ふつぬしのみこと
武甕槌命
たけみかづちのみこと

主なご利益

所願成就
歌・武道上達など

☎0982-72-2413(高千穂神社) 所宮崎県高千穂町三田井713 開休料参拝自由 交高千穂バスセンターから徒歩8分 Pあり

天上界を思わせる
幻想的な雲海の名所

国見ヶ丘
くにみがおか

宮崎県高千穂町 MAP P.321D1

神武天皇(じんむてんのう)の孫である健磐龍命(たていわたつのみこと)が国見をしたという伝説の丘。標高513mから阿蘇五岳や祖母(そぼ)連山の大パノラマが見渡せる。9月中旬～11月下旬頃の早朝、晴れた無風の日には雲海が高千穂盆地を覆う。

☎0982-73-1213(高千穂町観光協会) 所宮崎県高千穂町押方 開休料見学自由 交高千穂バスセンターから車で13分 Pあり

雲海に山々が浮かぶ情景は、幽玄な墨絵の世界のよう

雄々しい自然と古刹

阿蘇 <small>あそ</small>

阿蘇山とは、根子岳、高岳、烏帽子岳などの峰々を総称した呼称だ。
その主要を成す阿蘇五岳の連なる様が涅槃像を想起させることから、
古くより修験者や民衆によって山岳信仰の対象とされてきた。
火山や平原、水源の変化に富む雄大な自然が広がる阿蘇には、
阿蘇を開拓したと伝わる健磐龍命を祀る阿蘇神社をはじめ、
神話にゆかりのある古社や神話の舞台とされる景勝地が点在している。

阿蘇五岳を望む展望スポット

大観峰
だいかんぼう

熊本県阿蘇市

MAP P.323C3

　世界でも有数のカルデラに、根子岳、高岳、中岳、烏帽子岳、杵島岳が連なる眺めは実に雄大。条件が揃えば、早朝に雲海も見られる。

DATA & ACCESS

☎0967-34-1600（阿蘇インフォメーションセンター）⬛熊本県阿蘇市山田 ⬛見学自由 ⬛JR阿蘇駅から産交バス・杖立線で34分、大観峰入口下車、徒歩30分 Pあり

⬆ここから望む阿蘇五岳は釈迦の寝姿に見えるため「阿蘇の涅槃像」とも呼ばれる

⬅大パノラマの絶景が広がる阿蘇随一のビューポイント

豊富な水が絶え間なく湧き続ける
神社境内にある清らかな水源地

白川水源
しらかわすいげん

熊本県南阿蘇村

MAP P.321D1

　熊本市内の中央を流れる白川の源流のひとつ。常温14度の水が毎分60tも湧き続け、日本名水百選に選定されている。水の神を祀る白川吉見神社の境内にあり、周囲は緑豊かですがすがしい雰囲気。

DATA & ACCESS

☎0967-67-1112（南阿蘇村産業観光課）⬛熊本県南阿蘇村白川2040 ⬛見学自由 ⬛協力金100円（高校生以上）⬛南阿蘇鉄道・南阿蘇白川水源駅から徒歩5分 Pあり

阿蘇 MAP

⬆澄みきった水はそのまま飲むこともできる

⬆杉木立に囲まれた境内。現在の社殿は寛文12年(1672)に細川綱利が造営した

長い歴史を見守ってきた
由緒ある大杉の幹が威厳を放つ

国造神社
こくぞうじんじゃ

熊本県阿蘇市

MAP P.321D1

　阿蘇神社の北に位置するため通称「北宮」とも呼ばれる。推定樹齢2000年の「手野のスギ」は速瓶玉命のお手植えと伝えられ、平成3年(1991)の台風で折損したが幹の一部が大切に保存されている。

□ D A T A & A C C E S S
📞0967-22-4077 所熊本県阿蘇市一の宮町手野2110 開休料参拝自由 交JR宮地駅から車で15分 Pあり

御祭神

速瓶玉命 はやみかたまのみこと
雨宮媛命 あまみやひめのみこと
高橋神 たかはしのかみ
火宮神 ひのみやのかみ

主なご利益

五穀豊穣、金運など

⬅台風で折れた「手野のスギ」の幹を保存。現在も堂々たる貫禄を感じさせる

伝説の大風穴が神秘的
苔むす森に抱かれた静寂の社

上色見熊野座神社
かみしきみくまのざじんじゃ

熊本県高森町

MAP P.321D1

　緑深い森の中にひっそりと鎮座。参道には97基の石灯籠が並び、苔むした石段と杉木立が神気を漂わせる。境内奥には縦横10m以上の大風穴「穿戸岩(うげといわ)」があり、鬼八法師が蹴破ったとの伝説が残る。

□ D A T A & A C C E S S
📞0967-62-1111(高森町政策推進課) 所熊本県高森町上色見2619 開休料参拝自由 交南阿蘇鉄道・高森駅から車で10分 Pあり

⬆まるで異世界への入口を思わせる参道。アニメ映画『蛍火の杜へ』の舞台にもなった

⬅大岩を貫く大風穴「穿戸岩」。困難に打ち勝つ象徴とされ、合格必勝のご利益で知られる

御祭神

伊邪那岐命 いざなぎのみこと
伊邪那美命 いざなみのみこと

主なご利益

商売繁盛、合格必勝、縁結びなど

御祭神

日子八井命 ひこやいのみこと
比咩御子命 ひめみこのみこと
天彦命 あめひこのみこと
天比咩命 あめひめのみこと
阿蘇都彦命 あそつひこのみこと
阿蘇都比咩命 あそつひめのみこと
新彦命 にいひこのみこと
彌比咩命 やひめのみこと
速瓶玉命 はやみかたまのみこと
若彦命 わかひこのみこと
新比咩命 にいひめのみこと
彦御子命 ひこみこのみこと

主なご利益

縁結び、五穀豊穣、
厄除けなど

↑弘治2年(1556)に造営された社殿。のちに補修が重ねられ、現在の姿となった

大蛇退治の言い伝えが残る
深い池に潜り込むような下り宮

草部吉見神社
くさかべよしみじんじゃ

熊本県高森町

MAP P.321D1

　鳥居より低い位置に社殿がある日本三大下り宮のひとつ。神武天皇の皇子・日子八井命が池に棲む大蛇を退治し、池を干して宮を建てたとの伝説が残る。社殿下の吉ノ池は不老長寿の湧き水で有名。

DATA & ACCESS

☎0967-64-0355 🏠熊本県高森町草部2175 🕐休
🈯参拝自由 🚃南阿蘇鉄道・高森駅から車で25分 🅿あり

↑階段の下に社殿がある珍しい配置。130段の石段を下りて参拝する

熊本地震からの復旧が進行
荘厳な姿の社殿がよみがえる

阿蘇神社
あそじんじゃ

熊本県阿蘇市

MAP P.321D1

　全国に約500ある阿蘇神社の総本社。阿蘇を開拓した健磐龍命をはじめ家族神12柱を祀り、阿蘇山火口をご神体とする火山信仰と融合して崇敬を集めてきた。全国でも珍しい横参道の神社で、神殿や楼門などの6棟が国指定の重要文化財。平成28年(2016)の熊本地震で甚大な被害を受け、2023年の完成をめどに復旧工事が進められている。

DATA & ACCESS

☎0967-22-0064 🏠熊本県阿蘇市一宮町宮地3083
−1 🕐6:00〜18:00(授与所9:00〜17:00) 🈚無休 🈯無料 🚃JR宮地駅から車で3分 🅿あり

↑熊本地震で倒壊後、2021年7月に再建された拝殿

御祭神

健磐龍命 たけいわたつのみこと
阿蘇都比咩命 あそつひめのみこと
國龍神 くにたつのかみ
比咩御子神 ひめみこのかみ
彦御子神 ひこみこのかみ
若比咩神 わかひめのかみ
新彦神 にいひこのかみ
新比咩神 にいひめのかみ
若彦神 わかひこのかみ
彌比咩神 やひめのかみ
速瓶玉神 はやみかたまのかみ
金凝神 かなこりのかみ

主なご利益

生活守護、五穀豊穣など

↑九州最大規模を誇る楼門。解体修理中で2023年12月完成予定(写真は被災前)

360度の絶景が広がる草原に、大小数百個の石群がある。石は磁力を持ち、近づくと方位磁石が乱れる現象も

古代ロマンを感じる
謎を秘めた巨石群

押戸石の丘

おしといしのおか

熊本県南小国町 MAP P.323C3

シュメール文字が刻まれた鏡石やピラミッド型の巨岩など、謎めいた巨石が点在。人工的に配置された列石遺構で、古代人の祭礼の場だったと考えられる。

☎0967-42-1444(南小国町観光協会) 所熊本県南小国町中原 開休見学自由 料200円 交JR阿蘇駅から車で20分 Pあり

縦横無尽に枝を伸ばし
異様な姿でそびえる大樹

高森殿の杉

たかもりどんのすぎ

熊本県高森町 MAP P.321D1

九州自然歩道沿いに立つ樹齢400年を超える一対の大杉。雄株と雌株が寄り添うように見えることから夫婦杉と呼ばれ、縁結びスポットとして注目される。

所熊本県高森町高森3341-17 開休料見学自由 交南阿蘇鉄道·高森駅から車で7分 Pあり

↑幹回りは10m以上。幹の途中から幾本もの枝が四方に広がり、圧倒的な存在感を放つ

↑九州のへそ(中心)といわれる山都町に位置。鬱蒼とした古木がスピリチュアルな気配を感じさせる

日本神話に彩られた
巨木が生い茂る聖地

幣立神宮

へいたてじんぐう

熊本県山都町 MAP P.321D1

主祭神

神漏岐命 かむろぎのみこと
神漏美命 かむろみのみこと
天御中主大神 あめのみなかぬしのおおかみ
大宇宙大和神 おおとのちのおおかみ
天照大御神 あまてらすおおみかみ

主なご利益

天下泰平、五穀豊穣など

高天原の伝承と古い信仰形態を残す古社。境内には神漏岐·神漏美命が降臨したと伝わるヒノキや見事な枝ぶりの「五百枝杉」がそびえ、神聖な空気が漂う。

☎0967-83-0159 所熊本県山都町大野712 開休料参拝自由 交JR熊本駅から車で1時間40分 Pあり

神々の島

本土とは異なる歴史背景から、沖縄県には神社の数は非常に少ない。
いっぽうで、御嶽と呼ばれる拝所が点在するなど、独自の信仰の場は数多い。

岩山の上の「なんみんさん」

"なんみんさん" と親しまれる
沖縄総鎮守の神社

波上宮
なみのうえぐう

沖縄県那覇市

MAP P.320A3

　創始年は不詳だが、古来より理想郷とされる海神の国「ニライカナイ」の神々を信仰してきた沖縄で、ここ波の上の断崖を聖地のひとつとして祈りを捧げたのが波上宮の始まりと伝わる。国造りの女神・伊弉冉尊や約束の神・速玉男尊が祀られ、恋愛成就や良縁祈願、安産祈願などのご利益があることで有名。

DATA & ACCESS

☎098-868-3697 ⑯沖縄県那覇市若狭1-25-11 ⑱⑭⑭参拝自由 ❌ゆいレール旭橋駅・県庁前駅から徒歩16分 ❷あり

御祭神

伊弉冉尊 いざなみのみこと
速玉男尊 はやたまをのみこと
事解男尊 ことさかをのみこと

主なご利益

安産祈願、恋愛成就、家内安全ほか

崖の上にたたずむ社殿。琉球八社のなかでも最上位の神社と尊崇されていた

➡地元では「なんみんさん」の愛称で親しまれ、県民の信仰も厚い

琉球八社とは

本土とは異なる信仰のかたち

琉球王国の時代に「臨済宗」と「真言宗」が伝わり、なかでも臨済宗がより広まっていくなかで、王府から8つの真言宗寺院にも特別待遇が与えられた。この8つの寺院に併設されていた神社が、やがて琉球八社と呼ばれるようになった。波上宮が最上位といわれる。なお八社には熊野神が祀られているが、安里八幡宮のみ八幡神が祀られている。

波上宮	那覇市若狭
沖宮	那覇市奥武山
識名宮	那覇市繁多川
普天満宮	宜野湾市普天間
末吉宮	那覇市首里末吉町
安里八幡宮	那覇市安里
天久宮	那覇市泊
金武宮	金武町金武

三庫理

三庫理（さんぐーい）。2つの巨岩がつくる三角の洞門の先に、拝所の空間が広がっている

神の島を遥拝できる
琉球王国最高の聖地

斎場御嶽
せーふぁうたき

沖縄県南城市

MAP P.320A3

　琉球開闢の祖神・アマミキヨによって創られたとされる聖地。数多くある御嶽のなかで最も格式高く、王朝時代には最高位の女性神官である聞得大君の就任儀式など、国家的な儀式や祭礼を執り行う場として重要な役割を果たしていた。御嶽内に6つの神域があり、現在も「聖なる空間」として手厚く守られている。

🏠 DATA & ACCESS

📞098-949-1899（緑の館・セーファ）⚑沖縄県南城市知念久手堅539 ⏰9:00〜18:00(11月から2月→17:30)※三庫理内は立ち入り制限あり 🈺2023年6月18日〜20日、11月13日〜15日 💴300円 🚗那覇空港自動車道・南風原南ICから車で30分 🅿️あり ※掲載許可:南城市教育委員会

⬆寄満（ゆいんち）。王府用語で「台所」を意味し、農作物の豊穣を祈願した拝所といわれている

⬆大庫理（うふぐーい）。大広間の意味で、岩の前に石を敷いた祈りの場があり、国の重要儀式を行った

KEYWORD

御嶽 うたき

沖縄で神の降臨する地とされる神聖な杜。樹木や岩などが神の依代として祀られる。沖縄各地の集落に守り神を祀る御嶽があり、その数800以上といわれる。

⬆紺碧の海に浮かぶ神の島「久高島」を望む

世界最北の熱帯カルストで沖縄の自然崇拝に触れる

大石林山
だいせきりんざん

沖縄県国頭村

MAP P.320A2

琉球開闢の祖神・アマミキヨが創ったとされる沖縄最初の聖地・安須杜にある自然公園。約2億5000万年の歳月をかけて形成された熱帯カルスト地形には、40を超える拝所があり、奇岩や巨石、辺戸岬越しの海の眺望など、大自然のパワーを感じながら散策が楽しめる。スピリチュアルガイドツアーも開催(有料・予約制)。

☐ DATA & ACCESS

📞0980-41-8117 🏠沖縄県国頭村宜名真1241 🕐9:30〜16:30(17:30閉園) 🈑無休 💴1200円 🚗沖縄自動車道・許田ICから車で70分 🅿あり

図 美ら海展望台ステージ　烏帽子岩　夫婦岩　御願ガジュマル　猪垣　ソテツ群落　アカリメー　家畜小屋跡　沖縄石の文化博物館　チケット売り場　生まれ変わりの石　骨盤石　守り猫　石林の壁　悟空岩　立神の大岩　鍋池　精気小屋　縁結びの岩

A.奇岩・巨石コース
B.美ら海展望台コース
C.バリアフリーコース
D.ガジュマル・森林コース

⬆女性特有の病気にご利益があるといわれる骨盤石

⬆生まれ変わりの石。3回くぐると生まれ変わると伝えられる

パワスポめぐり

スピリチュアルツアー

一般コースでは通らない特別ルートがある。不思議体験ポイントやパワースポットを専門ガイドが同行しながら散策。
📞0980-41-8117 🕐約2時間30分(13:00)。前日17時までに電話で要予約 💴4500円(入山料、ツアーガイド料金込み)

⮕散策コース内には野趣あふれるガジュマルの木なども

悟空岩

悟空岩。雨水など古生代の石灰岩が長い年月をかけて浸食されてできたタワー状のカルスト

聖地のパワーに満ちた
琉球王国繁栄の舞台

首里城
しゅりじょう

沖縄県那覇市

MAP P.320A3

　1429年から約450年続いた琉球王国時代に、政治・外交・文化の中心として栄華を極めた王城。「十嶽」といわれる10カ所の御嶽を中心に建てられたといわれ、パワースポットとしても知られる。2019年10月の火災で正殿周辺を焼失したが、2026年の正殿復元を目指して復興作業が進められる様子を一般公開中。

☐ D A T A ＆ A C C E S S

☎098-886-2020 ㊟沖縄県那覇市首里金城町1-2 ㊠8:30〜18:00（有料区域は9:00〜17:30、入場券販売締切17:00）㊡7月第1水曜とその翌日 ㊎400円 ㊫ゆいレール首里駅から徒歩15分 ㋟あり

⬆首里城の代表的な門「守礼門」。琉球王国の尚清王時代(1527〜55)に創建された。2000円札の絵柄としても有名。別名は上の綾門といい、「上方にある美しい門」の意

⬆守礼門と真逆の方向に位置する物見台「東のアザナ」。首里城公園一帯が一望できる
⬇城内最大の信仰儀式の場「京の内(きょうのうち)」。かつて神女たちが王家繁栄などを祈っていた。木々が生い茂り、神々しい雰囲気に包まれている

日没〜24時まで首里城はライトアップを実施。写真は歓会門

歓会門

多くの祭祀が執り行われ
神々の楽園に通じる祈りの島

久高島

くだかじま

沖縄県南城市

MAP P.320A3

島全体が聖地と崇められている周囲8kmの小さな島。琉球開闢の祖・アマミキヨが最初に降臨し、海の彼方にある理想郷・ニライカナイに通じる場所とされ、国王自らも巡礼を欠かさなかった。島内には、琉球七御嶽に数えられるクボー御嶽などの拝所や神話にまつわる伝説の地がいたるところにあり、今も祈りが捧げられている。

↑久高島は王権発祥地の浦添グスクや首里グスクから見て太陽が上がる方角に位置している

DATA & ACCESS

☎098-835-8919(NPO法人久高島振興会) 所沖縄県南城市知念久高 料フェリー乗船片道680円、高速船乗船片道770円 交那覇空港自動車道・南風原南ICから安座真港へ車で30分。安座真港からフェリーで25分、高速船で15分 Pなし

↑五穀の壺が流れ着いた、沖縄の五穀発祥の地とされる「イシキ浜」

↑久高島第一の聖地といわれている「クボー御嶽」

神々が住まう洞穴を有する
由緒正しき神社

普天満宮

ふてんまぐう

沖縄県宜野湾市

MAP P.320A3

琉球王府から特別な扱いを受けた琉球八社のひとつで、沖縄本島中部最大の神社。縁結びや安産、初宮参りをはじめ、近年は建築関係諸祈願や商売繁昌、学業成就祈願など、諸願成就の神様として信仰されている。境内にある洞穴は鍾乳石が祀られた拝所となっていて、社務室で受付すれば無料で見学可能。

↑御本殿の下に広がる鍾乳石でできた洞穴。女神と仙人の神話が言い伝えられ、普天満宮発祥の地といわれる

御祭神

伊弉冉尊 いざなみのみこと
速玉男尊 はやたまをのみこと
事解男尊 ことさかをのみこと
天照大御神 あまてらすおおみかみ
家都御子神 けつみこのかみ
竜宮神 ニライカナイ
普天間女神 グジー
天神・地神・海神

DATA & ACCESS

☎098-892-3344 所沖縄県宜野湾市普天間1-27-10 営9:30〜18:00(洞窟は10:00〜17:00) 休無休 料無料 交沖縄自動車道・北中城ICから車で7分 Pなし

↑鍾乳洞内にある普天満宮の奥宮

子宝祈願でも有名な
琉球開闢伝説が残る神の島

浜比嘉島
はまひがじま

沖縄県うるま市

MAP P.320A3

　沖縄本島中部の勝連半島から、海中道路や浜比嘉大橋を渡って車で行ける離島。琉球開闢の祖といわれる女神・アマミキヨ(アマミチュー)と男神・シネリキヨ(シルミチュー)が暮らし、子どもをもうけたという伝説を今に残す。昔ながらの赤瓦屋根の家屋や石垣が連なる集落内には、琉球神話ゆかりのスポットが点在。

□ DATA & ACCESS

所沖縄県うるま市勝連浜 開休料見学自由 交沖縄自動車道・沖縄北ICから車で50分 Pあり

↑周囲7kmほどの小さな島に数多くの拝所や御嶽があり島全体がパワースポットといわれる

↑シルミチューの浜
←子宝を願う参拝者が多く訪れる「シルミチュー」。二神がこの洞窟に住み、子どもをもうけたあと、琉球の人々が増えていったという伝説がある

新しい命が授けられ
いくつもの命が救われた聖地

ニャティヤ洞
ニャティヤがま

沖縄県伊江村

MAP P.320A3

　昔から子宝に恵まれない女性が洞窟内にある「力石(ビジル石)」を持ち上げると、願いが叶うという伝説がある。ちなみに、持ち上げた石を重いと感じれば男の子、軽いと感じれば女の子を授かるといわれている。戦争中は防空壕として利用され、多くの人を収容したことから「千人洞」とも呼ばれる。

□ DATA & ACCESS

☎0980-49-2906(伊江村商工観光課) 所沖縄県伊江村川平 開休料見学自由 交伊江港から車で5分 Pあり

↑子宝祈願にご利益のある「亥之方男神」と「戌之方女神」の男女神がそれぞれ祀られている

↑伊江島の西海岸に位置する「ニャティヤ洞」

↑子授けの神と崇められる「力石(ビジル石)」

今に語り継がれる伝説の地に 海人が厚い信仰を寄せる拝所

白銀堂
はくぎんどう

沖縄県糸満市

MAP P.320A3

海人(漁師)の町として知られる糸満市で、豊漁祈願や航海安全の神様として信仰されている拝所。堂内には「シロガネの御イベ」と呼ばれる自然の石筍が氏神として祀られている。旧正月になると地元の人々で賑わいをみせるほか、糸満ハーレーや糸満大綱引など、旧暦行事の祭祀が執り行われている。

↑沖縄で語り継がれる物語の舞台として有名な「白銀堂」。賽銭箱が設けられており一般人も拝むことができる

□ DATA & ACCESS

☎090-3792-8557(白銀堂運営委員会) 所沖縄県糸満市糸満23 開休料参拝自由 交那覇空港自動車道・豊見城ICから車で15分 Pあり

20万年もの時をかけて 自然が創造した美しい鍾乳洞

石垣島鍾乳洞
いしがきじましょうにゅうどう

沖縄県石垣市

MAP P.320B3

日本最南端、石垣島最大の鍾乳洞。サンゴ礁が地殻変動などによって隆起してできたという洞窟にはサンゴやシャコ貝などの化石も見られ、かつて海底だったことを物語る。全長3.2kmのうち660mが公開中で、幻想的な鍾乳洞イルミネーションや滴る水の音を楽しむ水琴窟など、地底に広がる神秘の世界を楽しめる。

□ DATA & ACCESS

☎0980-83-1550 所沖縄県石垣市石垣1666 開9:00〜18:30(最終入洞受付18:00) 休無休 料1200円 交新石垣空港から車で25分 Pあり

↑観音様や七福神のような形をした鍾乳石の石筍があることから「神々の彫刻の森」と呼ばれている

↑ファンタジックな空間が演出されているイルミネーション
↑トトロに似ていると話題に。記念撮影に人気のスポット

日本有数の苔の森から、雄々しい老樹、雄大な海やしぶきを上げて落下する瀑布まで。
原始的な自然が残る屋久島には、スピリチュアルなパワーがあふれている。

マイナスイオンに満ちた
緑深い苔むす森

白谷雲水峡

しらたにうんすいきょう

鹿児島県屋久島町

MAP P.320A2

　424haもの広さがある、屋久島を象徴する自然休養林。樹齢1000年を超える屋久杉や苔に覆われた石や木々などが神秘的な雰囲気をつくり出している。原生林は標高600～1100mの地域に広がり、弥生杉コース(70分)、奉行杉コース(3時間)、太古岩往復コース(4時間)で観賞が可能。太古岩往復コースのハイライトである太鼓橋からは、幽玄な森全体を見渡すことができる。

TREKKING INFO

☎0997-43-5900(屋久島観光まちづくり課観光推進係) 住鹿児島県屋久島町宮之浦 交宮之浦港から白谷広場まで車で30分／宮之浦港から屋久島交通バス・白谷雲水峡行きで35分、終点下車、徒歩1分で白谷広場 料協力金 森林環境整備推進協力金500円

❶ 飛ぶように流れ落ちる滝
飛流落とし
ひりゅうおとし

花崗岩が雨で浸食されてできた急斜面を、轟音とともに水しぶきを上げて滑り落ちる落差約50mの滝。

太鼓橋往復の
コースは約5.6km。
屋久杉が立ち並ぶ
緑濃い苔の世界が
一面に広がる

④ 島の森を一望できるスポット
太鼓岩
たいこいわ

空中に飛び出したような一枚岩の展望台。眼下には森が広がり、大パノラマの絶景が楽しめる。

白谷雲水峡 MAP

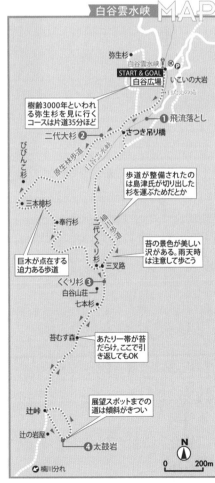

弥生杉
白谷雲水峡
START & GOAL
白谷広場　いこいの大岩

樹齢3000年といわれる弥生杉を見に行くコースは片道35分ほど

① 飛流落とし
② 二代大杉　さつき吊り橋
びんこ杉

歩道が整備されたのは島津氏が切り出した杉を運ぶためだとか

三本槍杉
奉行杉

苔の景色が美しい沢がある。雨天時は注意して歩こう

巨木が点在する迫力ある歩道
三叉路
くぐり杉 ③
白谷山荘
七本杉

苔むす森
あたり一帯が苔だらけ。ここで引き返してもOK

展望スポットまでの道は傾斜がきつい

辻峠
辻の岩屋
④ 太鼓岩

楠川分れ

0　200m　N

③ 木の根のトンネル
くぐり杉
くぐりすぎ

倒木の上に2代目が育ち、倒木部分が朽ちて空洞になった姿。空洞をくぐって進もう。

② 次世代を育む生命力
二代大杉
にだいおおすぎ

伐採された切り株を礎にして2代目が生長した倒木更新の典型。樹高32mの巨杉が空に向かって力強く伸びる。

縄文杉

屋久杉を代表する老樹
深い森の中に堂々と鎮座

縄文杉
じょうもんすぎ

鹿児島県屋久島町

MAP P.320A2

杉は日本固有の植物とされ、屋久島では樹齢1000年を超える杉を屋久杉と呼んでいる。そのなかでも昭和41年(1966)に発見された縄文杉は、最大級の屋久杉として知られる。推定樹齢は2000〜7200年と定かではない。16.4mと太い胸高周囲は屋久杉の特徴をよく表しており、深い森の中に立つ姿が見る者を圧倒する。

☐ TREKKING INFO

☎0997-43-5900(屋久島観光まちづくり課観光推進係) 🏠鹿児島県屋久島町 🕐トレッキング所要約10時間 🚌屋久杉自然館から荒川登山バスで35分、荒川登山口下車すぐ(3〜11月のみ運行)。屋久杉自然館まで宮之浦港入口から屋久島交通バス・屋久杉自然館行きで45分(3〜11月のみ運行)。3〜11月の間、荒川登山口への一般車両の乗り入れは規制されている。💴協力金 山岳部環境保全協力金1000円(日帰り登山の場合)、観光案内所などでの事前納入が推奨されている。当日の場合は屋久杉自然館駐車場で納入。

1 屋久島の森に君臨する
縄文杉
じょうもんすぎ
展望デッキから眺めても圧倒的な存在感で迫ってくる屋久島最大の杉。樹齢は2000〜7200年と諸説ある。

縄文杉 **MAP**

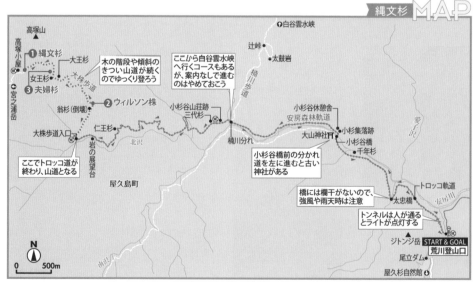

高塚山

高塚小屋

1 縄文杉　大王杉

女王杉

3 夫婦杉

翁杉(倒壊)

宮之浦岳

大株歩道入口

仁王杉

岩の展望台

2 ウィルソン株

小杉谷山荘跡
三代杉

木の階段や傾斜のきつい山道が続くのでゆっくり登ろう

ここから白谷雲水峡へ行くコースもあるが、案内なしで進むのはやめておこう

ここでトロッコ道が終わり、山道となる

北沢

楠川分れ

屋久島町

小杉谷休憩舎
安房森林軌道

大山神社

小杉集落跡

小杉谷橋

千年杉

白谷雲水峡

辻峠

太鼓岩

楠川歩道

小杉谷橋前の分かれ道を左に進むと古い神社がある

橋には欄干がないので、強風や雨天時は注意

太忠橋

トロッコ軌道

トンネルは人が通るとライトが点灯する

ジトンジ岳

尾立ダム

屋久杉自然館

START & GOAL
荒川登山口

N

0　　500m

往復22kmの長い道のりをガイドとともに歩む。行き着いた先で感動の対面を

❷ 頭上のハート形に癒やされる
ウィルソン株
ウィルソンかぶ

周囲13.8mもある巨大な切り株。10畳ほどの内部から空を見上げると、空洞部分がハート形に見えることで有名。

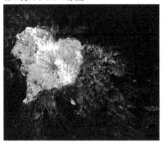

❸ 手をつなぐ合体杉
夫婦杉
めおとすぎ

夫は樹齢2000年、妻は1500年と推定される。離れた2本の木の枝が10mほどの高さで絡まり、手をつなぐ姿に見える。

❖ ３つのみどころ ❖

ウミガメが見られる美しい浜や圧巻の瀑布。島の豊かな自然が人々を魅了

約1km続く花崗岩の白浜
永田いなか浜
ながたいなかはま　　　　MAP P.320A2

日本有数のウミガメ産卵地としても知られている。

☎0997-43-5900(屋久島町観光まちづくり課) 所鹿児島県屋久島町永田 休料散策自由(5～9月の夜間～早朝はウミガメに配慮して入場制限あり) 交宮之浦港から車で30分 Pあり

落差約60mの雄大な滝
千尋の滝
せんぴろのたき　　　　MAP P.320A2

人が両手を広げた長さを一尋という。千人が手を結ぶほど巨大な岩盤から流れることから、この名がついた。

☎0997-43-5900(屋久島町観光まちづくり課) 所鹿児島県屋久島町原 休料見学自由 交安房港から車で30分 Pあり

身近で感じる轟音と水しぶき
大川の滝
おおかわのたき　　　　MAP P.320A2

落差88mの断崖から流れ落ちる、屋久島最大級の滝。滝壺の近くまで歩いていくことができ、観光客で賑わう。

☎0997-43-5900(屋久島町観光まちづくり課) 所鹿児島県屋久島町 休料見学自由 交阿房港から車で50分 Pあり

壱岐

天地を結ぶ架け橋であったという壱岐。
人々に守り継がれてきた150を超える神社が、
島のいたるところに点在し、
「神々の島」として、神話を今に伝えている。

かつて山全体が
御神体であった。
不思議な磁力を持つ
拝殿裏の磐座も
注目される

古くから良縁を導いてきた
九州有数のパワースポット

男嶽神社
おんだけじんじゃ

長崎県壱岐市

MAP P.322B2

『古事記』にも記されている由緒ある神社。壱岐島が生まれたときの最初の神様である天比登都柱と月読命の降臨の地で、その二大神を導いた猿田彦命を御祭神としていることから、2000年以上にわたり"導きの神"として語り継がれている。人数限定の予約制で斎行する祈願祭で有名。近くには対となる女嶽神社もあり、併せてお参りを。

☐ DATA & ACCESS

📞090-5400-2581 所長崎県壱岐市芦辺町箱崎本村触1678 開休料参拝自由 交芦辺港から車で15分 Pあり

御祭神

猿田彦命 さるたひこのみこと

男嶽山に鎮座する、神代の昔から続く古社

神道発祥の地と伝わる
日本各地の月讀神社の元宮

月讀神社
つきよみじんじゃ

長崎県壱岐市

MAP P.322B2

御祭神は天照大御神の弟である月讀命。もともとは、壱岐の豪族が航海の安全を祈るためにお祀りしていたが、神のお告げで京都に分霊。そこを中心に日本に神道が根付くようになったといわれる。

全国の月讀神社の総本社。鬱蒼とした森の中にあり、不思議なパワーが感じられる

☐ DATA & ACCESS

📞0920-45-4145 所長崎県壱岐市芦辺町国分東触464 開休料参拝自由 交芦辺港から車で5分 Pあり

御祭神

月讀命 つくよみのみこと

⬆隣には無数の薄い石が重なる龍蛇浜があり、龍のうろこを思わせる不思議な光景が広がる

海と奇岩に囲まれた
絶景を見渡すパワースポット

龍蛇神社
りゅうだじんじゃ

長崎県壱岐市

MAP P.322B2

　明治28年(1895)に出雲神社から龍蛇神を迎えて祀ったのが始まり。竜神崎と呼ばれる岬の先端に位置し、ゴツゴツとした岩の上に小さな鳥居と祠が立つ。周囲には海の絶景が広がり、自然のパワーあふれる雰囲気。

御祭神
龍蛇神　りゅうじゃしん

□ DATA & ACCESS
📞0920-45-1276(壱岐神社)　🏠長崎県壱岐市芦辺町瀬戸浦　🕐休料参拝自由　🚌芦辺港から車で5分　🅿あり

縁結びの願いを叶える
大きな夫婦クスノキが有名

住吉神社
すみよしじんじゃ

長崎県壱岐市

MAP P.322B2

　日本四大住吉のひとつ。境内の神池から発見された神鏡をはじめ、貴重な文化財を数多く保存する。毎年12月には、約700年の歴史を持つ壱岐神楽のなかで最も厳粛とされる「大大神楽」が奉納される。

御祭神
底筒男神　そこつつおのかみ
中筒男神　なかつつおのかみ
表筒男神　うわつつおのかみ

□ DATA＆ACCESS
📞0920-45-3002　🏠長崎県壱岐市芦辺町住吉東触470　🕐休料参拝自由　🚌芦辺港から車で10分　🅿あり

⮕良縁のご利益で知られる「夫婦クスノキ」があり、男性は左回り、女性は右回りに回ると願いが叶うという

干潮時のみ参拝できる
壱岐のモンサンミッシェル

小島神社
こじまじんじゃ

長崎県壱岐市

MAP P.322B2

　日本遺産に認定されている内海湾(うちめわん)に浮かぶ小島に鎮座。干潮の前後、数時間だけ海中から参道が現れて、歩いて参拝できることから、太陽と月の引力によって神様に出会える神秘のパワースポットとして注目されている。

島全体が神域で、恋愛成就や縁結び、商売繁盛、開運などのご神徳があるといわれる

御祭神
須佐之男命　すさのおのみこと
伊邪那岐尊　いざなぎのみこと
伊弉冉尊　いざなみのみこと
高産霊尊　たかむすびのみこと

□ DATA & ACCESS
📞0920-45-1263　🏠長崎県壱岐市芦辺町諸吉二亦触1969　🕐休料参拝自由　🚌芦辺港から車で7分　🅿あり

九州最北端に位置する国境の島には、独自の歴史と自然が息づいている
神功皇后伝説が伝わるスポットで、はるかいにしえに思いを馳せて。

信仰が守り育んだ原始の森
大樹が作り出す神秘の世界

樹齢200年超の巨大なスダジイ。大きく広げた枝ぶりが森の精を思わせる

龍良山原始林
たてらやまげんしりん

長崎県対馬市

MAP P.322A1

標高558mの龍良山の北側、海抜120mから山頂までに広がる原始林。対馬独自の天道信仰の聖地として立ち入りが禁じられ、斧の入ったことのない原始の照葉樹林が極めて良好な状態で残されている。国指定天然記念物。

↑龍良山の南西の麓にたたずむ多久頭魂神社

↑苔むした倒木が点在し神秘的な雰囲気

DATA & ACCESS
☎0920-52-1566（対馬観光物産協会）
🏠長崎県対馬市厳原町豆酘 🚗厳原港から車で30分 🅿あり

大陸と日本の樹木が混在
山頂は圧巻のパノラマ

白嶽
しらたけ

長崎県対馬市

MAP P.322A1

標高518m、大陸系植物と日本系植物が混在する独特の生態系を持つ原生林が息づく白嶽。古来より霊山として崇められる対馬のシンボル的存在だ。高台や山頂からの眺望が良く、登山客の訪れも多い。国指定天然記念物。

↑↑10人程度しか滞在できない山頂から360度の眺めが楽しめる。多様な樹木林も見どころ

DATA & ACCESS
☎0920-52-1566（対馬観光物産協会）
🏠長崎県対馬市美津島町洲藻
🚗対馬空港から車で20分（登山口）🅿あり

石積みの塔で結界を結ぶ
古代の祭祀形態が残る神社

天神多久頭魂神社

てんじんたくずだまじんじゃ

長崎県対馬市

MAP P.322B1

　平安時代の『日本三大実録』や『延喜式』にその名が登場する古社。天道山の麓にあり、社殿はなく、山そのものを御神体としている。対馬独自の神・多久頭魂神が祭神であり、鳥居や石積みの塔などが独自の祭祀様式を物語る。

DATA & ACCESS

📞0920-52-1566(対馬観光物産協会) 🏠長崎県対馬市上県町佐護洲崎西里2864 🕐休料参拝自由 🚗厳原港から車で35分 🅿あり

御祭神

多久頭魂神 たくずだまのかみ

↖↙境内の東西と南に鳥居、石積みの塔を配置。奥まった場所に祭壇が設けられ、頂上に鏡が置かれている

132段の階段の先に広がる
荘厳な日本三大墓地

万松院

ばんしょういん

長崎県対馬市

MAP P.322A1

　元和元年(1615)、宗家20代義成が父義智の冥福を祈って創建し、その後、宗家累代の菩提寺となった。巨大な墓が立ち並ぶ墓所は、金沢市の前田家墓地、萩市の毛利家墓地とともに日本三大墓地のひとつといわれている。

DATA & ACCESS

📞0920-52-0984 🏠長崎県対馬市厳原町厳原西里192 🕐8:00〜17:00(夏季は〜18:00) 🈳無休 料300円 🚗厳原港から車で15分 🅿あり

御本尊

如意輪観音菩薩 にょいりんかんのんぼさつ

↖↙創建当時の姿を残す山門。墓地へと続く132段の階段は「百雁木(ひゃくがんぎ)」と呼ばれている

隠岐諸島

「神々の棲む島」として知られる隠岐諸島。この地には日本有数の大自然が残り、自然信仰がなされてきた。格式高い神社も各地に鎮座している。

雄滝は裏側から眺めることが可能。滝の水は、長寿の水勝者の水として信仰される

神秘的な姿が美しい
社殿を流れる2条の滝

壇鏡の滝
だんぎょうのたき

島根県隠岐の島町

MAP P.326A1

那久川の上流、切り立った断崖から流れ落ちる2条の滝。岩壁に向かって右側が高さ50mの雄滝、左側が40mの雌滝で、「日本の滝百選・日本名水百選」に選定されている。2条の滝の間には壇鏡神社があり、岩に張り付くように小さな社殿がひっそりと建つ。参道は杉の木立で覆われ、森閑とした雰囲気が漂う。

☐ DATA & ACCESS
📞08512-2-0787(隠岐の島町観光協会) 所島根県隠岐の島町那久 開休料見学自由 交西郷港から車で50分 Pあり

断崖・奇岩が連なる
ダイナミックな自然の造形美

国賀海岸
くにがかいがん

島根県西ノ島町

MAP P.326A1

日本海の荒波に浸食されてできた大断崖や奇岩がそびえ立ち、迫力ある景色を形成している。海抜257mの大絶壁「摩天崖」をはじめ、延長250mにおよぶ天然トンネル「明暗の岩屋」、アーチ状の岩の架け橋「通天橋」などは必見。

西ノ島の西海岸一帯に広がる景勝地。遊覧船に乗って海上から眺めるのもよい

☐ DATA & ACCESS
📞08514-7-8888(西ノ島町観光協会) 所島根県西ノ島町浦郷 開休料見学自由 交別府港から車で25分 Pなし

伝説が残る「八百杉」と 勇壮な馬入れ神事で知られる

玉若酢命神社
たまわかすみことじんじゃ

島根県隠岐の島町

MAP P.326A1

　本殿はこの地方独特の隠岐造で、随神門、拝殿とともに国指定の重要文化財。境内にそびえる「八百杉」は樹齢約2000年ともいわれ、不老長寿の伝説で知られる八百比丘尼が植えたとの伝承がある。

毎年6月5日には隠岐三大祭りのひとつ「御霊会風流」が開催され、馬入れ神事が祭礼のハイライトとなる

DATA & ACCESS

📞08512-2-7170 🏠島根県隠岐の島町下西713
🕐休料参拝自由 🚌西郷港から車で5分 🅿あり

御祭神

玉若酢命 たまわかすのみこと

延喜式神名帳に格式高い名神大社と記された隠岐国一宮。20年に一度行われる遷宮相撲にも注目

DATA & ACCESS

📞08512-5-2123 🏠島根県隠岐の島町郡723
🕐休料参拝自由 🚌西郷港から車で25分 🅿あり

御祭神

水若酢命 みずわかすのみこと

古くから高い格式を誇る 隠岐造の本殿が美しい社

水若酢神社
みずわかすじんじゃ

島根県隠岐の島町

MAP P.326A1

　隠岐造の本殿は国の重要文化財に指定され、素朴な美しさと風格を併せ持つ。西暦偶数年の5月3日に開催される「祭礼風流」は隠岐三大祭りに数えられ、日本古来の山曳神事や流鏑馬などが見どころ。

❖ 感動の巨木・巨樹 ❖

世界ジオパークにも認定された隠岐諸島には、圧巻の神木が各地に点在する

6本の幹が空高く伸びる
かぶら杉 かぶらすぎ　　MAP P.326A1

樹高約38.5m、樹齢約600年と伝えられる杉の巨木。根本付近から6本の幹に分かれ、それぞれが天に向かってまっすぐ伸びている。

📞08512-2-0787(隠岐の島町観光協会) 🏠島根県隠岐の島町中村 🕐休料見学自由 🚌西郷港から車で20分 🅿あり

森に抱かれた神秘の巨樹
岩倉の乳房杉 いわくらのちちすぎ　　MAP P.326A1

隠岐最高峰の大満寺山に立つ樹齢約800年の古杉。幹は途中から15本に分岐し、大小24個の乳房状の根が垂れ下がっている。

📞08512-2-0787(隠岐の島町観光協会) 🏠島根県隠岐の島町布施 🕐休料見学自由 🚌西郷港から車で65分 🅿あり

竹生島

竹生島は古来より人々の信仰の対象であった。僧・行基が堂宇を建立し、四天王像を安置したのがその始まりとされ、現在は日本三弁財天を祀る霊場として賑わう。

琵琶湖に浮かぶ神の島に鎮座
本殿は秀吉ゆかりの国宝

竹生島神社
（都久夫須麻神社）

ちくぶしまじんじゃ（つくぶすまじんじゃ）

滋賀県長浜市

MAP P.328B1

　本殿は、約450年前に豊臣秀吉が寄進した伏見桃山城の勅使殿を移築したもの。豪華絢爛な桃山文化を今に残し国宝となっている。弁財天、商売繁盛の神様、産土神、龍神の四柱の神様が祀られ、交通安全、厄除開運、五穀豊穣、金運上昇などのご利益があるとされている。龍神拝所でのかわらけ投げも有名。

国宝の本殿。狩野永徳光信の天井画や金蒔絵が施された長押など内部は豪華絢爛

DATA & ACCESS

☎0749-72-2073 🏠滋賀県長浜市早崎町1665 🕘9:30〜16:30（観光船就航時間に基づく）休無休 💰入島料600円 🚃長浜・彦根・今津の各港から観光船で約25分〜40分、竹生島港から徒歩7分

御祭神

市杵島比売命
いちきしまひめのみこと
宇賀福神 うがふくじん
浅井比売命 あざいひめのみこと

最も古い歴史がある弁財天
かわいいダルマに願掛けを

竹生島宝厳寺
ちくぶしまほうごんじ

滋賀県長浜市

MAP P.328B1

　琵琶湖に浮かぶパワースポット「竹生島」にある寺院。ご本尊の大弁財天は、神亀元年(724)に聖武天皇が天照皇大神のお告げを受け、僧侶の行基を勅使としてつかわして堂塔を開基させたのが始まりといわれる。秘仏であるため60年に一度公開され、次回は2037年。「願いダルマ」と呼ばれる願掛け奉納をすることもできる。

DATA & ACCESS

☎0749-63-4410 ⓐ滋賀県長浜市早崎町1664-1 ⓣ9:30〜16:30(観光船就航時間に基づく) ⓗ無休 ⓟ入島料500円、宝物殿拝観料300円 ⓔ長浜・彦根・今津の各港から観光船で約25分〜40分、竹生島港から徒歩10分

竜神拝所では古くから伝わる願掛けのひとつ、かわらけ投げに挑戦できる

↑江戸時代に焼失したとされ、約350年ぶりに復元された

御本尊
早速弁天像(大弁財天) さっそくべんてんぞう

↑京都の豊国廟から移築された唐門。桃山様式の代表的な遺構であり、国宝に指定されている(左)。観音堂から都久夫須麻神社に続く舟廊下も桃山様式(右)

竹生島は琵琶湖上の航海の目印として、古くから船人を支えてきた。美しい島全体が名勝史跡に指定される

神職以外の立ち入りが許されず、「神宿る島」と崇められる沖ノ島。
大島には沖ノ島を遠くから拝む沖津宮遥拝所があり、古い信仰の形が連綿と受け継がれている。

信仰が息づく神の島で
神聖な文化と風景に出会う

大島・沖ノ島
おおしま・おきのしま

福岡県宗像市

MAP P.323C2(大島)／P.322B1(沖ノ島)

　玄界灘に浮かぶ大島・沖ノ島は、古代の祭祀遺跡が残る信仰の島。それぞれに宗像三女神を祀る社が鎮座し、本土の辺津宮や古墳群とともに、世界文化遺産に登録されている。

　沖合の孤島である沖ノ島は、厳しい掟で守られた聖地。一般の入島は禁じられ、田心姫神を祀る沖津宮の社殿がひっそりと建つ。

　沖ノ島をはるか遠くから拝めるのが、約50km離れた大島の沖津宮遥拝所。沖ノ島をご神体とする拝殿の役割を持ち、空気が澄んだ日は水平線の彼方に沖ノ島を望む。大島の南東部には、湍津姫神を祀る中津宮が鎮座。島内には風車展望所や夢の小夜島などの見どころが点在し、観光に訪れる人も多い。古くから漁業が盛んな土地でもあり、素朴な漁村の暮らしが垣間見られる。

DATA & ACCESS

【大島】 0940-62-3811(宗像市観光協会)
福岡県宗像市の神湊港から大島渡船のフェリー「おおしま」で25分(1日5便)、旅客船「しおかぜ」で15分(1日2便)

⬆大島にある宗像大社沖津宮遥拝所。大島の沖合約50km先に浮かぶ沖ノ島を拝するため、島の北側に設けられた

島全体が信仰の
対象とされる沖ノ島。
貴重な動植物の
宝庫で、国指定の
天然記念物

博多湾に浮かぶ志賀島は、「漢委奴国王」が刻まれた金印発見地として知られる。
風待ちの島でもあり、海の神を祀る志賀海神社は古くから人々の信仰を集めてきた。

遥拝所は
玄界灘を一望する
パワースポット。
神功皇后にちなむ
磐座がある

雄大な玄界灘を見守る
海神の総本社

志賀海神社
しかうみじんじゃ

福岡市東区

MAP P.323C2

　古来より「海神の総本社」「龍の都」と称えられ、海上交通の要衝である博多湾の総鎮守として信仰されてきた。御祭神の綿津見三神は海の底、中、表を守る神様で、海上交通の安全を司るだけでなく、潮や海産物の恵みをもたらし、不浄や災厄を祓い清めるといわれる。境内には、摂社今宮神社や12の末社もある。

拝所(上)と楼門(右)。神社の創建は不明だが、島の北部にあった3つの社を、2〜4世紀頃に現在の地に遷座したと伝わる

DATA & ACCESS

📞092-603-6501 🏠福岡市東区志賀島877 🕐6:00〜17:30(元旦は0:00開門) 休無休 料無料
🚗都市高速・香椎浜ICから車で25分 Pなし

御祭神

表津綿津見神 うはつわたつみのかみ
仲津綿津見神 なかつわたつみのかみ
底津綿津見神 そこつわたつみのかみ

神秘の力を宿す境内へ

総本社参拝

海上に立つ荘厳な社殿群
三女神の御鎮座地

嚴島神社
いつくしまじんじゃ

広島県廿日市市

MAP P.326B2

古来より島そのものが神として信仰されていた厳島(宮島)に、推古天皇元年(593)に創建されたという。御祭神は天照大御神の子である三女神。佐伯鞍職が御祭神とともに島を巡り、今の場所を選び、神の島を傷つけないよう、潮が満ち引きする現在地に社を建てたとも伝わる。平清盛が篤く崇敬し社殿を修造したことで知られ、海上交通の守護神として今なお多くの人に信仰されている。

御祭神

市杵島姫命 いちきしまひめのみこと
田心姫命 たごりひめのみこと
湍津姫命 たぎつひめのみこと

主なご利益

交通安全、必勝祈願、心願成就など

□ DATA & ACCESS

☎0829-44-2020 所広島県廿日市市宮島町1-1
時6:30〜18:00(季節によって変更あり) 休無休
料昇殿料300円 交JR宮島口駅前の桟橋からフェリーで10分、宮島桟橋から徒歩12分
※社殿の工事状況は随時HPにて公開。
www.itsukushimajinja.jp/
※大鳥居は2022年末に修復が完了
(本誌掲載写真は修復前のものです)。

1 海に建つ宮島の象徴
大鳥居
おおとりい

楠の自然木を使った島のシンボル。高さ約16m、重さ約60ｔ。現在の大鳥居は明治8年(1875)に再建された9代目で、2022年末に修復が完了。

2 祭典が始まる重要な摂社
客神社
まろうどじんじゃ

天照大御神の珠から生成した、五柱の男神を祀る。建物は国宝指定。こちらで二拝二拍手一拝でお参りを。

3 朱色の列柱が
神秘的
東廻廊
ひがしかいろう

社殿をつなぐ廻廊が、美しい景観を演出する。平安時代、東西の廻廊は現在より長いものだったという。

④ 廻廊の要に位置、主祭神を祀る

御本社
ごほんしゃ

祓殿、拝殿、幣殿、本殿が連なる神社の中心。海・交通運輸・財福・技芸の神として信仰される、三女神を祀っている。二拝二拍手一拝でお参りを。

⑤ 赤い高欄を巡らせた舞台

高舞台
たかぶたい

平舞台(国宝)の中央を一段高くして設けられており、年に祭祀後約10日舞楽が奉納される。現在の高舞台は天文15年(1546)修造のもの。平舞台の広さは約200坪。

⑥ 大鳥居を真正面に望む

火焼前
ひたさき

大鳥居に向かって桟橋状に延びる平舞台の先端で、床下を支える赤間石を使った石柱は毛利元就の寄進といわれる。先端は、かつて海上参拝者のために明かりを灯した場所。

⑦ 御祭神は縁結びの神

大国神社
だいこくじんじゃ

国造り・農業・商業・医療・縁結びの神、大国主命を祀る。大国神社の前は、御本社が見られる絶好のポイント。

⑧ 菅原道真公を祀る

天神社
てんじんしゃ

弘治2年(1556)、毛利隆元により寄進された。室町時代の建物のため朱塗りはされていない。古くは連歌堂といわれ、俳句の起源でもある連歌の会がここで催されていた。

⑨ 朱塗りの柱が美しい

西廻廊
にしかいろう

東廻廊と対をなす廻廊。折れては連なる廻廊の柱間からは、変化に富んだ景観が楽しめる。

⑩ 16世紀から能を奉納

能舞台
のうぶたい

国内で唯一、海中に建てられた能舞台。毛利元就が永禄11年(1568)、仮の舞台を設けて能を納めたのが始まり。現存の建物は延宝8年(1680)に広島藩主・浅野綱長が寄進。

⑪ 急な勾配が目を引く朱の橋

反橋
そりばし

別名を勅使橋といい、天皇からの勅使だけが渡ることのできる橋だった。現在の橋は弘治3年(1557)、毛利元就・隆元が再建したもの。

❖ **この寺社も訪れたい** ❖

宮島には、厳島神社以外にも歴史ある寺社仏閣が多く点在している

数多くの仏像や坐像を有する

亀居山放光院 大願寺
ききょざんほうこういん だいがんじ MAP P.326B2

建仁年間(1201〜1203)再興と伝わる。弘法大師の作とされる厳島弁財天のほか、宮島に伝わる最古の仏像薬師如来像や行基作の釈迦如来坐像も所蔵。
(→P.195)

畳857枚分の広さを誇る経堂

豊国神社(千畳閣)
ほうこくじんじゃ(せんじょうかく) MAP P.326B2

天正15年(1587)に豊臣秀吉が建立を命じたが秀吉の急死により工事は中断し、未完成のまま。その広さから千畳閣とも呼ばれる。

☎0829-44-2020(厳島神社) 🏠広島県廿日市市宮島町1-1 🕐8:30〜16:30 休無休 料100円 🚃宮島桟橋から徒歩15分 Ｐなし

宮島最古の寺院

大本山大聖院
だいほんざんだいしょういん MAP P.326B3

真言宗御室派の大本山。大同元年(806)に弘法大師が開創したと伝わる。毎年4月と11月に真言密教の儀式、火渡り神事が行われる。

☎0829-44-0111 🏠広島県廿日市市宮島町210 🕐8:00〜17:00 休無休 料無料 🚃宮島桟橋から徒歩20分 Ｐあり

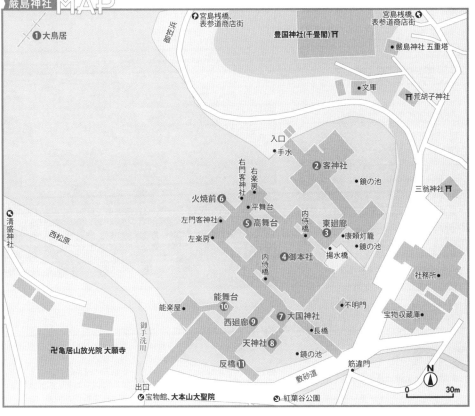

① 大鳥居

御笑浜

❶宮島桟橋、表参道商店街

宮島桟橋
表参道商店街

豊国神社(千畳閣)卍

•厳島神社 五重塔

•文庫

卍荒胡子神社

入口
•手水

② 客神社

•鏡の池

三翁神社卍

右門客神社

右楽房

火焼前 ⑥

平舞台

内侍橋

東廻廊

③

•康頼灯籠

左門客神社

⑤ 高舞台

•鏡の池

清盛神社

西松原

左楽房

内侍橋

④御本社

揚水橋

社務所•

•不明門

宝物収蔵庫

能楽屋

能舞台 ⑩

西廻廊 ⑨

⑦ 大国神社

•長橋

卍亀居山放光院 大願寺

御手洗川

天神社 ⑧

•鏡の池

筋違門

反橋 ⑪

敷砂道

N
0 —— 30m

出口
ℹ宝物館、**大本山大聖院**

❶紅葉谷公園

参道グルメ & おみやげ

宮島のみやげといえば、もみじまんじゅうやしゃもじ。広島風お好み焼きも忘れずに

🛍 カステラと餡のバランスが絶妙
藤い屋 宮島本店
ふじいやみやじまほんてん

「変わらないために変わり続ける」をモットーに、原材料、カステラと餡のバランスにもこだわる大正14年(1925)創業の店。店内で、お茶とともに焼きたてが味わえる。

☎0829-44-2221 🏠広島県廿日市市宮島町1129 ⏰9:30～17:00 🈚無休 🚌宮島桟橋から徒歩7分 🅿なし

↑もみじまんじゅう こしあん120円。北海道産小豆を使用したこし餡は、上品な味わい

🛍 長く愛用できる一品を
宮島工芸製作所
みやじまこうげいせいさくしょ

宮島は杓子発祥の地。その伝統を受け継ぐ工芸技術が、しゃもじ作りだ。ここでは、文字入り看板しゃもじや、調理用しゃもじ、ヘラの製造を行う。手になじむなめらかなカーブが特徴で、使うほどに味が出る。

☎0829-44-0330 🏠広島県廿日市市宮島町617 ⏰8:00～17:00 🈚日曜 🚌宮島桟橋から徒歩10分 🅿なし

🍴 広島名物・お好み焼×カキのコラボ
くらわんか

「くらわんか」とは、広島弁で「食べませんか」の意。塩胡椒を使わず、野菜本来の味を引き出したお好み焼きを、「くらわんか焼」として提供する。宮島産カキのほか、エビ、チーズ、餅などもトッピング可。

☎0829-44-2077 🏠広島県廿日市市宮島町589-5 ⏰11:00～17:00(LO16:30) 🈚不定休 🚌宮島桟橋から徒歩8分 🅿なし

↑かきそば入りくらわんか焼1370円。お好み焼の中央にカキが並べられたカキ入りはイチオシ

↑広島県北産サクラ材を中心に、国産材を使用。左からめし杓子1210円、めし杓子1210円、ヘラ935円、バターナイフ550円

学問・文化・芸術の神様
全国天満宮総本宮

太宰府天満宮
だざいふてんまんぐう

福岡県太宰府市

MAP P.323C2

　菅原道真公を祀る、天神信仰の聖地。9世紀、道真公は学者・政治家として活躍していたが、策略により大宰府に左遷され生涯を閉じる。門弟であった味酒安行が道真公を埋葬し祀廟を創建したのが、太宰府天満宮の起源である。その後無実が証明されて神様の御位を贈られ、文道・至誠の神として信仰が広がった。境内には道真公が愛した梅の木が植えられ、2〜3月境内は梅の香りに包まれる。

御祭神

菅原道真公 すがわらのみちざねこう

主なご利益

受験合格、学業上達、厄除けなど

□ DATA & ACCESS

☎092-922-8225 ㊟福岡県太宰府市宰府4-7-1 ㊐6:00(秋分の日〜春分の日の前日は6:30)〜19:00(6〜8月は19:30、12〜3月は18:30) ㊡無休 ㊕無料 ㊋西鉄・太宰府駅から徒歩5分 Ｐあり

御神木でもある梅の木

京から菅公を慕った「飛梅」

　御本殿の向かって右にある梅の木が有名な飛梅。大宰府へ去った道真公を慕い、京の都から一夜にして飛来したとの伝説が残る。道真公は、「東風吹かば匂い起こせよ梅の花主なしとて春な忘れそ」と、京の梅を懐かしむ歌を詠んでいる。境内の約6000本の梅の木は他の梅に先駆けて白い花を咲かせる。

① 勇壮な五間社流造り
御本殿
ごほんでん
16世紀末に再建された豪奢な桃山建築。道真公の御墓所の上に建つ。重要文化財。

② 静かな枯山水
浮殿
うきどの
御社殿を囲む水面に建物の姿が映ることから「浮殿」と名付けられ、秋の神幸式大祭では御神輿がおやすみなさる。

③ 水の上を歩き御本殿へ
心字池
しんじいけ
参道から中世の鳥居を経て御本殿へ向かう途中にある心字池。池には3つの赤い太鼓橋が架かる。

注目のパワースポット

知恵受けや運気上昇の神様にもお参りを

御神牛 ごしんぎゅう
参道の突きあたりをはじめ、境内各所にある御神牛。頭を撫でると知恵を授かれると多く親しまれている。

天開稲荷社 てんかいいなりしゃ
九州最古のお稲荷さんとして信仰される。祈ると天に道が開け、運気が上昇するといわれている。

太宰府天満宮 MAP

- 天開稲荷社
- 北神苑
- ひろはちしゃの木
- 菅公歴史館
- 天婦樟
- 筆塚
- 包丁塚
- 誠心館
- ❶御本殿
- 飛梅
- 皇后の梅
- 大樟
- ❹楼門
- 社務所
- 手水舎
- 宝物殿
- 文書館
- 曲水の庭
- 古札納所
- 鳥居
- 麒麟像
- 絵馬堂
- 鷽像
- 東神苑
- 菖蒲池
- 志賀社
- ❺太鼓橋
- 今王社
- 心字池❸
- 太宰府駅
- ❸太宰府参道「天山」
- 🅂寺田屋
- 鳥居
- 参道
- 中世の鳥居
- 御神牛
- 太宰府天満宮案内所
- 東風吹かばの歌碑
- 九州国立博物館
- 光明禅寺
- ❷浮殿

0 50m

N

桃山建築の豪奢な御本殿が建つ境内は、約6000本の梅をはじめ四季折々の花々に彩られる

❹ 御本殿手前の豪華な門
楼門
ろうもん

御本殿側の屋根は1層、太鼓橋側は2層になった珍しい形状。現存するものは大正時代に再建された。

❺ 心字池の
お清めの橋
太鼓橋
たいこばし

心字池には太鼓橋・平橋・太鼓橋という3つの橋が連なって架かる。過去・現在・未来という仏教思想に基づく三世一念を表している。

参道グルメ & おみやげ

太宰府天満宮に向かう参道には、餅店やみやげ店、カフェなどが並び、食べ歩きも楽しめる

🛍 香ばしい最中の皮と自家製餡
太宰府参道「天山」
だざいふさんどう「てんざん」

太宰府で出土した鬼瓦を模し、佐賀県産もち米で焼き上げた最中に餡を挟んだ「鬼瓦最中」が好評。
☎092-918-2230 所福岡県太宰府市宰府2-7-12 営9:00〜17:00 休不定休 交西鉄・太宰府駅から徒歩3分 Pなし

↑鬼瓦最中は、つぶ餡、白インゲンの白餡、八女茶餡の3種類

🛍 梅をテーマに多彩な品揃え
寺田屋
てらだや

飛梅にちなんだ自家製の飛梅漬(1袋1000円)のほか、梅ゼリーなどの梅製品が30種類以上ある。
☎092-922 4064 所福岡県太宰府市宰府4-6-15 営9:00〜17:30 休4〜12月の第1・3水曜 交西鉄・太宰府駅から徒歩4分 Pなし

↑太宰府名物の梅ヶ枝餅。参道周辺の茶店でも販売

「祓いと浄めの聖地」北野
菅原道真公を祀る大社

北野天満宮
きたのてんまんぐう

京都市上京区

MAP P.330B1

平安時代に学者・政治家として活躍したのち、晩年の不遇を経て天神様と崇められるようになった菅原道真公を祀る。「祓いと浄めの聖地」である北野に、天暦元年(947)創建された。至誠、学業成就、厄除けなど御神徳は広く篤く、多くの受験生が参拝に訪れる。毎月25日の縁日や2月25日の梅花祭など、道真公にまつわる祭事も行われている。

御祭神

菅原道真公 すがわらのみちざねこう
中将殿 ちゅうじょうでん
吉祥女 きっしょうじょ

主なご利益

学業成就、厄除けほか

□ D A T A ＆ A C C E S S

☎075-461-0005 ㊟京都市上京区馬喰町 ㊂6:30〜17:00 ㊡無休 ㊙無料 ㊛JR円町駅から京都市バスで10分、北野天満宮駅下車、徒歩すぐ ㊟あり

「文道の大祖」とも呼ばれる天神様（菅原道真）が祀られている総本社。梅の名所でもある

厄除御守。梅の刺繍が美しいお守り。厄災から守り、運を開く御利益がある

⤴手水鉢に草花を浮かべた花手水。北野天満宮の生花のような花手水は、季節や行事などによって週ごとに変わる

北野天満宮 MAP

北門
茶室明月舎
東門
牛社
①御本殿・社務所
三光門②神楽殿 宝物殿
③鴬橋 紅梅殿 ⑤楼門
絵馬所 太閤井戸
文道会館
④梅苑「花の庭」 二の鳥居
影向松
茶室松向軒 一の鳥居

上七軒通
今出川駅
今出川通
北野天満宮前
北野白梅町駅

N 0 50m

③ 紙屋川にかかる朱塗りの橋
鶯橋
うぐいすばし

豊臣秀吉公が洛中洛外の境界、水防のために築いた土塁「御土居」の近くの川にかかる太鼓橋。初夏の青もみじや紅葉によく映える。

④ 京都随一の「梅の名所」
梅苑「花の庭」
ばいえん「はなのにわ」

約1500本、50種もの梅が植えられている。早いものは、正月明けから花が咲き始め、3月末頃まで楽しむことができる。

⑤ 桃山時代の様式を残す
楼門
ろうもん

2つの鳥居をくぐった先にある楼門の両側には、貴族を護衛した随神像が置かれ、正面には「文道大祖 風月本主」の額が掲げられている。

① 雄大な檜皮葺き屋根の御本殿
御本殿
ごほんでん

総面積約500坪にも及ぶ広大な御本殿(国宝)。「八棟造」と称される神社建築の歴史を現代に伝える貴重なものだ。

② 後西天皇筆「天満宮」勅額
三光門
さんこうもん

楼門と御本殿の間に建つ、北野天満宮のシンボル的存在。三光とは、日、月、星を指し、梁には彫刻が彫られている。

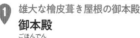

注目のパワースポット

どこを撫でる？ 境内に置かれた牛の像

撫牛
なでうし

撫でると学業成就や諸病平癒の御利益があるという。牛は菅原道真とゆかり深く、境内の各所に臥牛の像がある。

79

2000年の歴史を持つ古社
猿田彦大神の本宮

椿大神社
つばきおおかみやしろ

三重県鈴鹿市

MAP P.329C1

　平安と幸福を招く開運みちびきの神様、猿田彦大神を祀る。垂仁天皇27年(紀元前3)に社殿が奉斎されたと伝わり、日本最古の神社のひとつとされる。境内には猿田彦大神の妻神・天之鈿女命を祀る別宮椿岸神社もあり、夫婦円満、縁結びの神としても崇敬されている。そのほか謡曲『鈿女』に謳われる神代の神跡・御船磐座や猿田彦大神の御陵・高山土公神陵など、霊感あらたかなスポットが点在する。

御祭神

猿田彦大神 さるたひこのおおかみ

主なご利益

交通安全、無病息災、商売繁盛など

□ D A T A ＆ A C C E S S

📞059-371-1515 🏠三重県鈴鹿市山本町1871 🕔5:00〜19:00(11〜4月は〜18:00) 🈳無休 🈶無料 🚃JR・近鉄四日市駅から三重交通バスで1時間、椿大神社下車、徒歩すぐ 🅿あり

╭─ 招福の玉 ─╮

自身の願い事を叶えてくれる
不思議なご利益のある玉

　椿大神社のパワースポットのひとつに「招福の玉」がある。この玉を撫でながら「祓え給え、清め給え、六根清浄」と3度唱えてお祈りすると心のなかに幸せが訪れ、自分の念願が叶うといわれている。

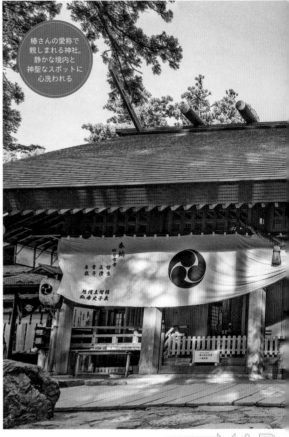

椿さんの愛称で親しまれる神社。静かな境内と神聖なスポットに心洗われる

椿大神社 MAP

1 総領の厳かな本殿
拝殿

御祈祷が奉仕される、荘厳な神明造りの本殿。猿田彦大神をはじめ、瑰瓊杵尊や栲幡千千姫命、木花咲耶姫命や天之鈿女命など多くの神を祀る。

---

3 日本を代表する実業家を祀る
松下幸之助社
まつしたこうのすけしゃ

椿大神社に幾度も参拝し、境内の鈴松庵も寄進した故・松下幸之助を御祭神として祀る。

4 山頂に奥の宮が鎮座
入道ヶ岳
にゅうどうがたけ

本殿背後の高山入道ヶ岳に奥の宮がある。周囲には、太古の祭祀跡と思われる磐座が点在する。

5 龍神様にもお参りを
庚龍神社
かのえりゅうじんじゃ

龍神を祀る小さな社。龍蛇神両地神社、立雲龍神社と併わせ、龍神三社巡りができる。

2 良縁を願う人が参拝
別宮椿岸神社
べつぐうつばききしじんじゃ

御祭神は猿田彦大神の妻・天之鈿女命。夫婦円満、縁結びをはじめ、芸道の祖神・鎮魂の神としても崇められる。神前結婚式も行われている。

注目のパワースポット

ご利益をいただけるというスポットも、忘れずに訪れたい

かなえ滝
かなえだき

みそぎの行場である、金龍明神の滝より流水に触れることができる。水は不老長寿の神水とされる。

椿延命地蔵尊
つばきえんめいじぞう

古くから首から上の病が治ると信じられている地蔵尊。平安後期の作とされ、健康を祈願する人が全国から訪れる。

古くから庶民に崇められる
商売繁昌、五穀豊穣の神

伏見稲荷大社
ふしみいなりたいしゃ

京都市伏見区

MAP P.330B1

全国に約3万社あるという「稲荷神社」の総本宮。稲荷信仰の原点は稲荷山であり、和銅4年(711)稲荷大神がこの山に鎮座したという。以来「衣食住の太祖にして、万民農楽の神霊なり」と民衆に崇められてきた。崇敬者は祈りを捧げ鳥居を奉納してきたといい、それらが数千本並ぶ景観は圧巻だ。さらに稲荷山を歩く「お山めぐり」では、数多くの神聖なスポットを巡ることができる。

御祭神

宇迦之御魂大神 うかのみたまのおおかみ
佐田彦大神 さたひこのおおかみ
大宮能売大神 おおみやのめのおおかみ
田中大神 たなかのおおかみ
四大神 しのおおかみ

主なご利益

五穀豊穣、商売繁昌、家内安全ほか

DATA & ACCESS

☎075-641-7331 🏠京都市伏見区深草薮之内町68
🕐休料参拝自由 🚃JR稲荷駅から徒歩すぐ Pあり

1 五柱が祀られる
本殿
ほんでん
全国に3万以上あるといわれる稲荷神社の総本宮として信仰を集める。商売繁昌や五穀豊穣、家内安全などのご利益がある。

2 自分の星を見つけよ
外拝殿
げはいでん
天保11年(1840)に建立された外拝殿(重要文化財)。軒下に吊るされた12個の鉄灯籠には、「黄道十二宮(十二星座)」の意匠が施されている。

伏見稲荷大社 **MAP**

京都駅
伏見街道
奈良線
伏見稲荷駅
稲荷駅
琵琶湖疏水
八島ヶ池
儀式殿
楼門
社務所
啼鳥菴
一の鳥居
二の鳥居
3
2 外拝殿
1 本殿
奥宮
千本鳥居
4
根上がりの松
おもかる石
奥社奉拝所
伏見神寶神社
一本杉大神
月日之宮本宮
稲荷山 **5**
熊鷹社
谺ヶ池(新池)
六地蔵駅

N
0   50m

注目のパワースポット

境内に点在するパワースポットにも、忘れずに立ち寄ろう！

おもかる石 おもかるいし
灯籠の上に置かれた「おもかる石」。心のなかで願い事を念じた後、石を持ち上げ、感じた重さによって成就を占う。

熊鷹社 くまたかしゃ
千本鳥居を抜けた稲荷山の中腹、谺(こだま)ヶ池の畔にあり、池のほとりで柏手を吉祥の方角へ2回打ち幸運を招く。

五穀豊穣などの御利益がある。重要文化財である本殿や千本鳥居など、見どころが多い

③ お狐様が迎える
楼門 ろうもん

豊臣秀吉によって、天正17年(1589)に造られた楼門。貴重な建造物として、南北廻廊とともに国の重要文化財に指定されている。

④ 見る者を圧倒する
千本鳥居 せんぼんとりい

朱塗りの鳥居がズラリと連なった千本鳥居。「願いが通る」という意味で、江戸時代以降から、立てられるようになったといわれている。

⑤ 民衆の信仰を集める
稲荷山 いなりやま

東山三十六峰の最南端に位置し、古くから「三ケ峰」と呼ばれてきた稲荷山。山内には、多くの塚や鳥居が建立されている。

霊峰白山を御神体とする
悠久の歴史を紡ぐ古社

白山比咩神社

しらやまひめじんじゃ

石川県白山市

MAP P.331C2

　白山は古くから霊山信仰の聖地であり、時代を経て信仰は「登拝」に形を変えた。神社はその拠点として、崇神天皇7年(紀元前91)、本宮北の舟岡山に創建されたと伝わる。現在の本宮は手取川にほど近い平坦地にたたずむ。広大な境内には樹齢1000年を超える古木がそびえ、聖域ならではの威厳が感じられる。御祭神の菊理媛神は『日本書紀』に登場する女神で、和合・縁結びの神として崇敬されている。

御祭神

白山比咩大神 しらやまひめのおおかみ
伊弉諾尊 いざなぎのみこと
伊弉冉尊 いざなみのみこと

主なご利益

五穀豊穣、大漁満足、開運招福など

□ D A T A ＆ A C C E S S

📞076-272-0680 🚃石川県白山市三宮町二105-1 🕐宝物館9:00〜16:00(11月9:30〜15:30) 🈲無休 🈯無料 🚉北陸鉄道・鶴来駅から北陸白山バスで5分、一の宮下車、徒歩5分 🅿あり

自然の力を体感

心身を清める貴重な体験
境内にある霊水で禊を

　白山比咩神社は、境内に禊場がある珍しい神社。ここでは神職の指導を受けながら、白山の霊水で心身を清める「みそぎ」の体験ができる。男性はふんどし、女性は白装束に着替えて禊場の中へ。水中に入る時間は5分ほど。滝行ではないので顔が水に濡れることはない。

❶ 参拝者を迎える
外拝殿
げはいでん

神門の正面にたたずむ、優美な檜造りの建物。その後ろに、神に拝する幣拝殿や御祭神を祀る本殿などが一直線に並んでいる。

白山比咩神社 **MAP**

舟岡山城跡 ●
● 白山比咩神社
創祀之地顕彰碑
一の宮
● 白山比咩神社古宮跡
後世川
鶴来レインボーライン
🅿 ● 一の鳥居
❸ 表参道 🅿
手取川
北参道
琵琶滝 ●
宝物館 ● Ⓦ
大ケヤキ❹ ● 白山霊水
二の鳥居
かたがり地蔵 ● ● 白光苑
三の鳥居 ❷ 御神木(三本杉)
白山IC ● 白山奥宮遥拝所 ❶ 外拝殿
157 ● 参集殿
三ノ宮大谷川
南参道 ❺ 亀岩
N
● 下吉野
0　　100m

木々に覆われた庭園や長寿の霊水が訪れる人を癒やしてくれる

白山奥宮遥拝所
はくさんおくみやようはいじょ

白山三山の形をした大岩が祀られ、白山山頂にある奥宮を拝むことができる。

白光苑
びゃっこうえん

境内に造られた、自然豊かな日本庭園。

白山霊水
はくさんれいすい

白山水系の伏流水は、延命長寿の霊水として知られる。霊水は北参道手水舎の横に湧き出ている。

全国白山神社の総本宮。御祭神の白山比咩大神は和合の神でもある菊理媛尊のこと

③ 樹木に覆われた美しい参道
表参道
おもてさんどう

境内は5万5800㎡もの広さがあり、約250mの表参道には杉やケヤキの古木が立ち並ぶ。

② 昭和天皇が播種
御神木(三本杉)
ごしんぼく(さんぼんすぎ)

昭和58年(1983)、昭和天皇が種を撒いた杉の木。

④ 神門前に立つ堂々たる姿
大ケヤキ
おおケヤキ

樹高約25m、幹周り約5mの巨木。樹齢1000年と推定され、白山市の天然記念物にも指定されている。

⑤ 自然石でできた手水舎
亀岩
かめいわ

境内には清らかな水で満ちた手水舎が3つある。なかでも南参道にある手水舎は自然石の亀岩でできており珍しい。

国家の守護を祈願して創建
原生林と神鹿が共生する神域

春日大社
かすがたいしゃ

奈良県奈良市

MAP P.330B2

　神護景雲2年(768)、天皇の勅命により神山・御蓋山の麓に壮麗な本殿が造営されたのが始まりという。国家の平和と繁栄を祈る祭りが執り行われ、なかでも春日祭は1200年以上続く祭事として名高い。原生林が保たれた御蓋山や、20年に一度の式年造替により美しく保たれている朱塗りの社殿、さらに神の使いとして大切にされる鹿の群れが、聖域ならではの威厳を感じさせる。

御祭神

武甕槌命 たけみかづちのみこと
経津主命 ふつぬしのみこと
天児屋根命 あめのこやねのみこと
比売神 ひめがみ

主なご利益

開運厄除、夫婦円満など

DATA & ACCESS

☎0742-22-7788 ⏰奈良県奈良市春日野町160 🕐6:30〜17:30(11〜2月は7:00〜17:00) 🈺無休 💴無料 🚌JR・近鉄奈良駅から奈良交通バスで15分、春日大社本殿下車、徒歩すぐ🅿あり

⬆社頭の大杉。樹齢約800〜1000年で鎌倉時代作の『春日権現験記』には幼木の姿で描かれている

春日大社の神使である鹿にあやかったお守り。幸運をもたらすという

① 神域を隔てる聖なる門
中門・御廊
ちゅうもん・おろう
中門の高さは10mで、唐破風は明治時代に取り付けられたもの。中門の左右に延びる御廊はそれぞれ長さが13mある。

30万坪にも及ぶ境内には本殿のほか62の摂社・末社、数多くの国宝を収めた国宝殿がある

春日大社 MAP

⬆若草山、東大寺
・感謝・共生の館
・御祈祷所
一言主神社🈂
・藤浪之屋
🅿
・春日大社本殿
・宝庫
・風宮神社
・御本殿
⑤ 一之鳥居、奈良公園
・国宝殿
・貴賓館
・酒殿
・内侍殿
中門・御廊
・直会殿
・御蓋山浮雲峰遥拝所
・社務所
・幣殿・舞殿
②
⑦ 回廊
⑥ 祓戸神社
南門
表参道
・車舎
・大楠
二之鳥居
ささやきの小径
春日若宮 **④**
N
0　50m
夫婦大國社 **③**

86

⑤ 日本三大木造鳥居のひとつ
一之鳥居
いちのとりい

寛永11年(1634)に再建。かつては、春日大社と興福寺旧境内との境を分けるものだった。

⑥ 春日祭、祓戸の儀の舞台
祓戸神社
はらえどじんじゃ

二之鳥居の近くにある、平安時代から祀られていた古社。罪や穢れを取り除いてくれる。

② 朱が映える春日大社の正門
南門
なんもん

高さ12m。回廊の南に位置する春日大社最大の門で、平安中期に建てられ、南北朝時代に再建された。

③ 縁結びの霊験あらたか
夫婦大國社
めおとだいこくしゃ

日本唯一の夫婦の大國様を祀っている。夫婦円満や良縁のご利益あり。ハート形の絵馬と水占いも人気。

⑦ 丹塗りに1000の釣灯籠
回廊
かいろう

治承3年(1179)の建築で、連子窓で中央を仕切った複廊形式の珍しい構造。内側にはいにしえより奉納された釣灯籠約1000基が並ぶ。

④ 若宮十五社めぐりの一番
春日若宮
かすがわかみや

大宮から200mほど南に下った場所にある若宮神社。知恵と生命の神様・天押雲根命を祀る。
あめのおしくもねのみこと

奈良公園へ足を延ばして

神の使いとされる鹿に会える奈良公園

神様が白い鹿に乗ってやってきたという伝説が残る春日大社。近くの奈良公園には、1000頭以上の鹿が生息している。

四国随一のパワースポット
全国の金刀比羅神社の総本宮

金刀比羅宮
ことひらぐう

香川県琴平町

MAP P.325C1

「さぬきこんぴらさん」として知られる、四国有数の神社。象頭山の中腹に鎮座し、参道口から本宮までは785段、奥社までは1368段の石段を上る必要がある。本宮の御祭神は大物主神と崇徳天皇。大物主神は農業・殖産・医薬・海上守護の神として古くから信仰され、江戸時代には犬を代わりに参詣させるほどこんぴら参りは人気を博した。さまざまなご利益で知られ、今も全国から多くの参詣者が訪れる。

御祭神

大物主神 おおものぬしのかみ
崇徳天皇 すとくてんのう

主なご利益

航海安全、五穀豊穣、商売繁盛など

□ D A T A & A C C E S S

📞0877-75-2121 ㊐香川県琴平町892-1 🕕6:00～18:00 ㊡無休 ㊎無料 🚗JR琴平駅から徒歩20分、ことでん・琴電琴平駅から徒歩15分 Ｐなし

┌─ 弘法大師・空海 ─

金刀比羅宮と名僧弘法大師・空海との密接な関係

大同2年(807)に弘法大師・空海の父佐伯善通が金刀比羅宮へ来社したと言われその後空海が誕生し、やがて遣唐使として中国へ渡り密教を学び、帰国後は布教のため全国行脚した。空海のお膝元である金刀比羅宮では今なお空海にあやかりお遍路さんをする人も多い。

❶ 二拝二拍手一拝で参拝を
御本宮
ごほんぐう

創立については詳しくわかっていない。一切弧をなさない建築が特徴で、左右の壁板と天井に桜樹木地蒔絵が施されている。祭典時には神職・巫女の舞も披露される。

❷ 二重入母屋造りの御社
旭社
あさひしゃ

天保8年(1837)に竣工。完成まで40年かかったといわれる、総けやき造りの壮麗な社殿。御本宮を参拝したあと訪れるのが本来の流れ。

江戸時代にはお伊勢参りと並ぶ庶民の憧れに。代わりに参詣した「こんぴら狗」が今も有名

金刀比羅宮 MAP

絵馬堂　三穂津姫社
白峰神社
旭社❷　❶御本宮
❹厳魂神社
神椿
表書院❸　奥書院
神馬舎　高橋由一館
宝物館
❺桜馬場西詰銅鳥居
大門❻　五人百姓
旧金毘羅大芝居(金丸座)
本家船々堂 Ｓ
琴平海洋博物館(海の科学館)
灸まん本舗 石段や本店 Ｓ　金陵の郷
Ｈことひら温泉 琴参閣
こんぴら温泉
鞘橋
金倉川
0　250m
琴電琴平駅　琴電琴平線
JR琴平駅　高燈籠

注目のパワースポット

金刀比羅宮とその近くにある
注目のパワースポット

象頭山 ぞうずさん

金刀比羅宮が建つ山、名前のとおり遠くから見ると象の頭のような輪郭をしている。民謡「こんぴら船々」にも登場。

神馬 しんめ

神馬は神様がお乗りになる馬であり古来から存在が崇高、絵に描いて神社へ奉納するほど神聖な動物である。

③ 応接の場だった客殿
表書院
おもてしょいん

万治年間(1658～60)建築と伝わる。建物にも注目だが、今なお絶大な人気を誇る円山派の始祖、円山応挙の作品群も必見。

④ 教祖を祀る通称奥社
厳魂神社
いずたまじんじゃ

戦国の乱世で荒廃した金刀比羅宮。その再興と発展に尽くした金刀比羅本教の教祖・厳魂彦命を祀る社。

⑤ 黄色い看板がお出迎え
桜馬場西詰銅鳥居
さくらのばばにしづめどうとりい

大門から続く平坦な桜馬場を進んだ先にある。現在の銅門は、力士の朝日山四郎右衛門が、大正元年(1912)に移設修復したもの。

---

⑥ ここからが境内とされる神域の総門
大門
おおもん

二層入母屋造り、瓦葺きの堂々たる門。水戸光圀公の兄・松平頼重公から寄進されたもの。手前に「鼓楼」や清少納言ゆかりの「清塚」がある。

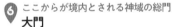

1300年の歴史が刻まれた
全国にある八幡様の総本宮

宇佐神宮
うさじんぐう

大分県宇佐市

MAP P.323D2

　全国に約4万余社ある八幡社の総本宮。神亀2年(725)、現在の地に御殿を造営して八幡神を祀る。広大な境内には上宮と下宮の2つの神域があり、上宮に鎮座する本殿は国宝指定。3つの御殿が横一列に並び、八幡造と呼ばれる古い建築様式を持つ。周辺には、若宮神社をはじめ多くの摂末社が点在。かつては弥勒寺の伽藍があり、神仏習合の発祥地としても知られる。

御祭神

八幡大神 はちまんおおかみ
比売大神 ひめおおかみ
神功皇后 じんぐうこうごう

主なご利益

厄除開運、仕事運、安産・子育てほか

DATA & ACCESS

☎0978-37-0001 ㊵大分県宇佐市南宇佐2859 ㊶5:30〜19:00(10〜3月は6:00〜) ㊐無休 ㊷無料 ㊹JR宇佐駅から四日市行きバスで7分、宇佐八幡下車、徒歩すぐ ㋹あり

荘厳な造りの南中楼門(勅使門)。この奥に本殿があり、通常はこの門の前で参拝する

独特の形をした宇佐鳥居
大鳥居
おおとりい

表参道にそびえる鳥居。額束がなく、柱上に台輪を配した独特の形式が特徴で、宇佐鳥居と呼ばれる。

応神天皇の若宮を祀る
若宮神社
わかみやじんじゃ

上宮と下宮の間に鎮座する摂社。応神天皇の皇子である大鷦鷯命(のちの仁徳天皇)など5柱を祀る。除災難、除厄難の神として有名。

信仰を集める民衆の神
下宮
げぐう

上宮は国家の神として、下宮は民衆の神として崇敬されてきた。「下宮参らにゃ片参り」といわれ、上下両宮に参拝する慣習がある。

境内に点在する注目スポットで、神聖なパワーをいただこう

御霊水 ごれいすい
八幡大神が初めて現れたという菱形池のほとりにある3つの霊泉。古来、絶えることなく清水が湧き続けると伝わる。

大楠 おおくす
上宮祈祷殿手前にある御神木の楠。推定樹齢約800年、高さ約30mを誇り、願いが叶うスポットとしても話題に。

夫婦石 めおといし
石畳に並ぶ2つの三角形の石。一人の場合は両足で、カップルの場合は左右それぞれを踏むと恋愛成就するという。

10年に一度だけ扉が開く美しい橋
呉橋
くれはし
檜皮葺き屋根を持つ朱塗りの橋。呉の国の人が架けたともいわれ、この名がついた。10年に一度、勅祭でのみ使用される。

参道グルメ & おみやげ

表参道の仲見世商店街には、みやげ物店や食事処が軒を連ね、昔ながらの情緒ある雰囲気。名物の宇佐飴や地域の特産品が買えるほか、ご当地グルメのねぎ焼きも味わえる。

4つの本宮すべてが国宝
本宮
ほんぐう
檜皮葺の屋根が厳かな雰囲気。平面の構造は、大嘗祭で造営される神殿と類似。

全国2300社の住吉神社の総本社。願掛けの石などパワースポットが境内に多数点在

海の守護神として信仰
国宝の本殿が並ぶ荘厳な境内

住吉大社
すみよしたいしゃ

大阪市住吉区

MAP P.330A2

海の神である住吉大神(底筒男命、中筒男命、表筒男命)と神功皇后を御祭神とする。神功皇后摂政11年(211)、神功皇后が新羅遠征の帰途、住吉大神を祀ったことが起源とされ、航海安全・産業の神として篤い信仰を集めてきた。国宝の本宮は最古の社殿形式のひとつである住吉造。4本宮が船団のように並ぶ独特の配列が特徴的で、古代の祭祀形態を今に伝えている。

DATA & ACCESS

📞06-6672-0753 📍大阪市住吉区住吉2-9-89 🕐6:00(10〜3月は6:30)〜16:00 🚫夏祭・正月は閉鎖 💴無料 🚃南海・住吉大社駅から徒歩3分 🅿あり

御祭神

底筒男命 そこつつのおのみこと
中筒男命 なかつつのおのみこと
表筒男命 うわつつのおのみこと
神功皇后 じんぐうこうごう

主なご利益

海上安全、商売繁盛など

願い事を占う霊石
おもかる石
おもかるいし
願掛けをして石を持ち上げ、軽く感じたら願いが叶うといわれている。

倉稲魂命を祀る古社
種貸社
たねかししゃ
商売の元手や子宝を授ける神として信仰される、歴史ある神社。

住吉大社の神使
なでうさぎ
なでうさぎ
神様のお使いとされ、参拝者は像を撫でて招福・無病息災を祈願する。

住吉っさんのシンボル
反橋
そりはし
神池に架かる神橋。橋を渡るだけでお祓いになるといわれる。別名・太鼓橋。

心願成就の石を拾ってお守りに
五大力石
ごだいりきいし
五所御前という神聖な場所にある。五・大・力と書かれた石を拾いお守りにすると、願いが叶うという。

えびす様の総本宮
出雲大社と合わせて参詣を

美保神社
みほじんじゃ

島根県松江市

`MAP` P.327C1

聖なる岬とも呼ばれる美保関にたたずむ。三穂津姫命と事代主神を祀り、海上安全、五穀豊穣、商売繁盛の守り神として崇敬が篤い。境内からは4世紀頃の勾玉の破片や6世紀頃の土馬が出土しており、この地で祭祀が行われていたことをうかがわせる。出雲大社の大国様と美保神社を合わせた「えびすだいこく両参り」をすることで、より良い縁に恵まれるという。

国指定の重要文化財
本殿
ほんでん
大社造の2つの殿を装束の間でつないだ、非常に珍しい形式。

本殿の手前に鎮座
神門
しんもん
拝殿と同時期に建てられた。目を引く大きな注連縄は、2021年に16年ぶりに架け替えられたもの。

本殿へ続く社の入口
鳥居
とりい
2つの鳥居を通って参拝する。写真は神門手前の二の鳥居。

船庫を模した造り
拝殿
はいでん
昭和初期に造営された。壁がなく梁を見せたつくりで音響効果が優れており、音楽の奉納が多く行われる。

DATA & ACCESS

☎0852-73-0506 ⓐ島根県松江市美保関町美保関608 ⓗ⊛ⓕ参拝自由 ⊗松江だんだん道路・川津ICから車で40分

御祭神

三穂津姫命 みほつひめのみこと
事代主神 ことしろぬしのかみ

主なご利益

海上安全、五穀豊穣、商売繁盛

出雲大社参詣時一緒に参る習わし。諸手船神事など神話にちなんだ祭事も有名

海の正倉院と称され祭祀具や遺跡が今なお手付かずに現存している「神宿る島」

玄界灘に面する3つの宮
日本最古の神社のひとつ

宗像大社
むなかたたいしゃ

福岡県宗像市

MAP P.323C2

　宗像市田島の辺津宮、沖合10kmの大島にある中津宮、さらに50km離れた沖ノ島の沖津宮を総称し宗像大社という。御祭神は宗像三女神で、それぞれ市杵島姫神、湍津姫神、田心姫神を祀る。三つの宮は古代祭場を起源とする。また沖ノ島は島全体が御神体であり神職以外は渡島できない。そのため数多くの祭祀遺跡が残されており、「海の正倉院」「神の宿る島」といわれている。

□ D A T A & A C C E S S
【辺津宮】☎0940-62-1311 福岡県宗像市田島2331 参拝自由 JR東郷駅から車で10分 ありあり

御祭神
　市杵島姫神 いちきしまひめのかみ
　湍津姫命 たぎつひめのみこと
　田心姫命 たごりひめのみこと

主なご利益
　交通安全、商売繁盛、恋愛成就など

厳格な禁忌の島に鎮座
沖津宮
おきつみや
玄界灘の沖合に浮かぶ沖ノ島にあり、島全体が宗像大社の境内地。一般の立ち入りは許されず、神職一人が常住して国家安泰の祈りを捧げている。

沖ノ島を遥拝できるお社
沖津宮遥拝所
おきつみやようはいじょ
大島の北側に設けられた沖津宮遥拝所。空気の澄んだ日は遠く水平線上に沖ノ島を望める。

ロマンを感じる七夕伝説発祥の地
中津宮
なかつみや
海を隔てて辺津宮と向かい合う。七夕伝説が伝わり、境内には天の川という川が流れる。

風格のある社殿が美しい
辺津宮
へつみや
厳かな本殿や拝殿は国指定重要文化財。本殿の周りに24の摂末社が並ぶ。

古代信仰の面影を残す地
高宮祭場
たかみやさいじょう
辺津宮にある社殿を用いない祭場。市杵島姫神が降臨した場所と伝えられる。

厄除けの社として信仰される
全国の祇園社の総本社

八坂神社
やさかじんじゃ

京都市東山区

MAP P.330B1

　創祀は平安京遷都以前まで遡る。平安時代に京の都で大流行した疫病を鎮めたことが発展の契機とされ、以後、厄除けの神として信仰されてきた。日本三大祭のひとつである祇園祭は、国家の安寧と疫病消除の祈りを込めて約1150年前に始められた八坂神社の祭礼。また邪気を払う伝統行事、をけら詣りも有名だ。本殿の下には、平安京の東を鎮める青龍が宿るとされる龍穴があると伝わる。

多くの気が集まる国宝
本殿
ほんでん

2020年の12月に、国宝に指定された本殿。平安時代の建築様式を伝える、本殿と拝殿(礼殿)がひとつになった独自の建築法が使われている。

龍のパワーを得られる
御神水
ごしんすい

八坂神社の地下から湧き出ているといわれる神水。「力水」とも呼ばれ、気の力が得られるとも伝えられている。

□ D A T A ＆ A C C E S S

📞075-561-6155 🏠京都市東山区祇園町北側625 🕐休料参拝自由 🚉京阪・祇園四条駅から徒歩5分 Ｐなし

御祭神

素戔嗚尊 すさのをのみこと

主なご利益

疫病退散、無病息災、美容祈願ほか

魔除けの朱色がとても映える
西楼門
にしろうもん

八坂神社で最古の建築。応仁の乱で一度焼失し、現在の楼門は明応6年(1497)に再建されたもの。

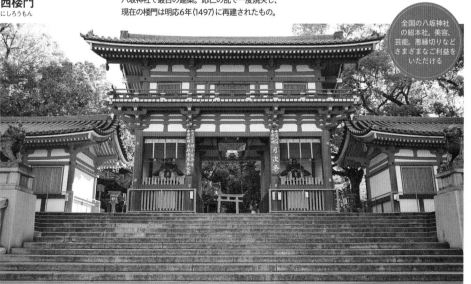

全国の八坂神社の総本社。美容、芸能、悪縁切りなどさまざまなご利益をいただける

95

安徳天皇と玉江姫の恋物語伝説に由来する30種の椿の花が境内を彩る

安産・子宝のご利益で有名
全国水天宮の総本宮

水天宮
すいてんぐう

福岡県久留米市

MAP P.323C2

　源平合戦ののち逃れてきた女官・按察使局伊勢が、建久元年(1190)に水天宮を祀ったのが起源とされる。慶安3年(1650)、久留米2代藩主・有馬忠頼公により筑後川沿いの現在の地に遷座された。御祭神は天御中主神や、壇ノ浦の戦いで入水した二位ノ尼(平時子)、安徳天皇らであり、水徳の神として、また子どもの守護神、安産の神として人々の信仰を集めている。

DATA & ACCESS

📞0942-32-3207 🏠福岡県久留米市瀬下町265-1
🕐休料参拝自由 🚃JR久留米駅から徒歩10分 🅿あり

御祭神

天御中主神 あめのみなかぬしのかみ
安徳天皇 あんとくてんのう
建礼門院 けんれいもんいん
二位尼 にいのあま

主なご利益

安産、子授かり、水難除けなど

椿に囲まれた社殿
拝殿
はいでん

慶安3年(1650)、久留米2代藩主により寄進を受けた。神社の御神紋は安徳天皇の恋物語に由来する椿の花で、社殿周囲には約30種200株の椿が咲く。

撫で狛犬に願掛けを
狛犬
こまいぬ

本殿背後には水神社があり、撫でると痛みが取れるという肥前狛犬が座す。

◐境内には品種の異なる椿が数多く植えられ、2月初旬から順に開花する

御祭神は生命の親神様
延命長寿を願う人々が参詣

多賀大社
たがたいしゃ

滋賀県多賀町

MAP P.329C1

古くから延命長寿、縁結びのご利益で知られ、平安時代、東大寺の再建を命ぜられた俊乗坊重源は延命を祈願し寿命を授かったという。また豊臣秀吉は母大政所の病気平癒を祈り、米1万石を奉納。それにより奥書院庭園や太閤橋が築造されたと伝わる。大社から少し離れた杉坂峠には、御神木である三本杉が堂々たる姿で鎮座している。

DATA & ACCESS

☎0749-48-1101 **所**滋賀県多賀町多賀604 **時**8:00〜16:00 **休**無休 **料**庭園300円 **交**近江鉄道・多賀大社前駅から徒歩10分 **P**あり

秀吉の信仰を伝える
太閤橋
たいこうばし
信仰の篤かった秀吉にあやかり、太閤橋と呼ばれている。

延命を願う人が訪れる
寿命石
じゅみょういし
俊乗坊重源が20年の寿命を授かり、東大寺再建という大業を成したと伝わる。

御祭神
伊邪那岐大神
いざなぎのおおかみ
伊邪那美大神
いざなみのおおかみ

主なご利益
延命長寿、縁結びなど

杉坂峠の三本杉
御神木
ごしんぼく
国生みを終えた伊邪那岐大神が食後、地面に差した箸が生長したと伝わる。

⤵寛永11年(1634)に行われた大造営を記念して設けられた「御湯神事」に使用された2つの大釜

風格ある豪華な檜皮葺き造り
社殿
しゃでん
神社建築において、近代を代表する社殿。檜皮葺き屋根が重なり、華麗な様相を見せる。

「お多賀さん」と地元で親しまれる。桜や紅葉など四季を彩る境内の自然も美しい

97

歴史を偲ぶ神社建築
拝殿
はいでん

国の重要文化財に指定。室町時代初期に再建されたもので、本殿と並ぶ貴重な神社である。

芸予諸島最大の大三島に鎮座。各時代を代表する名品武具類など国宝を保存

山の神を祀る日本総鎮守
日本を代表する武具類を所蔵

大山祇神社
おおやまづみじんじゃ

愛媛県今治市

MAP P.324B1

　山の神である大山積神を御祭神とすることから、日本総鎮守とも呼ばれる。神代に、子孫である小千命が大山積神を祀ったのが始まりといわれ、小千命が植えたと伝わる樹齢2600年の御神木が歴史を感じさせる。大山積神は海の神でもあり、多くの武将から信仰を集めた。宝物館には、奉納された貴重な甲冑類が収蔵されている。

□ D A T A ＆ A C C E S S

☎0897-82-0032 ㊀愛媛県今治市大三島町宮浦3327 ㊗日の出頃〜17:00、宝物館8:30〜17:00 ㊡無休 ㊷無料 ㊤JR今治駅から宮浦港行バスで約1時間、大山祇神社下車、徒歩すぐ ㋿あり

御祭神

大山積神 おおやまづみのかみ
大雷神 おおいかづちのかみ
高龗神 たかおかみのかみ

主なご利益

商売繁盛、勝負運、縁結びなど

境内中央に鎮座する
大楠
おおくす

「小千命御手植の楠」と呼ばれる御神木。息を止めて3周すると願いが叶うといわれている。

再建された迫力ある門
総門
そうもん

鳥居をくぐった先に立つ、総檜造り高さ12mの壮麗な門。平成22年(2010)に再建された。

神門をくぐり拝殿へ
神門
しんもん

元の門は、17世紀に松山藩主から寄進されたもの。老朽化により平成28年(2016)に再建。

神話に導かれる旅へ

神たちの聖地

日本最初の結婚にまつわる宮
和歌にも登場する神社

八重垣神社
やえがきじんじゃ

島根県松江市

MAP P.327C1

　日本神話の八岐大蛇退治の舞台として知られる神社。素盞嗚尊が大蛇から守るために、稲田姫命を森に避難させ、幾重もの垣根「八重垣」を造って隠したことがその名の由来とされる。大蛇を退治した後、両御神は晴れて夫婦となり、日本の結婚の発祥の地、縁結びの宮として崇められるようになった。結婚の際に素盞嗚尊が詠んだ喜びの御歌は、日本最初の和歌と伝わる。

御祭神

素盞嗚尊 すさのおのみこと
稲田姫命 いなたひめのみこと
大己貴命（大国主命）
おおなむちのみこと（おおくにぬしのみこと）
青幡佐久佐日古命（佐草宮司先祖神）
あおはたさくさひこのみこと（さくさぐうじそせんしん）

主なご利益

良縁成就、家内安全、商売繁盛など

□ **D A T A ＆ A C C E S S**

☎0852-21-1148 **所**島根県松江市佐草町227 **時**9:00
～16:30 **休**無休 **料**無料（宝物収蔵庫200円）**交**JR松
江駅から車で15分 **P**あり

稲田姫命が姿を映したという鏡の池。占い用紙と硬貨を池に浮かべて行なう縁占いが人気

境内の森の縁結びスポット

『出雲国風土記』に登場する古社。八岐大蛇神話に登場する素盞嗚尊（須佐之男命）と稲田姫命が御祭神。紙の沈む位置や早さなどで縁を占う。

① 拝殿北側の神札授与所にて、鏡の池占い用紙100円を受ける。
② 鏡の池の脇にたたずむ、稲田姫命を祀る天鏡神社を参拝。
③ 占い用紙に10円玉か100円玉を乗せて、水面に浮かべて良縁を祈願する。

◆池の奥には御祭神である稲田姫命を祀る天鏡神社が建つ

日本最古のラブソング

日本最初の和歌

<ruby>八雲<rt>やくも</rt></ruby>立つ <ruby>出雲八重垣<rt>いずもやえがき</rt></ruby> <ruby>妻籠<rt>つまごみ</rt></ruby>に
八重垣つくる その八重垣を

高天原を追放された素盞嗚尊が出雲にて八岐大蛇を退治した。その生贄とされた稲田姫命を妻に娶る際にこの歌を読んだとされる。「八重垣」とは妻と住むための宮殿という意味。女性を思う歌としては最古のものとされている。

◆平安時代の宮廷画家・巨勢金岡の筆と伝えられる本殿の板絵。左は素盞嗚尊、右が稲田姫命。現在は宝物収蔵庫で拝観できる（八重垣神社所蔵）

⊙ 美のお守り各800円。出雲の国の花とうたわれた稲田姫命にあやかった美容の御守

⊙ 縁結御守各500円。結婚にまつわる縁起から、良縁を願う男女に人気が高い

⊙ 稲田姫命を描いた絵馬500円(小・写真)と、本殿の板絵に描かれた二祭神を写した絵馬800円(大)がある

八重垣神社 MAP

松江駅、松江中央IC

N
30m

参集殿
社務所
グランラセーレ八重垣
本殿 ③ ② 拝殿 ①
佐久佐女の森
随神門
宝物収蔵庫
山神社
246
夫婦椿 ④

② まずはこちらで縁結び祈願
拝殿
はいでん
境内中央に鎮座する拝殿。日本有数の縁結びの地として、良縁や縁結びを祈願する人々が絶えず訪れている。結婚式場としても人気。

拝殿で参拝後に、鏡の池占いにチャレンジするのが正しい作法だ

① 古式豊かな八脚門
随神門
ずいしんもん
神社の入口の白木の明神鳥居をくぐると、八脚門の随神門がある。門内には珍しい木造の狛犬が置かれている。

③ 厳かにたたずむ
本殿
ほんでん
江戸中期建造でこけら葺きの屋根が特徴的。六神像が描かれた国重文の板絵は本殿の壁画だったが、現在は宝物収蔵庫で公開している。

④ 夫婦の契りのシンボル
夫婦椿
めおとつばき
根元が2本、地上で幹が1本になった椿。稲田姫命が植えたと伝わり、夫婦の契りの象徴に。年によりハート型の葉が現れることもある。

須佐之男命が八岐大蛇を退治し建てた宮殿が日本で初めての神社ともいわれている

御神木の間に建つ本殿

本殿
ほんでん

手前の拝殿と奥の本殿からなる大社造変態の神社社殿。両側には高さ10mの二本の杉の御神木が立っている。

日本神話に伝わる日本初之宮
和歌発祥の地としても有名

須我神社
すがじんじゃ

島根県雲南市

MAP P.327C1

大蛇を退治した須佐之男命が稲田姫と結ばれたのち、須賀の地に宮造りをなさった。そこで須佐之男命が「八雲立つ出雲八重垣妻籠に八重垣つくる その八重垣を」という日本で一番古い和歌を詠んだ地でもあり、日本初之宮「須賀宮」が発祥の言われとされている。奥宮には「夫婦岩」が鎮座している。

□ DATA & ACCESS

☎0854-43-2906 所島根県雲南市大東町須賀260 開休
料参拝自由 交JR松江駅から車で25分 Pあり

←八岐大蛇を退治した十束の剣がモチーフの悪切の御守。正義の剣をもって諸悪を切り鎮める「悪切」の神様としての御神徳がある

奥宮のパワースポット

夫婦岩
めおといわ

本殿の東方の八雲山中腹にある、三柱の神霊が鎮まるとされている夫婦岩。パワースポットとして多くの参拝者が奥の宮を訪れる。

湧水で身を清めて

神泉坂根水
しんせんさかねすい

奥宮に続く参道の途中にあるお清めの湧き水。この水で身を清め、霊気をいただいてから参拝しよう。

御祭神

稲田比売命 いなたひめのみこと
須佐之男命 すさのおのみこと
櫛名田比売 くしいなだひめ
清之湯山主三名狭漏彦八島野命
すがのゆやまぬしみなさろひこやしまののみこと

主なご利益

悪切開運、良縁成就、子授など

須佐之男命の神霊を祀る
山あいに建つ神社

須佐神社

すさじんじゃ

島根県出雲市

MAP P.327C1

『出雲国風土記』には、須佐之男命がこの地を「須佐」と命名し自らの魂を鎮めたと記されている。須佐之男命は英雄神であり、神社は古くから朝廷、武将、庶民から篤く崇められた。境内には樹齢1300年と推定される御神木の大杉が立ち、パワースポットとして名高い。須佐神社七不思議など、ゆかりの伝説も残る。

御祭神

須佐能袁命 すさのをのみこと
稲田比売命 いなたひめのみこと
足摩槌命 あしなづちのみこと
手摩槌命 てなづちのみこと

主なご利益

良縁、子孫繁栄、家内安全など

□ D A T A ＆ A C C E S S

☎0853-84-0605 ⓐ島根県出雲市佐田町須佐730 ⓣ ⓗ参拝自由 ⓧ山陰自動車道・三刀屋木次ICから車で30分 Ⓟあり

須佐之男命ゆかりの神社のなかでも唯一の魂をお祀りている神社

須佐之男命ゆかりの水
塩井
しおのい
須佐之男命がこの潮を汲み、この地を清めたという伝説が残る。わずかに塩味を感じられる水。

姉神である天照を祀った神社
天照社
あまてらすしゃ
須佐之男命の姉神である天照大神を祀った神社。須佐神社の向かい側に位置している。

樹齢1300年のご神木
大杉
おおすぎ
幹周り約6m、高さ約21mもの大木。現在は杉に直接触れることはできないが、近くにいるだけでパワーを感じられる神聖なスポットだ。

大社造りの立派な本殿
御本殿
ごほんでん
出雲大社と共に典型的な大社造りの建造物で、島根県重要文化財として指定されている。大社造りとは、四方の柱の間に一本ずつの柱がある造りのこと。

高低差のある地形を生かして建てられた社殿。竜宮城を思わせ優美な様相

竜宮城のような神社
経島は夕日の名所としても名高い

日御碕神社・経島

ひのみさきじんじゃ・ふみしま

島根県出雲市

MAP P.327C1

　下の宮・日沉宮と上の宮・神の宮の2社からなる、歴史ある神社。神勅により、ほど近い海岸の経島に天照大神を祀ったのが日沉宮の始まりとされる。なお神の宮には素盞嗚尊命を祀る。経島は海上にある聖域で、神職以外は立ち入ることができない。年に一度、神職が船で渡る御幸神事が厳かに行われる。

青空に映える朱色の門
楼門
ろうもん

桃山時代の建築美を表す、朱塗りの雅やかな楼門。大風の被害を受け、平成25年(2013)から3年にわたり修理が行われた。

御祭神

天照大神 あまてらすおおみかみ
素盞嗚尊命 すさのおのみこと

主なご利益

厄除け、縁結びなど

天照大神を祀る
日沉宮
ひしずみのみや

「日の本の昼を守る」伊勢神宮に対し、「日の本の夜を守る」という神勅により祀られたのが起源という。

1年に一度しか立ち入れない島
経島
ふみしま

神社の西にある無人島。8月7日の例祭のときだけ神職が島に渡れる。ウミネコの繁殖地としても有名。

☐ **D A T A ＆ A C C E S S**

☎0853-54-5261 ⑰島根県出雲市大社町日御碕455 ㉁休　㉄参拝自由 ㉓JR出雲市駅から日御碕線バスで1時間、日御碕神社下車、徒歩すぐ ㋹あり

静かな山中に巨石が並ぶ
あの世との境界とされる地

黄泉比良坂
よもつひらさか

島根県松江市

MAP P.327C1

　黄泉の国と現世との境界場所として、『古事記』に登場する。出雲神話では、亡くなった伊奘冉命を慕い、伊奘諾命は黄泉の国に行く。しかし変わり果てた伊奘冉命の姿に驚き現世に戻り、黄泉の国への入口を岩で塞いだという。静かな山道の奥に並ぶ巨石がその岩を模したものであり、厳粛なオーラを放っている。

御祭神

伊奘冉命 いざなぎのみこと

□ D A T A & A C C E S S

☎0852-55-5840(松江市東出雲支所地域振興課) 所島根県松江市東出雲町揖屋 時参拝自由 交JR揖屋駅から徒歩30分 Pあり

塞の神が祀られた道
伊賦夜坂
いふやざか
途中で塞の神が祀られており、地元ではこの道を通る際には塞の神に小石を積んで通るという風習がある。

伝承地である証の石碑
石碑
せきひ
「神蹟黄泉平坂伊賦夜坂伝説地」と記された石碑。昭和15年(1940)に設立された、伝承地として認定されたことを示す碑。

日本最古の墓石とも
千引の岩
ちびきのいわ

神話で黄泉の国の入口をふさいだ岩を思わせるたたずまい。日本で最初の墓石ともいわれている。側には神話に関係した桃の木が立っている。

あの世と
現世をつなぐ
場所であるとされる山奥の
神秘的スポット

黄泉の国への入口
注連縄
しめなわ
黄泉比良坂の入口には注連縄がされた2本の石柱がある。静かな山中のスポットで、黄泉の国とつながっているかのような雰囲気を感じられる。

国生みの2神が降り立った
おのころ島と伝わる地に鎮座

おのころ島神社
おのころじまじんじゃ

兵庫県南あわじ市

MAP P.328A2

　神社のある丘は、伊弉諾命と伊弉冉命が国生みの際に最初に降り立った「おのころ島」と伝わる。主祭神はその2柱であり、縁結びや夫婦円満の神として崇敬されてきた。高さ21.7mの巨大な赤鳥居は日本三大鳥居のひとつであり、ランドマークになっている。近くには、天の浮橋など神話に登場する伝承地も点在。

□ D A T A ＆ A C C E S S
☎0799-42-5320 ㊤兵庫県南あわじ市榎列下幡多415
㊟休㊙参拝自由 ㊉神戸淡路鳴門自動車道・西淡三原ICから車で15分 Ｐあり

伊勢神宮と同じ神明造り
本殿
ほんでん
鳥居をくぐると参道と石段が続き、その先の丘の中央に厳かに建っている。縁結びの神・菊理媛命も合祀されている。

神社のシンボル
鳥居
とりい
柱の直径は約3m、高さは7階建てのビルに相当する巨大な鳥居。神社のみならず地域のランドマーク的存在。

石に縁結びの願いを
鶺鴒石
せきれいいし
石に止まったセキレイのつがいを見た2神が夫婦になったと伝わり、縁結びのご利益があるという。

御祭神	
伊弉諾命	いざなぎのみこと
伊弉冉命	いざなみのみこと
菊理媛命	きくりひめのみこと

主なご利益
健康長寿、夫婦和合など

万葉の歌にも詠まれる
おのころ島伝承地のひとつ

絵島
えしま

兵庫県淡路市

MAP P.328A2

淡路島の北端に浮かぶ島で、国生み神話に登場する「おのころ島」伝承地のひとつ。海人が活躍した明石海峡を背景に、長年の波風に洗われ描き出された造形美がおのころ島に見立てられたとされ、古くから景勝地として多くの和歌に登場する。

□ D A T A & A C C E S S

📞0799-64-2542(淡路市役所産業振興部) 🏠兵庫県淡路市岩屋884-4 🕐見学自由 🚗神戸淡路鳴門自動車道・淡路ICから車で5分 🅿なし

おのころ島から日本列島へ

日本を国生みした二神ゆかりの地 淡路島

日本神話においてイザナギノミコトとイザナミノミコトが国をつくるため天の立橋から常世へ渡り、国をつくり始めた。そして最初にできた土地が今の淡路島とされる。今なお日本発祥の地として歴代の天皇たちにゆかりある神社となっている。

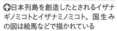

⬆日本列島を創造したとされるイザナギノミコトとイザナミノミコト。国生みの図は絵馬などで描かれている

⬆淡路島には上立神岩(南あわじ市／写真)や伊弉諾神宮(淡路市)など、神話ゆかりの地が点在する

3500万年前の砂岩層が露出し、岩肌が目をひく。現在、島に入ることはできない

西行法師は「千鳥なく絵島の浦にすむ月を 波にうつして 見るこよいかな」と詠んだ

自然崇拝を今に示す
黄泉の国に接する聖地

花の窟神社
はなのいわやじんじゃ

三重県熊野市

MAP P.328B3

『日本書紀』に記される日本最古の神社。国生みで知られる伊弉冊尊が葬られたと伝わり、黄泉の国と接する場所と信じられる。御神体は高さ45mの磐座であり、社殿は存在しない。毎年2月、10月にはお縄かけ祭事という例大祭が行われる。なお「花の窟」という名は、神代より花を供え神々を祀ったことからついたという。

御祭神

伊弉冊尊 いざなみのみこと
軻遇突智尊 かぐつちのみこと

主なご利益

家内安全、五穀豊穣、身体健全など

☐ D A T A & A C C E S S

📞0597-89-2881 ⊕三重県熊野市有馬町130 ⊛休⊛料
参拝自由 ⊗JR熊野市駅から徒歩20分 ℗あり(道の駅 熊野花の窟」の駐車場を利用)

⬆大きな磐座の下で伊弉冊尊を祀る

伊弉冊尊を祀る岸壁
御神体
ごしんたい
古来から神社には社殿がなく、巨大な磐座が御神体である。スピリチュアルスポットとして知られ、下部に設けられた拝所で参拝することができる。

熊野のなかでも
とりわけ名高い
パワースポット。
高くそびえる
磐座に圧倒

静かな境内の中に立つ
龍神神社へ続く鳥居
りゅうじんじんじゃへつづくとりい

境内の一角に並ぶ。その先に稲荷神社と小さな祠の龍神神社があるので、併わせて参拝したい。

伊弉冊尊の子を祀る
王子ノ窟
おうじのいわや

高さ12mほどの岩。伊弉冊尊の子である軻遇突智尊の神霊を祀るため、この名がついたとされる。

神秘的な神社の入口
鳥居
とりい

木々に囲まれた神社の入口。参道が真っ直ぐではないため奥は見えず、神々しい雰囲気が漂っている。

痛みが治るという丸石
霊石
れいせき

磐座から落ちてきたと伝わる御神体。痛いところをさすって石に触れると治るといわれている。

❖ 周辺の名所へ ❖

「神が宿る地」熊野には、数々の景勝地が点在している

日本最長の砂礫海岸
七里御浜
しちりみはま　MAP P.328B3

約22kmの美しい浜。熊野川から流れ着いた色とりどりの小石が見られる。

所 三重県熊野市〜紀宝町
交 JR熊野市駅から徒歩10分ほか P あり

獅子の顔を思わせる岩
獅子岩
ししいわ　MAP P.328B3

海に向かって獅子が吠えているように見える奇岩。高さは約25m。

所 三重県熊野市井戸町
交 JR熊野市駅から車で4分 P なし

自然がつくり出した景勝地
鬼ヶ城
おにがじょう　MAP P.328B3

風化や波の浸食、隆起によってできた海岸景勝地。1kmにわたって続く。

所 三重県熊野市木本町
交 JR熊野市駅から車で5分 P あり

109

三上山の山頂
深い森の中にある
由緒正しき神社
御祭神は鍛冶の
天之御影神

神社の神体山

三上山
みかみやま

天之御影命が降臨したと伝わる山頂には御上神社の奥宮が祀られている。なだらかな稜線から「近江富士」とも呼ばれ、登山者や地元の人に親しまれる。

神降臨の三上山を神体山とし
社殿群が厳かにたたずむ

御上神社
みかみじんじゃ

滋賀県野洲市

MAP P.328B1

紀元前の孝霊天皇の時代、御祭神である天之御影命が三上山に降臨したのが起源という。以来およそ1000年の間、三上山は神霊が鎮まる磐境として祀られた。森に囲まれた境内には、鎌倉時代に築造された社殿が建つ。国宝の本殿や国指定重要文化財の楼門、拝殿など、どれも古社ならではの威厳を感じる。

御祭神

天之御影命 あめのみかげのみこと

主なご利益

厄除け、家内安全、商売繁盛など

□ D A T A & A C C E S S

☎077-587-0383 🏠滋賀県野洲市三上838 🕐9:00〜17:00 休無休 料無料 交JR野洲駅から湖南野洲線バスで5分、御上神社下車、徒歩すぐ Pあり

威風堂々たる立ち姿
楼門
ろうもん

貞治4年(1365)創建と推定。三間一戸の一般的なつくりだが、尾垂木がないのは珍しい。全体は和様で、一部禅宗様式が用いられている。

西に三上山を望む
拝殿
はいでん

本殿の様式とよく似たつくり。本殿と同じ時期の建立と推定され、14世紀の神社の様子を現今に伝えている。

御上造の国宝建築
本殿
ほんでん

鎌倉時代後期建立と思われる。神社、仏堂、御殿の様式が融合した優れたつくりで、国宝に指定されている。

**少彦名命の神話ゆかりの
本州最南端にある神社**

潮御崎神社
しおのみさきじんじゃ

和歌山県串本町

MAP P.328B3

　本州最南端の潮岬に鎮座する。神話にちなみ、潮岬の御崎にある「静之窟」に少彦名命を勧請したことが創始であり、その後、静之峯に遷座された。江戸時代には周辺18浦の総産土神として崇敬され、カツオ漁の船主らが海上安全・豊漁を祈願した。『古事記』『日本書紀』に登場する御綱柏の木と伝わる植物が静之窟に自生する。

```
□ D A T A ＆ A C C E S S
```
☎0735-62-0919 所和歌山県串本町潮岬2878 開休料
参拝自由 交JR串本駅から車で10分 Pあり

少彦名命は
国土経営のあと
熊野の御崎にいたとも,
常世国に渡ったとも
神話に伝わる

石垣に守られ鎮座する
本殿
ほんでん
潮岬灯台の建設により遷座。現存する建物は、明治31年(1898)、昭和57年(1982)に修復されたもの。

御祭神

少彦名命 すくなひこなのみこと

主なご利益

海上安全など

参詣に向かう「みさきみち」
参道
さんどう
潮岬灯台に入口がある。道中には神社に伝わる花山法皇、白河天皇の歌碑が立ち、天皇家との関係を物語る。

天孫降臨の
伝説が伝わる地。
老樹が並ぶ参道と
拝殿や磐座が
神々しい雰囲気

造化三神の1柱を御祭神とする
神話の里の古社

高天彦神社
たかまひこじんじゃ

奈良県御所市

MAP P.328B2

　高天山と呼ばれた金剛山の東山麓に鎮座する。大和盆地を一望する高天の大地は天孫降臨神話に登場する高天原であると伝えられ、参道には樹齢数百年の杉の大木が林立し神聖な雰囲気が漂う。神社の背後にひかえる白雲峰を御神体とする自然信仰の形体をとる。周辺には土蜘蛛塚や蜘蛛窟などの史跡も点在。

御祭神

高皇産霊神 たかみむすひのみこと
市杵島姫命 いちきしまひめのみこと
菅原道真公 すがわらみちざねこう

□ D A T A ＆ A C C E S S

☎0745-66-0609(高鴨神社) ⓘ奈良県御所市北窪158 ⓘ休料参拝自由 ⓘJR御所駅／近鉄御所駅から車で15分 ⓟあり

古代を偲ぶ
神のよりしろ

磐座
いわくら

かつて祭祀が行われていたという白雲峰の磐座を境内に移したものと伝わる。太古の自然信仰の面影を偲ぶことができる。

山中に立つ
昔ながらの鳥居

鳥居
とりい

かつての参道であった地に、原始的な鳥居が立っている。あたりを歩くことは可能だが、くぐり抜けた先は通り抜けできない。

幸運を願い
石をさわって合掌

福蛙
ふくがえる

幸せを呼ぶ福蛙として地元の道端に安置されていたもの。境内の外にあり、高天彦神社参拝の際に併わせて訪れる人が多い。

原生林が茂る神聖な森に
神が座したという巨岩が鎮座

天岩戸神社
あまのいわとじんじゃ

京都府福知山市

MAP P.328A1

　天照大神が一時的に祀られた元伊勢三社のひとつ。古代より信仰の対象であった日室ヶ嶽の麓を流れる、宮川の渓流に鎮座する。岩の上に建てられた拝殿やその裏手にある巨大な御座岩、神楽を舞ったという神楽岩、さらに周囲の深い森が神秘的だ。下流には、神が湯浴みをしたという産釜・産だらいの岩穴もある。

DATA & ACCESS

☎0773-56-2070(福知山観光協会大江支部) ⓐ京都府福知山市大江町佛性寺日浦ヶ嶽206-1 ⓗ社務所開所日は要問合せ ⓗ無休 ⓙ無料 ⓚ京都丹後鉄道・大江山口内宮駅から徒歩20分 ⓟなし

御祭神

櫛岩窓戸命 くしいわまどのみこと
豊岩窓戸命 とよいわまどのみこと

主なご利益

交通安全、産業発達、家内安全など

**本殿に行かずとも
お参りできる拝所**

本殿遥拝所
ほんでんようはいじょ

川の増水で拝殿までたどり着けない場合は、ここでお参りすることができる。

**原生林に溶け込むように
岸壁の上にたたずむ**

社殿
しゃでん

古木に覆われた渓谷の中。急斜面の岩肌に張り付くように建つ。鎖を伝って斜面を登り、参拝をする。足元が悪いので気をつけて。

黄泉の国の穢れを清め
数々の神が誕生した池

みそぎ池
みそぎいけ

宮崎県宮崎市

MAP P.321D2

　黄泉の国から帰ってきた伊弉諾命が穢れを祓うために禊をした場所と言い伝えられ、『古事記』には「筑紫の日向の橘の小戸の阿波岐原」と記載される。この禊により、天照大神や須佐之男命ら神々が生まれたという。

DATA & ACCESS

☎0985-39-7308(市民の森管理事務所) ⓐ宮崎県宮崎市阿波岐原町産母128(阿波岐原森林公園 市民の森) ⓗ見学自由 ⓚJR宮崎駅から車で15分 ⓟあり

↑5〜9月頃はスイレンの花が美しい景観をつくり出す。池には御幣が立ち神域であることを示す

神社はかつて国によってランク付けされ、待遇が決められていた。
現在は廃止されてるが、その名残は神社内のあちこちに見ることができる。

平安時代に始まった社格制度

「社格」とは、神社のランクのことで、国家が神社の待遇を定めるために設けた。社格の歴史は古く、源流は『日本書紀』に認めることができるが、制度として整えられたのは、律令制度下の平安時代。その制度下では、神事を司る神祇官が管轄する

「官幣社」と、国司(現在の知事にあたる)が管轄する「国弊社」が設けられ、それぞれが大社と小社に分けられた。なお、官幣社と国弊社は、合わせて「官社」あるいは「式内社」と呼ばれている。式内社の一覧である『延喜式神名帳』には、2861社が記載されている。

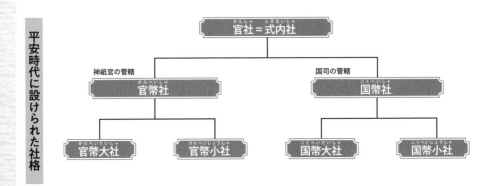

明治時代の旧社格は名残をとどめる

　明治4年(1871)、全国の神社を、神祇官が管轄する「官社」と、地方官が管轄する「諸社」に分ける近代社格制度が整えられた。この制度では、官社は「官幣社」「国弊社」「別格官幣社」に分けられ、官幣社、国弊社は、それぞれ大・中・小に細分され

ていた。一方、諸社には、府社、県社、郷社などがあった。社格制度は、神社と国家を切り離す方針に基づき、昭和21年(1946)に廃止された。しかし、各神社の由緒や入口の石柱などには社格が記載されていて、参拝客がその神社の歩んできた歴史に思いを馳せる証となっている。

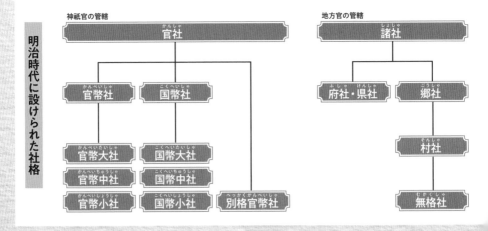

神社仏閣の基本　神社のおもな系列

日本では、古くから崇敬を集める神社の分霊が勧請され、全国各地に同じ祭神を祀る、同系列の神社が建てられてきた。系列の一部を紹介する。

稲荷

「お稲荷さん」の名で親しまれる。御祭神は、稲や食物を司る五穀豊穣の神。商売繁盛のほか、家内安全や芸能上達など幅広い御利益でも知られ全国に多くの分社がある。狐は御祭神の眷属だ。

総本宮 伏見稲荷大社 ➡ P.82

伊勢

国の守り神で皇室の祖先神とされる天照大御神を祀る伊勢神宮。御祭神を勧請した神明社（神明宮）が、鎌倉時代から各地に創建。江戸時代には、お伊勢参りが流行し、一大ブームとなった。

総本社 伊勢神宮 ➡ P.10

住吉

航海神・住吉三神（底筒男命、中筒男命、表筒男命）を祭神とする。神功皇后は、住吉三神の加護によって新羅遠征から無事に帰還できたことに感謝して、住吉大社を創建したとされている。

総本社 住吉大社 ➡ P.92

八幡

最初に神仏習合がなされた神とされ、応神天皇を八幡神として祀る。奈良時代に仏教保護や護国の神とされ、各地の寺の鎮守に。源氏の氏神となると武家を守る軍神、勝負神として広まった。

総本宮 宇佐神宮 ➡ P.90

出雲

国土開拓神であり、農業神、医薬神とされる大国主命を御祭神とする。仏教の守護神である大黒天と習合され、七福神のひとつに。中世以降は福徳と縁結び、子授けの神としても崇敬される。

総本社 出雲大社 ➡ P.20

祇園

平安時代に京の都で疫病が頻発し、それを封じる疫病神・素盞嗚尊を祀る八坂神社が創建された。のちに疫病流行の多い都市部を中心に、同系列の弥栄神社や祇園神社、素盞嗚神社などが建てられた。

総本社 八坂神社 ➡ P.95

天神

菅原道真公を祀る。道真は優秀な学者で政治家だったが大宰府に左遷され、失意のまま没する。その墓所に太宰府天満宮が建てられた。学問の神（天神）として、各地に天満宮・天神社が建つ。

総本社 太宰府天満宮（写真）➡ P.76
北野天満宮 ➡ P.78

熊野

熊野本宮大社、熊野速玉大社、熊野那智大社の熊野三山を中心とする信仰。院政時代に白河上皇の庇護を受けた。熊野の地が延命長寿祈願や浄土信仰を生み、熊野神社が各地に勧請された。

総本宮 熊野本宮大社（写真）／
熊野速玉大社／熊野那智大社 ➡ P.30〜

春日

春日神社の総本社である春日大社は、鹿島神宮や香取神宮から神々を奈良に迎えたのが始まり。平城京の守護神とされた。藤原家の隆盛とともに発展。各地で春日講が組織されて全国に広まった。

総本社 春日大社 ➡ P.86

白山

福井、石川、岐阜の3県にまたがる霊峰・白山が信仰対象。奈良〜平安期に山岳信仰の修験場となり、登山口に馬場ができた。そのひとつ、加賀馬場（石川県）が白山比咩神社の前身とされる。

総本宮 白山比咩神社 ➡ P.84

神社の境内には、祭神が宿る本殿を中心として、複数の社殿が存在する。神域と俗界の境界にあるのが鳥居だ。境内には案内図が掲げられている場合が多いので、参拝の前にチェックをしておこう。

**神社の
おもな建物**

入口に鳥居が立ち、参道の先に拝殿、その背後の最奥部に本殿が建つのが一般的な配置。神楽殿の建つ神社もある。鎮守の森に囲まれている神社が多い。神社の造造物をまとめて、社殿という。

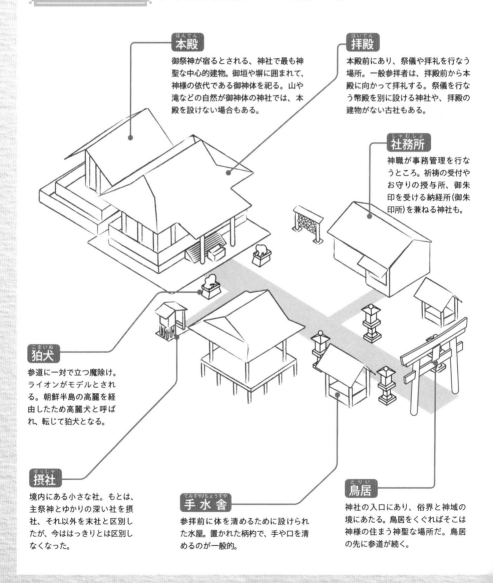

本殿（ほんでん）
御祭神が宿るとされる、神社で最も神聖な中心的建物。御垣や塀に囲まれて、神様の依代である御神体を祀る。山や滝などの自然が御神体の神社では、本殿を設けない場合もある。

拝殿（はいでん）
本殿前にあり、祭儀や拝礼を行なう場所。一般参拝者は、拝殿前から本殿に向かって拝礼する。祭儀を行なう幣殿を別に設ける神社や、拝殿の建物がない古社もある。

社務所（しゃむしょ）
神職が事務管理を行なうところ。祈祷の受付やお守りの授与所、御朱印を受ける納経所(御朱印所)を兼ねる神社も。

狛犬（こまいぬ）
参道に一対で立つ魔除け。ライオンがモデルとされる。朝鮮半島の高麗を経由したため高麗犬と呼ばれ、転じて狛犬となる。

摂社（せっしゃ）
境内にある小さな社。もとは、主祭神とゆかりの深い社を摂社、それ以外を末社と区別したが、今ははっきりとは区別しなくなった。

手水舎（てみずや/ちょうずや）
参拝前に体を清めるために設けられた水屋。置かれた柄杓で、手や口を清めるのが一般的。

鳥居（とりい）
神社の入口にあり、俗界と神域の境にあたる。鳥居をくぐればそこは神様の住まう神聖な場所だ。鳥居の先に参道が続く。

鳥居の様式

２本の柱と横木の基本構造は変わらないが、鳥居の様式は神明系と明神系に大きく分かれる。部材の形や組み合わせで、さまざまな変形鳥居が存在する。一の鳥居、二の鳥居など、複数の鳥居をもつ神社もある。

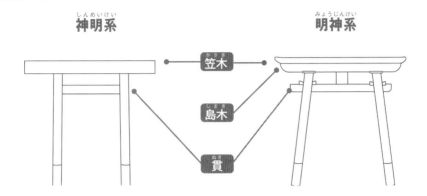

神明系（しんめいけい）

明神系（みょうじんけい）

笠木（かさぎ）

島木（しまぎ）

貫（ぬき）

２本の柱に上方の横木は1本（笠木）。笠木は反らずに平行になっているのが特徴。下方にある横木（貫）は、柱の外に飛び出さない。伊勢神宮の鳥居は、基本的な神明系の代表例。

２本の柱に上方の横木は2本（笠木と島木）。笠木に反りがあるのが特徴。貫が飛び出している例もあり、抜けないようにくさびが打たれている。厳島神社の鳥居が明神系の代表。

社殿の様式

穀物倉庫から発展した神明造と、古代の家屋が原型の大社造がある。どちらも寄棟造りで、屋根の上にＹ字型の千木、数本横たわる鰹木がある。ここから派生して流造や春日造、権現造など多くの神社建築が生まれた。

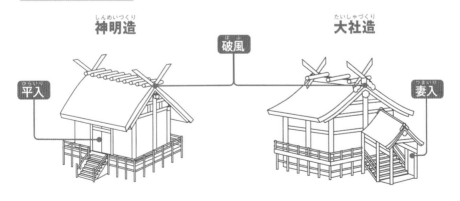

神明造（しんめいづくり）

大社造（たいしゃづくり）

破風（はふ）

平入（ひらいり）

妻入（つまいり）

弥生時代の高床式の穀物倉庫が原型とされる。屋根の斜面側に入口がある「平入」が最大の特徴。白木造りで屋根は直線的、正面は横長の場合が多い。伊勢神宮が代表的な建築。

古代の宮殿が原型とされる。屋根の面がない破風側に入口がある「妻入」が特徴。中央に柱があるため入口は片側に寄せられ、白木造り、檜皮葺きの屋根を持つ。出雲大社が代表建築。

日本の八百万の神々は、『古事記』や『日本書紀』、国内外の神話に登場する「神話の神」と、人間を祭神として祀る「人格神」、日常生活に結びついた「民間信仰の神」に分けることができる。

おもな神話の神

皇室の祖先とされる太陽神
アマテラスオオミカミ
天照大御神、天照大神

神徳 ◉ 国土平安、五穀豊穣など

神々の住む高天原を統治し、天を照らす女神。イザナギノミコトの左眼を浄めた時に生まれた。日本国民の総氏神ともされている。全国各地にある神明社社は、アマテラスを祭神とする。

`おもな神社` **伊勢神宮内宮** ➡ P.13

乱暴者から怪物退治の英雄へ
スサノオノミコト
須佐之男命、素盞男命

神徳 ◉ 五穀豊穣、厄除開運など

乱暴狼藉をはたらいて、天照大御神が天の岩屋に隠れるきっかけを作った、荒々しい神。地上界に降りたあとは、怪物・ヤマタノオロチを退治して、一転英雄となる。

`おもな神社` **八坂神社** ➡ P.95

日本の国土や神々を生んだ夫婦神
イザナキノカミ・イザナミノカミ
伊邪那岐神、伊弉諾神／伊邪那美神、伊弉冉尊

神徳 ◉ 延命長寿、縁結びなど

2神には、天の浮橋に立って最初の島・淤能碁呂島（おのころじま）を作ったという伝説がある。イザナミノカミは、カグツチノカミを生んで致命傷を負い、黄泉国へ旅立った。

`おもな神社` **伊弉諾神宮**

昔話にも登場する国土の支配者
オオクニヌシノカミ
大国主神

神徳 ◉ 夫婦和合、病気平癒など

日本の国土「葦原中国（あしはらのなかつくに）」の支配を任された神。たくさんの異名があり、「因幡の白兎」などの伝説にも登場。のちに七福神の大黒天と同一視される。

`おもな神社` **出雲大社** ➡ P.20

見目麗しい男に姿を変える蛇神
オオモノヌシノカミ
大物主神

神徳 ◉ 国土平安、五穀豊穣など

奈良・三輪山の神で蛇の姿をしている。古事記では、姿を変えて美女・活玉依姫（いくたまよりひめ）のもとに通い、子をなした。蛇の好物とされる酒と卵が供えられる。

`おもな神社` **大神神社** ➡ P.140

天孫が見初めた美しい女神
コノハナノサクヤビメ
木花之佐久夜毘売、木花開耶姫

神徳 ◉ 火難消除、安産など

天照大御神の孫（天孫）・ニニギノミコトの妻。夫から不貞を疑われ、天孫の子であることを証明するために、燃える産屋の中で無事に出産した。富士山の神でもある。

`おもな神社` **高千穂神社** ➡ P.40

神々の案内役を務めた土着の神
サルタビコノカミ
猿田毘古神、猿田彦命

神徳 ◉ 厄除開運、交通安全など

葦原中国の土着の神（国津神）の1人。天から降った天孫たちの先導役を担い、のちに方角の旅、旅行の神としても崇敬される。鼻が長く、天狗のような姿をしているとされる。

`おもな神社` **椿大神社** ➡ P.80

歴史の古い神仏習合の代表例
ホンダワケノミコト
品陀和氣命、誉田別尊

神徳 ◉ 勝運招来、国家鎮護など

第15代応神天皇。仏教の仏と同一視された習合神のひとつで、八幡神（八幡大菩薩）はこの神のことをいう。武家の棟梁・源氏の守護神であり、武神として信仰されている。

`おもな神社` **宇佐神宮** ➡ P.90

牛の頭の面をつけ武装した姿
ゴズテンノウ
牛頭天王

神徳 ◉ 疫病退散、厄除けなど

インド発祥の神で、釈迦ゆかりの祇園精舎の守護神。京都の八坂神社はかつて祇園社と呼ばれており、一帯の地名「祇園」は、そこから名付けられた。須佐之男命と同体。

`おもな神社` **八坂神社** ➡ P.95

観音や如来が神として現れた
クマノサンショゴンゲン
熊野三所権現

神徳 ◉ 来世加護、病気平癒、現世利益

日本の神々は仏が化身として現れた（権現）とする「本地垂迹（ほんじすいじゃく）」の一例。熊野三山の神々のうち、須佐之男命、伊邪那岐神、伊邪那美神の3柱を指す。

`おもな神社` **熊野本宮大社、熊野速玉大社、熊野那智大社** ➡ P.30〜

おもな人格神

平安京遷都を行った桓武平氏の始祖
桓武天皇
かんむてんのう

神徳 ● 縁結び、開運招福など

平安京を造営した第50代天皇。25年の在位期間中、日本と京都の発展の礎をつくった。京都の平安神宮は、平安京遷都1100年にあたる明治28年(1895)に創建された。

`おもな神社` **平安神宮**

雷を呼ぶ怨霊から学問の神へ
菅原道真
すがわらのみちざね

神徳 ● 学業成就、厄除けなど

「天神さま」として崇敬される平安時代の貴族・学者。陰謀で太宰府に左遷され亡くなった無念から、怨霊となる。その祟りを鎮めるために、神として祀られるようになった。

`おもな神社` **太宰府天満宮** ➡ P.76

陰陽師として抜群の知名度を誇る
安倍晴明
あべのせいめい

神徳 ● 厄除け、病気平癒など

平安時代の天文学者で、「陰陽師」として知られる。6代の天皇に仕えるほど信任が厚く、死後に神として祀られることになった。京都の屋敷跡に、晴明神社が建てられた。

`おもな神社` **晴明神社** ➡ P.226

首を討たれた武将の御霊を鎮める
平将門
たいらのまさかど

神徳 ● 首上の病気平癒、学業成就など

朝廷に反旗を翻し(平将門の乱)、首を討たれた平安時代の豪族。京都から故郷の関東へ首だけが飛んで帰ったという伝説が残る。平将門やその首を祀る神社が日本各地にある。

`おもな神社` **御首神社** ➡ P.167

おもな民間信仰の神

各地の祠にキツネと一緒に祀られる
お稲荷さん
おいなりさん

神徳 ● 五穀豊穣、商売繁盛など

起源は、民間で信仰されていた稲の神。伏見の稲荷社が京都・東寺の守り神になったのがきっかけで、仏教とともに日本中に広まった。稲荷神の眷属は、ネズミを食べるキツネ。

`おもな神社` **伏見稲荷大社** ➡ P.82

道教や仏教、民間信仰が混じった信仰
庚申さん
こうしんさん

神徳 ● 開運招福、病気平癒など

人の体から抜け出した虫(三尸・さんし)が、天帝に罪を報告するという、道教思想がルーツの神。庚申さんとして青面金剛や猿田毘古神を祀った庚申堂が全国各地にある。

`おもな神社` **庚申堂**

夜空に輝く星への信仰から始まった
妙見さん
みょうけんさん

神徳 ● 国土安泰、眼病平癒など

北極星(北辰)や北斗七星が神格化されたもので、中国では古くから信仰されてきた。寺院では妙見菩薩、神社では天之御中主神(あめのみなかぬしのかみ)を祀っている。

`おもな神社` **星田妙見宮** ➡ P.236

宝船に乗った縁起のよい7神
七福神
しちふくじん

神徳 ● 海運守護、商売繁昌(恵比寿)

インド発祥の大黒天、毘沙門天、弁財天、中国発祥の布袋、福禄寿、寿老人、日本生まれの恵比寿の7神。全国各地に、それぞれの神を祀る寺社を参拝する七福神巡りがある。

`おもな神社` **西宮神社(恵比寿)** ➡ P.188

授与品と御朱印
じゅよひんとごしゅいん

神社では、お札やお守りといった「授与品」や、参拝の証である「御朱印」をいただくことができる。

お札(神札)を携帯できるように小さくしたのがお守り(守札)。いずれも一年で効力が切れるので、新しいものをいただくようにしよう。

近年は御朱印集めが人気。必ずお参りをしてから授与所を訪れ、できるだけ釣銭のないように、所定の初穂料を用意しておくようにしたい。

神道と仏教は、複雑に絡み合いながら日本の文化のなかに根付いてきた。その起源も、信仰の形も異なる、神社とお寺の違いをおさらいしよう。

神社

三輪山を御神体とする奈良・大神神社

■ 神社の起源は?

起源は7世紀頃の祭壇
常設化されて社殿へと発展

山や木、岩などの自然物に神が宿るとする神社信仰の思想は、日本の風土や生活のなかで自然に生まれたと考えられている。初期の信仰では、山中の磐座(自然石)などへ祭祀のたびに祭壇が設けられ、終わると撤去されていた。やがて7世紀頃には神道が確立されていった。そして、祭壇が常設化し、仏教の影響も受けて社殿が造られ、神社の基礎が生まれたといわれている。

常設された背景としては、強力な支配者のもとで律令体制が整備され、共同体やそこで行う祭祀のあり方に変化が生じたことが考えられる。

■ 何を拝むのか?

建国神話や民間信仰など
さまざな神々の宿るご神体

日本には八百万の神がいるといわれるだけに、崇拝する神(祭神)はじつにさまざま。山などの自然に宿る神、『古事記』や『日本書紀』に登場する神、そして菅原道真のような歴史上の偉人も神として祀られる。それら目に見えない神々の代わりに祀られるのが御神体。神の宿るものとされ、原始の時代には自然を直接拝んでいたが、神社が造られるようになると、鏡や剣、玉などの人工物を御神体として本殿に祀るようになった。奈良県の大神神社では三輪山を御神体として祀っているため、今も本殿は築かれていない。

お寺

室戸岬にある四国遍路札所:最御崎寺

■ お寺の起源は?

6世紀に仏教が伝来
蘇我氏が最初の寺院を建立

仏教が伝来したのは6世紀中頃、朝鮮半島にあった百済から仏教が伝来した。それから間もなくの6〜7世紀頃、有力豪族だった蘇我氏の一族が仏像を納めるため、最初の寺院を建てたとされている。

奈良時代に仏教が広まると各地に寺院が建造され、僧が常駐して経典を読む場となる。平安時代には修行場としての山岳寺院が多く建てられ、やがて鎌倉時代以降は信徒を集めて説法する場となっていく。

大規模な寺院は、金堂、塔、講堂、鐘楼、経堂蔵、僧房、食堂の七堂伽藍を基本に構成される、御本尊は金堂に祀られる。

■ 何を拝むのか?

仏をかたどった仏像を拝む
如来、菩薩などの格がある

寺院では、偶像として、仏の姿を表現した仏像を拝む。寺院で最も重要な仏像を御本尊という。仏像は初期には開祖の釈迦像のみだったが、のちにさまざまな仏像が造られた。

仏様には仏格(位)があり、最高位が如来で、釈迦などすでに悟りを開いた仏様。2位以降は、悟りを求めて修行中の菩薩、如来の命で悪を屈服させる明王、天界の神で仏法を保護する天部の順となる。宗派によって御本尊を特定しているものがある一方、特定していない場合もある。寺の起源に由来する仏様を御本尊としている場合も多い。

■ 聖典はある?
特定のものはないが
記紀や風土記が規範に

　神社信仰は日本の伝統的な民俗信仰から生まれたため開祖は存在せず、教義をまとめた特定の聖典も存在しない。日本神話の『古事記』や『日本書紀』、さまざまな土地の伝承をまとめた『風土記』(『出雲国風土記』、『播磨国風土記』など)、古代の人々の神々への思いが詠まれた『万葉集』などには、日本の成り立ちから始まる神々の系譜や物語が記されている。そのため、それらの書物が神道の規範とされることが多い。また、教義ではないが、神道教学の方針をまとめ、神道らが日常の規範とするものに『敬神生活の綱領』がある。

■ 聖職者を何という?
「神職」が神と人間を仲介
宮司や禰宜などがある

　神職は神々と人間とを仲介する橋渡しの役。一般にいう神主のことで、神社の運営や参拝者への祈祷、祭祀の執り行いなどをする。神社の代表者が宮司で、その次の位が禰宜。神社によってはその間に権宮司という位がある。それ以外は権禰宜といい、掃除やデスクワークも行う。神職になるには、大学の神道専攻科を卒業し、研修を経て神社本庁が発行する「階位」を取得するのが一般的だ。各地の神職養成所や講習会・実習などでも学ぶことができる。巫女は神職に含まれないため資格を取得する必要はない。

■ 神社はいくつある?
全国に8万社以上
系統別では稲荷神社が最多

　文化庁の2021年発表の統計によると、全国の神社の数は8万847社。都道府県別で一番神社が多いのは新潟県の4679社で、2〜5位は兵庫、福岡、愛知、岐阜の順。

　神社の系統別で最も多いのは、お稲荷さんの名前で親しまれる稲荷神社で、全国に約3万社あるという。

　商売繁盛や家内安全など、幅広い御利益で知られている。

　そのほか勝負運の神様の八幡神社、伊勢神宮を総本社とする神明社、菅原道真を祀る天満社も全国的に数が多い神社だ。

出典:文化庁編『宗教年鑑 令和4年版』

■ 聖典はある?
無数の経典の総称が大蔵経
宗派によってさまざま

　聖書のように、全仏教徒共通の1冊の聖典は存在しない。釈迦の教えが後進たちにより多様に解釈され、無数の経典が生まれている。それら膨大な経典を総称して大蔵経あるいは一切経という。大蔵経を内容別に分類すると、釈迦の説法をまとめた「経」、教団の規則である「律」、経と律の解説書の「論」に分けられ、それらは三蔵と呼ばれる。日本では大乗仏教が中国語に訳された漢訳大蔵経が基盤。『法華経』や『大日経』など、各宗派によって拠り所となる経典は異なるが、『般若心経』は多宗派で唱えられている。

■ 聖職者を何という?
人々を仏の道に導く僧侶
お寺の代表が住職

　出家して仏門に入った人のことを僧侶という。人々を仏の道に教え導くのが務めだ。僧侶には多くの階級(僧階)があり、一般に最高位を大僧正という。僧侶になるには、まず師匠となる僧侶(師僧)を見つけ、仏門に入る許可を得る「得度」を受け、修行や勉学、鍛錬を行なって認められた者だけが僧侶となれる。宗派により僧侶になる方法や修行の厳しさは異なる。仏教系大学で学び、寺で修行の実践を積む人が多い。住職とはお寺の代表者のこと。寺院を管理運営し、信徒に対して冠婚葬祭や供養、説法などを行なう。

■ お寺はいくつある?
全国で7万件以上
浄土宗系の宗派が多い

　文化庁の2021年発表の統計では、7万6630カ寺ある。都道府県別では愛知県の4533カ寺が一番多く、次いで大阪、兵庫、滋賀、京都の順。宗派は156を数える。

　平安時代に天台宗と真言宗が生まれ、武家社会となった鎌倉時代には庶民の間で仏教が広まり、浄土宗・浄土真宗・日蓮宗が次々に誕生した。現在の寺院数では、浄土宗・浄土真宗などの浄土宗系が最も多く、臨済宗・曹洞宗などの禅宗系、真言宗系、日蓮宗系、天台宗系も多くを占める。

出典:文化庁編『宗教年鑑 令和4年版』

農耕文化と宗教は結び付いており、収穫に感謝する新嘗祭は重要な儀式。節分や雛祭りなど、季節の行事は神道や仏教の習わしに起源を持つものが多い。

神社

1月 初詣
大晦日から元旦に氏神の社に籠る年籠りや、恵方にある神社に参詣する恵方参が初詣の起源とされる。

1月7日 人日の節句
五節句のひとつ。この日に春の七草を入れた七草粥を食べると、その年に病気にかからないといわれる。祭事を行なう神社も多い。

2月3日 節分
邪気が生じるとされる季節の変わり目の日に、豆をまいて鬼（厄）を追い払い、福を迎え入れる。中国から伝わった行事で、室町時代から今のような形になった。

2月17日 祈年祭
稲作の前に、その年の稲の豊作（五穀豊穣）を願い、全国の神社で行なわれる。一年最初の農耕行事であるため、国家安泰も祈念される。

3月3日 上巳の節句（雛祭り）
五節句のひとつ。雛祭りの起源は、身の穢れを託した人形（人の形の紙）を水辺に流し、身を清める「流し雛」。江戸時代に豪華な雛人形が登場し、家に飾られるようになった。

3月3日上巳の節句のひなまつり

5月5日 端午の節句
中国では5月5日に、香りの強い菖蒲やヨモギで邪気を祓う慣習があった。それが日本に伝わり、家の軒にヨモギを吊るし、菖蒲湯に入るようになった。中世以降は、菖蒲と「勝負」、武道を重んじる意の「尚武」が同音なことから、男児の成長を願う日になる。武者人形や鯉のぼりを飾るのは江戸時代以降。

睦月 如月 弥生 卯月 皐月

お寺

1月 初詣
起源は神社と同じ。一般に、松の内（7日）までの参詣を初詣とする。寺社をまわり、七福神巡りをする風習も。

1月1～3日 修正会、大般若会
年の初めに国家の安寧や五穀豊穣、人々の平安を願って読経を行なうのが修正会。大般若会は、全600巻に及ぶ『大般若波羅蜜多経』の一部を僧侶たちが読誦する法会で、密教系や禅宗系寺院で多く行なわれる。

2月3日 涅槃会
釈迦が入滅したとされる日に、追慕と報恩感謝のために行なう法会。釈迦の臨終の姿を描いた涅槃図を掲げ、入滅前の最後の教えとされる『遺教経』を読誦する。奈良時代に奈良・興福寺で行われた記録が最も古い。

3月 春分の日の前後3日 お彼岸
仏壇にぼた餅を供え、墓参りに行き、先祖供養を行う。彼岸とはサンスクリット語の「波羅蜜多」の漢訳で、悟りの境地の世界（極楽浄土）のこと。春分の日と秋分の日は太陽が真西に沈むことから、西方の彼岸に最も近づける日とされている。それに、祖先を祀る日本古来の風習が一体となり、故人に近づける日として墓参りが行われるように。各寺では彼岸会の法要を行い、参詣者を迎える。

4月8日 灌仏会
釈迦の誕生日を祝う。花祭りまた降誕会など多様な呼び名がある。釈迦が生まれたルンビニの花園を模して花で飾られた御堂を設け、生まれ姿の誕生仏を安置し、甘茶をかける。甘茶は釈迦が産湯とした甘露の代わり。甘茶は参詣者に振る舞われる。

4月8日御釈迦様の誕生日を祝う花祭り

6月30日 夏越の祓（なごしのはらえ）

半年間の穢れを祓い、残り半年間の無病息災を願う行事。各地の神社では、紙の人形を水辺に流す、あるいは、茅を束ねた輪をくぐる「茅の輪くぐり」を行なう。

7月7日 七夕の節句（たなばたのせっく）

中国伝来の乞巧奠という星祭りに由来。平安時代に日本に伝わり、書道や裁縫の上達を願う宮中行事に。江戸時代に、短冊に願いを込め笹に飾る風習が生まれ、庶民に広がった。8月7日の地方もある。

7月の星田妙見宮の七夕祭

9月9日 重陽の節句（ちょうよう）

五節句のひとつ。奇数（陽）のなかで最大数である9が重なるので重陽という。古来の中国では菊が邪気を祓うとされ、この日に長寿を願って菊酒を飲んだ。平安時代に伝わり、宮中儀式となったのが始まり。現在は廃れたが、菊を供え、舞などを奉納する神社もある。

10月17日 神嘗祭（かんなめさい）

伊勢神宮の大祭。天皇がその年の新米を天照大御神に供え、収穫に感謝を捧げる。外宮、内宮に続き、摂末社でも行なう。

11月15日 七五三

子供の成長を祝い、男児は3歳と5歳、女児は3歳と7歳に神社に参詣する。3・5・7歳は子供の体長が変化しやすい節目の年齢とされる。

11月23日 新嘗祭（にいなめさい）

宮中で天皇がその年の新米を皇祖神の天照大御神に供え、自らも食して収穫を感謝する。天照大御神が、地上に降臨する皇孫に稲穂を授けたという神話に由来。各地の神社も神事を行う。

12月31日 大祓（おおはらえ）

一年の締めくくりに、人々の罪や穢れを祓い清める古代からの神事で、宮中や各地の神社で行われている。参詣者が自分の年齢や名前を書いた人形を神社に持参し、水辺に流したり、焚き上げたりするなどの神事が行われる。

7月10日 四万六千日（しまんろくせんにち）

観音菩薩を祀る寺院で行なう縁日。この日にお参りすれば、4万6000日お参りしたのと同じ功徳があるとされる。東京・浅草寺では、この縁日に合わせてほおずき市が開かれる。

7月15日〜8月15日頃 お盆（うらぼんえ）

仏教用語では「盂蘭盆会」といい、7月15日前後に供え物をして先祖供養を行う。由来は『盂蘭盆経』に記された話。釈迦の弟子・目連が、死後に餓鬼界で苦しむ母を救うため、7月15日に僧侶を招いてご馳走したところ、母が救われたという。お盆の初日には迎え火を焚いて祖先の霊を迎え、精霊棚に花や果物などを供え、僧侶を招いて読経を上げてもらう。お盆の最終日には送り火を焚く、または精霊流しをして祖先を送る。農村などの地方では8月15日前後に行うところが多い。

9月 秋分の日の前後3日 お彼岸

由来や内容は春のお彼岸と同じ。お彼岸にお供えするぼた餅とおはぎは基本的には同じで、春に咲く牡丹、秋に咲く萩にちなんだ名前。小豆は邪気を祓う食べ物とされ、先祖に供え、食べるようになったという。

大晦日に撞く除夜の鐘

12月8日 成道会（じょうどうえ）

釈迦が菩提樹の下で悟りを開いた日を記念して行われる法要。「成道」とは、悟りを完成するという意味。禅宗系寺院では、12月1〜8日の7日間、不眠不休の坐禅行が行われる。

12月31日 除夜鐘（じょやのかね）

大晦日の晩に、人間の煩悩の数である108回の鐘を鳴らして邪気を祓う。鐘の音にその力があるとされ、鐘の聞こえる近隣の人にも清めを分け与えているという。

神社やお寺は、神様や仏様のいる聖域。鳥居や山門に足を踏み入れるときから、参拝のマナーを守って、心清やかにお参りしよう。

神社

①鳥居の前で一礼する

鳥居は神社の玄関口であり、神域への入口。訪問者のマナーとして一礼しよう。

②中央を避けて参道を進む

参道の中央は神様の通り道。どちらかの片側に寄って歩くようにしよう。

③手水舎で心身を清める

柄杓の水で左手、右手を洗う。左手に水を受けて口をすすぎ、柄を清めて戻す。

④賽銭を入れ鈴を鳴らす

軽く一礼し賽銭を入れ、鈴を鳴らす。鈴は邪気を祓い、神様を呼ぶためとされる。

⑤二拝、二拍手、一拝する

深く2度のお辞儀をし、胸の前で2回手を打ち、願い事をしたら1度お辞儀する。

お寺

①山門で一礼する

仏様の家である寺院の前であいさつの一礼を。山門下の敷居は踏まずにまたぐ。

②手水舎で心身を清める

柄杓で左手、右手を洗い、左手に受けた水で口をすすぐ。柄杓の柄を清めて戻す。

③常香炉で心身を清める

常香炉がある場合は線香を1本供え、煙を体に浴びて心身を清めてから本堂へ。

④賽銭を入れ合掌する

静かに賽銭を入れ、鈴があったら静かにならし、手を叩かずに合わせて祈願。

⑤一礼する

合掌したまま深く一礼する。最後にもう一度お辞儀をしてから立ち去る。

奇蹟の寺社

独特の建築様式を持つ
壮麗な社殿と長い廻廊が見事

吉備津神社

きびつじんじゃ

岡山市北区

MAP P.327D2

桃太郎伝説のルーツといわれる温羅退治の神話が伝わる神社。国内唯一とされる比翼入母屋造り(吉備津造)の本殿が特徴的で、入母屋の千鳥破風を前後に2つ並べ、大きなひとつの屋根にまとめた独特の構造を持つ。現在の本殿と拝殿は室町時代の再建で、いずれも国宝に指定されている。巨大な本殿は出雲大社の2倍以上の広さを誇り、本殿から本宮社までを結ぶ全長約360mの廻廊も美しい。

御神祭

大吉備津彦命 おおきびつひこのみこと

主なご利益

縁結び、夫婦円満など

☐ **D A T A & A C C E S S**

📞086-287-4111 ㊟岡山市北区吉備津931 ⏰5:00～18:00 ㊡無休 ㊎無料 🚉JR吉備津駅から徒歩10分 🅿あり

② 本殿と一体化

拝殿

はいでん

本殿の正面に接続して突き出した建物。本殿と拝殿はもともと一体のものとして設計され、同じ太さの円柱が用いられている。

③ 松並木が美しい

参道

さんどう

旧山陽道から神社へとのびる表参道。両側には県最大規模の松並木が続き、豊かな緑と朱塗りの欄干のコントラストが鮮やか。

④ 学業上達を祈願

一童社

いちどうしゃ

学問・芸能の神を祀る社。江戸時代の国学者も篤い信仰を寄せたと伝えられる。近年は試験合格を願う学生などの参拝が絶えない。

1 優美な曲線を描く
廻廊
かいろう

傾斜のある自然の地形に沿って一直線に築かれた廻廊。ゆるやかに連なる屋根の曲線が美しく、県の重要文化財に指定されている。

5 アジサイの名所
岩山宮
いわやまぐう

吉備の中山の山腹に位置し、吉備国の地主神・建日方別命を祀る。初夏には参道周辺に植えられた約1500株のアジサイが咲き誇る。

6 伝説ゆかりの岩
矢置石
やおきいし

桃太郎のモデルといわれる大吉備津彦命が温羅(鬼)退治で射た矢を置いたとされる岩。毎年1月には「矢立の神事」が行われる。

吉備津神社 **MAP**

- 吉備津駅
- **3** 参道
- 休憩所
- **6** 矢置石
- 犬養木堂像
- 拝殿 **2**
- 本殿
- 参集殿
- 社務所
- 祈祷殿
- 卍普賢院
- 宇賀神社
- **4** 一童社
- えびす宮
- 御竃殿
- **5** 岩山宮
- 宮内公会堂
- **1** 廻廊
- 弓道場
- 梅林
- 牡丹園
- 御供殿
- 旧社務所
- 本宮社
- 瀧祭神社

N
0 ——— 100m

美しい拝殿の風格あるたたずまい
伝説の神剣が祀られた古社

石上神宮
いそのかみじんぐう

奈良県天理市

MAP P.330B3

日本最古の神社のひとつで、記紀にも登場する神剣を祀る。古くは豪族・物部氏の総氏神とされ、健康長寿、病気平癒、除災招福、百事成就の守護神として崇められてきた。国宝の七支刀のほか、境内の禁足地から出土した勾玉や銅鏡など多数の宝物を収蔵。樹齢300年を超える神杉からも神聖なパワーが感じられる。

御神祭

布都御魂大神 ふつのみたまのおおかみ
布留御魂大神 ふるのみたまのおおかみ
布都斯魂大神 ふつしみたまのおおかみ

主なご利益

健康長寿、病気平癒、起死回生など

□ D A T A ＆ A C C E S S

☎0743-62-0900 所奈良県天理市布留町384 開6:00〜18:00（季節により変動）休無休 料無料 交JR／近鉄・天理駅から車で10分、徒歩で30分 Pあり

2 典型的な割拝殿
摂社 出雲建雄 神社拝殿
せっしゃ いずもたけおじんじゃはいでん

内山永久寺の鎮守住吉社の拝殿を大正時代に移築したもので、国宝に指定。中央に通路を設けた割拝殿で、簡素にして優美なたたずまい。

3 もとは鐘楼門
楼門
ろうもん

鎌倉時代末期の建立で国の重要文化財。かつては鐘楼門で鐘が吊るされていたが、明治の神仏分離令により外された。正面の木額の文字は山縣有朋の筆によるもの。

御神剣守七支刀を描いた、ピンチを救う「起死回生」のお守り

1 白河天皇が寄進

拝殿

石上神宮への崇敬が篤かった白河天皇が、鎮魂祭のために宮中の神嘉殿を寄進したものと伝わる。これまでの度重なる修復を物語る6枚の棟札とともに国宝に指定されている。

檜皮葺きの屋根を持つ入母屋造りの拝殿。現存する拝殿としては日本最古と推定される

4 神聖な2本の杉

神杉
かみすぎ

境内には樹齢300年を超える杉が数本ある。なかでも、幹回り3.4mの東側神杉と4.1mの西側神杉が威厳を放つ。

石上神宮 MAP

JR/近鉄・天理駅

恵比須神社

大念寺 卍

天理環状線

神田神社

中央通り

P

一の鳥居

杣之内町

4 神杉
●本殿
儀式殿
参集殿
社務所
1 拝殿 ・長生殿
3 楼門
天理神社 七座社
鏡池 **2** 猿田彦神社 祓戸神社
摂社 出雲建雄神社拝殿
山の辺の道

布留川

石上神宮外苑公園

N
0 50m

山岳信仰の象徴

三佛寺 奥の院 投入堂
さんぶつじ おくのいん なげいれどう

三徳山北側の標高約500m地点にあり、断崖絶壁のくぼみを巧みに利用して建てられた懸造仏堂。平安時代末期の建造と考えられる。

細い木の柱で支えられ、絶妙のバランスを保つ。反りのある屋根など美しさにも注目

**日本で最も参拝が難しい
断崖に築かれた神秘的なお堂**

三徳山三佛寺
みとくさんさんぶつじ

鳥取県三朝町

MAP P.327 D1

　標高約900mの三徳山にある天台宗の山岳寺院。奥の院である投入堂は、切り立った断崖のくぼみに建てられた他に類を見ない建築物で、修験道の開祖・役行者が法力でお堂を岩窟に投げ入れたとの伝承が残る。境内には文殊堂、納経堂といった多数の建造物が点在する。

御本尊

阿弥陀如来 あみだにょらい
釈迦如来 しゃかにょらい
大日如来 だいにちにょらい

主なご利益

厄除開運、成願成就など

☐ **D A T A ＆ A C C E S S**
📞0858-43-2666 🏠鳥取県三朝町三徳1010 🕐参拝登山受付8:00〜15:00（下山は〜16:30）🈚無休 無料 🚌JR倉吉駅から日ノ丸自動車三朝線バスで40分、三徳山駐車場下車、徒歩すぐ Ｐあり

縁側で絶景を望む
地蔵堂
じぞうどう

崖からせり出すように建ち、眼下の風景を一望。幻想のない縁側を歩いて建物を一周できる。

秘仏本尊を安置
三佛寺 本堂
さんぶつじ ほんどう

天保10年(1839)に再建された宝形造の建物。内部に須弥壇が設けられ、秘仏である阿弥陀如来像が安置されている。

謎多き山中の鐘
鐘楼堂
しょうろうどう

鎌倉時代の建立と推定。標高約490mの険しい山腹にあり、重量約2tの鐘をどのようにして運んだか現在も謎とされている。

桃山様式の華やかさと
球磨地方独特の意匠が調和

青井阿蘇神社
あおいあそじんじゃ

熊本県人吉市

MAP P.321C2

「青井さん」の呼び名で親しまれる人吉球磨地方の総鎮守。慶長15年(1610)～同18年(1613)にかけて建てられた本殿、廊、幣殿、拝殿、楼門の5棟が現存する。これら一連の社殿群が同時期のものは全国でも珍しく、すべて国宝指定。桃山様式の華やかな色彩や装飾を取り入れながら、中世球磨地方特有の意匠を継承している。その完成度は高く、近世の南九州における社寺造営の手本となった。

御神祭

健磐龍命 たけいわたつのみこと
阿蘇津媛命 あそつひめのみこと
國造速甕玉命 くにのみやつこはやみかたまのみこと

主なご利益

子孫繁栄、商売開拓、五穀豊穣など

DATA & ACCESS

☎0966-22-2274 所熊本県人吉市上青井町118 開8:30～17:00 休無休 料無料 交JR人吉駅から徒歩5分 Pあり

球磨神楽を奉納

拝殿
はいでん

内部が拝殿、神楽殿、神供所の3部屋に仕切られているのが最大の特徴。神楽殿にはこの地方独特の舞台装飾が施され、毎年10月8日夕刻に球磨神楽が奉納される。

力強い御神木

神楠
かみくす

古くから御神木として崇められる楠の巨樹。地上約1mのところで幹が2本に分岐しており、大きく広げた枝葉が生命力を感じさせる。人吉市指定の天然記念物。

茅葺き屋根が美しい寄棟造りの楼門。欄間には彫刻が施され、天井には龍が描かれている

荘厳な建築美

楼門
ろうもん

禅宗様式と桃山様式が調和した高さ約12mの建造物。上層軒先の四隅に配された陰陽一対の鬼面は全国でも類例がないとされる。

伏見稲荷大社(→P.82)の千本鳥居
ふしみいなりたいしゃのせんぼんとりい

二筋の参道にびっしりと連なる朱塗りの鳥居群。江戸時代以降、願いごとが「通る」よう祈願、または「通った」という感謝の念を込めて鳥居の奉納が広まった。その数は1万基に及ぶという。

清水寺(→P.202)の狛犬
きよみずでらのこまいぬ

一方は口を開け、一方は口を閉じた「阿吽」の形と異なり、両方が口を開けた「阿阿」の狛犬で、清水寺の七不思議に数えられる。奈良の東大寺・南大門の中国式狛犬をモデルにしたといわれる。

龍安寺(→P.214)の枯山水
りょうあんじのかれさんすい

東西25m・南北10mの敷地に白砂を敷き詰め、大小15の石を配した枯山水庭園。作者不明だが、黄金比や遠近法など西欧手法が用いられ、エリザベス2世が称賛したことから世界的に有名に。

野宮神社(→P.180)のじゅうたん苔
ののみやじんじゃのじゅうたんごけ

嵯峨野めぐりの起点となる野宮神社の一角にあるじゅうたん苔。由来として伊勢神宮の斎宮に選ばれた皇女が、伊勢へ行かれる前に身を清めるところとされた。お参りの際は寄ってみたい。

晴明神社(→P.226)の晴明井
せいめいじんじゃのせいめいい

安倍晴明の念力で水が湧き出したと伝わる五芒星型の井戸。湧き水を飲むと病気平癒のご利益があるとされる。湧き出口はその年の恵方を向いており、毎年立春に向きが変わる。

御金神社(→P.190)の金の鳥居
みかねじんじゃのきんのとりい

金運の神社を象徴する、金箔を施したきらびやかな姿がひときわ目を引く。京都の老舗金箔会社による屋外でも色あせない塗料がその理由。24時間拝観可能で、ちょうちんが映し出す姿も魅力だ。

有名な神社仏閣のご存知の建物にも、まだまだ知られざる歴史やご利益がある。

奥之院(→P.139)の御廟
おくのいんのごびょう

御廟橋の正面突き当たりにある、3間4面構造・檜皮葺・宝形造の御廟。承和元年(834)、弘法大師・空海がこの地を廟所と定め、翌年3月21日に即身成仏として入定した。

護王神社(→P.168)の狛イノシシ
ごおうじんじゃのこまいのしし

鳥居前や拝殿前で出迎えるのは狛犬ならぬ狛イノシシ。明治19年(1886)、現在地に遷座した際、祭神の和気清麻呂公を300頭のイノシシが護ったという逸話に基づき、市民の声で置かれるように。

嚴島神社(→P.72)の反橋
いつくしまじんじゃのそりばし

全長24m、幅4mのアーチ型の橋。その形状から太鼓橋、かつて天皇の使者のみが渡れたことから勅使橋の別名もある。渡る際はあまりにも急なので階段を取り付けたという。国指定重要文化財。

太宰府天満宮(→P.76)の御神牛
だざいふてんまんぐうのごしんぎゅう

牛は祭神・菅原道真公の使いとされ、大小12体の御神牛が点在している。頭を撫でると賢くなるといい、入口近くの像は撫でられ過ぎてつるつるに。御神牛マップを元に境内巡りをする人も多い。

鵜戸神宮(→P.248)の本殿
うどじんぐうのほんでん

鵜戸崎の日向灘に面した洞窟内に建てられ、本殿が参道よりも下にある「下り宮」で知られる。延暦元年(782)の再興以来、何度も改修を繰り返し、近年では平成9年(1997)に改修が行われている。

波上宮(→P.49)の本殿
なみのうえぐうのほんでん

崖の上に鮮やかな本殿が立つ珍しい形状。創建年は不明で、大戦後に被災したが、平成5年(1993)の平成の御造営により再建された。崖の上までは坂道をたどって車で行くことができる。

■ 寺社仏閣で特別体験をしたい！

世界に一つだけのこま猫作り
こま猫 絵付け体験
京都府丹後市 　MAP P.330B3

金刀比羅神社の木島社境内で全国唯一の「こま猫」の
レプリカに絵付けができる体験。猫はカイコを食べる
ネズミを追い払うため、丹後ちりめんの守り猫だった。

□ DATA & ACCESS

↑大小ある手作りの素焼き
のこま猫にアクリル絵の具
でペインティング。出来上が
りは金刀比羅神社に奉納す
ることもできる。申し込みは
「丹後ナビ」HPから

金刀比羅神社 ☎0772-62-0225 所京都
府京丹後市峰山町泉1165-2 開休料参
拝自由 交山陰近畿自動車道(京都縦貫
道)・京丹後大宮ICから車で15分

平安時代にタイムスリップ
雅楽体験
愛媛県八幡浜市 　MAP P.324A2

1300年の歴史ある神社を舞台に、1200年以上の歴史
を持つ日本の古典音楽「雅楽」の演奏体験ができる。
雅楽に触れることで神様のエネルギーをいただこう。

□ DATA & ACCESS

↑笙、篳篥、龍笛の3つの
雅楽器を体験できる。コー
スにより料金が異なるため、
詳細と申し込みはHPへ

總鎮守八幡神社 ☎0894-22-0384 所
愛媛県八幡浜市矢野神山510番地 開
6:00～17:00(6～8月は5:30～) 休無料
料無料 交JR八幡浜駅から徒歩13分

夜の神社時間を体験
夜の隠岐神社まいり
島根県海士町 　MAP P.326A1

夜の隠岐神社を参拝できるツアー。夜の厳かな雰囲気
の中、神主の導きで一人一人の願いや想いを神前に届
ける特別な行事。

□ DATA & ACCESS

↑体験料金は8500円(2～
5名)。料金にはお守りやお
茶菓子代も含まれる。時間
は19時30分から約1時間。
問い合わせは海士町観光
協会 ☎050-1807-2689

隠岐神社 ☎08514-2-0464 所島根県隠
岐郡海士町海士1784 開休料参拝自由
交海士港から車で10分

けまり装束でけまりを楽しもう
談山神社のけまり体験
奈良県桜井市 　MAP P.328B2

本物のけまり装束を着付し、本物のけまりを体験。談
山神社の御祭神、藤原鎌足公がけまりの席で中大兄皇
子と出会い、大化の改新を成し遂げたことから。

□ DATA & ACCESS

↑神職が談山神社の歴史
や蹴鞠のルールを丁寧に説
明してくれる。初穂料1人
5000円、2名以上から予約
できる。約1時間。申し込み
は神社まで

談山神社 ☎0744-49-0001 所奈良県桜井
市多武峰319 開8:30～17:00 休無料 料参
拝料600円 交JR／近鉄・桜井駅から桜井市
コミュニティバス談山神社下車、徒歩5分

山岳信仰

威容を誇る山々に祈る

高野山

こうやさん

和歌山県高野町

高野山全域が「総本山金剛峯寺」とされ、「壇上伽藍」と「奥之院」が二大聖地として名高い。山内には117の寺院があり、そのうち51は宿坊として一般参拝者が宿泊・修行体験できる。

弘法大師が真っ先に造営した真言密教の修行の場

壇上伽藍

だんじょうがらん

MAP P.328B2

　弘法大師が高野山を開創した際、最初に整備を始めた地が壇上伽藍。密教思想に基づく塔やお堂の建立に心血を注ぎ、胎蔵曼荼羅の世界を表しているといわれる。境内には総本山の金堂をはじめ、根本道場の中心に建つ大塔や国宝の不動堂など、19のお堂や塔が立ち並ぶ。高野山に伝わる『両壇遶堂次第』に沿って、紹介順に諸堂を参拝したい。

御本尊

阿閦如来 あしゅくにょらい　薬師如来 やくしにょらい

DATA & ACCESS

☎0736-56-2011(金剛峯寺) 所和歌山県高野町高野山152 時根本大塔・金堂8:00～17:00 休無休 料根本大塔・金堂各500円 交高野山ケーブル・高野山駅から大門南駐車場行きバス12分、金堂前下車、徒歩すぐ Pあり

弘法大師、真然大徳の2代にわたって創建された、日本で最初の多宝塔。真言密教の根本道場における象徴として建立されたことからこの名がつけられた。堂内の立体曼荼羅は必見

開創1200年を機に、平成27年(2015)に再建。持国天像、多聞天像に加え、広目天像と増長天像が新造された(左上)。平安時代半ばから、高野山の重要な行事が行われる総本堂。現在の建物は7度目の再建で、昭和7年(1932)に完成(上)。弘法大師が山麓の天野社から勧請した高野山の鎮守。一宮は丹生明神、二宮は高野明神、三宮は総社の十二王子・百二十伴神が祀られている(左下)

中国で密教を
学んだ空海が密教
を広めていこうと
拠点としたのが高
野山であった

⬆鳥羽上皇皇后が上皇を弔うため建立。
基壇を押してひと回りすれば一切経を読
経した功徳を得るといわれる

高野山 MAP

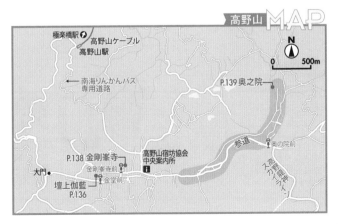

極楽橋駅
高野山ケーブル
高野山駅

←南海りんかんバス
専用道路

P.139 奥之院

N
0 ─── 500m

奥の院前

参道

高野山宿坊協会
中央案内所

P.138 金剛峯寺
金剛峯寺前

大門

金堂前

壇上伽藍
P.136

137

門の正面から入れるのは天皇や皇族、高野山の重職のみであった。今でも僧は横戸から入る

高野山最大で最高の風格を持つ中心寺院

金剛峯寺
こんごうぶじ

MAP P.328B2

豊臣秀吉の母の菩提寺として開かれ、現在は全国の高野山真言宗3600寺の総本山でもある。広大な敷地に主殿をはじめ多くの建物が建ち、最高職・座主の住まいもある。「金剛峯寺」の名は弘法大師が『金剛峯楼閣一切瑜伽瑜祇経』というお経からつけ、仏教を究めるという思いを込めたと伝わる。

御本尊

弘法大師 こうぼうだいし

DATA & ACCESS

℡0736-56-2011 ⑰和歌山県高野町高野山132 ⑱8:30～17:00(最終受付～16:30) ⑭無休 ㊸1000円(山内共通券2500円利用可) ㊟高野山ケーブル・高野山駅から大門南駐車場行きバス11分、金剛峯寺前下車、徒歩すぐ ⓟあり

↑昭和59年(1984)に造園された国内で最大級を誇る2340㎡の石庭。雲海を表した石庭は別殿側から見て奥に雄、手前に雌の一対の龍が向かい合い、奥殿を守っているさまを表現している

↑大日如来守500円。密教の絶対的中心の御本尊、大日如来のご加護(右)。身代守700円。自身の代わりに厄を受け守ってくれる除厄のお守り(左)

↑東西約60m・南北約70mにわたる主殿は、本坊とも呼ばれる。文久3年(1863)に再建され、檜皮葺きの屋根や殿内に納められた見事な襖絵など、見どころが多い

弘法大師が祈りを続ける
御廟へ歩を進める

奥之院
おくのいん

MAP P.328B2

　今も禅定を続け「世の中の平和と人々の幸福を願っている」とされる弘法大師。その御廟がある聖地・奥之院は高野山のなかで最も神聖な霊域。樹齢600年の老杉並木が林立する約2kmの参道には数多くの墓碑や供養塔が立ち並び、凛とした空気に包まれている。「お大師様の御心にふれたい」と、多くの人々が訪ねてやまない。

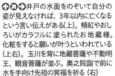

⬆️⬆️⬆️井戸の水面をのぞいて自分の姿が見えなければ、3年以内に亡くなるという言い伝えがある(上)。頬紅やおしろいがカラフルに塗られたお地蔵様。化粧をすると願いが叶うといわれている(上右)。玉川を背に地蔵菩薩や不動明王、観音菩薩が並ぶ。奥之院詣で前に水を手向け先祖の冥福を祈る (右)

□ DATA ＆ ACCESS

☎0736-56-2011(金剛峯寺) 🏠和歌山県高野町高野山550 🕐参拝自由(燈籠堂受付は8:30〜17:30) 🚌高野山ケーブル・高野山駅から奥の院前行きで14分、奥の院口下車、徒歩すぐ(一の橋まで) 🅿️あり

御廟橋から先は弘法大師御廟がある霊域。脱帽して服装を正し一礼してから渡る

⬆️真然大徳により建立された弘法大師御廟前に建つ燈籠堂。2万基以上の献燈が金色に輝く。祈親上人が献じた祈親燈と白河上皇が献じた白河燈は「消えずの火」と呼ばれ1000年以上燃え続けている

🔄御廟へと続く表参道への入口の一の橋。弘法大師が参詣者をここまで迎え、帰路はここで見送ると伝えられている

神が降臨したという美しい円錐形の山

三輪山
みわやま

奈良県桜井市

大物主大神が鎮まる山として、太古の昔から崇められており、近年まで禁足地として入山を制限。山中には磐座が残るほか勾玉なども出土し、古代祭祀の場であったことを示している。

神宿る山そのものが御神体
原始的な神祀りを伝える

大神神社
おおみわじんじゃ

MAP P.330B3

御祭神である大物主大神が三輪山に鎮まるため、社には古来から本殿が設けられず、三ツ鳥居を通して三輪山に祈りが捧げられ、古い神まつりの姿が今も残る日本最古の神社。なお三輪山中には磐座も残る。三ツ鳥居と拝殿は、国の重要文化財に指定された貴重な建造物だ。

御祭神

大物主大神 おおものぬしのおおかみ

主なご利益

良縁成就、家内安全、商売繁盛

DATA & ACCESS

📞0744-42-6633 ㊟奈良県桜井市三輪1422 ㊞9:00〜16:30 ㊡無休 ㊙無料 ㊋JR三輪駅から徒歩5分 ㋟590台

大鳥居

⤴神聖な空気が漂っている参道と鳥居

⤴樹齢400年近い神木「巳の神杉」。根元に神の化身である白蛇(巳)が棲むといわれ、ヘビの好物である卵が供えられている。江戸時代には雨乞いにもご利益があるとされていた

大鳥居の先に
円錐形の三輪山が
そびえている。
山の杉は三輪の
神杉として有名

パワスポ
めぐり

三輪山への登拝はここから

狭井神社で9時から正午までに受付を済ませ、登
拝の証しとなるたすきを身につけ、入山できる。
水分補給以外の飲食やカメラ撮影の禁止など注意
事項は厳守。

狭井神社 さいじんじゃ MAP P.330B3

大神神社の摂社で、同神社のご祭神の荒魂が祀ら
れている。御殿左奥には薬井戸があり、ここから
湧き出る神水は病気平癒に効果があると伝わる。

☎0744-42-6633
（大神神社）所
奈良県桜井市
三輪狭井 開休
料境内自由 交
JR三輪駅から徒
歩15分 Pなし

三輪山 MAP

N
0 500m

● 巻向駅
● ホケノ山古墳
箸墓古墳
茅原大墓古墳
檜原神社
玄賓庵
山辺の道
霊神社
三輪山
狭井神社
桜井線
宝物収蔵庫
三光の滝
二の鳥居
169
大鳥居
一の鳥居
大神神社
拝殿
社務所
自動車お祓所
巳の神杉
大和川
三輪駅
大和高田
喜多美術館
桜井警察署東
仏教伝来の地碑
玉列神社
桜井市役所
● 桜井駅
165

吉野山
よしのやま

奈良県吉野町

修験道の開祖とされる役行者は、この地で修行し金剛蔵王大権現を感得、その姿を山桜に刻んだという。以来1300年、信仰の証しとして献木された桜の木々が山を埋める。

吉野山の中腹に位置する
修験道の総本山

金峯山寺
きんぷせんじ

MAP P.328B2

本尊は金剛蔵王大権現である。修験道の開祖である役行者が感得した権現仏であり、「これぞ末法の世を生きる人々の御本尊なり」と山桜に刻み、大峯山の頂上と吉野山に祀ったことが寺の始まりとされる。その後修験道は盛行し、金峯山寺（世界遺産）は一大聖地として多くの人々から崇敬を受けることとなった。

御本尊

金剛蔵王大権現 こんごうざおうだいごんげん

主なご利益

国土安穏、降魔退散、所願成就など

□ DATA & ACCESS

☎0746-32-8371 ㊟奈良県吉野町吉野山2498 ㊟8:30〜16:00 ㊟無休 ㊟境内無料、蔵王堂800円（金剛蔵王権現像の御開帳時は1600円） ㊟ロープウェイ吉野山駅から徒歩10分 Ｐなし

四方約36m、高さ約34m。木造古建築としては東大寺大仏殿に次ぐ大きさ

吉野山MAP

シロヤマザクラが数多く咲き誇る吉野。春にかけて満開の桜が山々をピンクに染める

✣ 重要な3神社 ✣

世界遺産「紀伊山地の霊場と参詣道」にある、由緒ある神社めぐり

貴重な文化財を多数展示

吉水神社

よしみずじんじゃ　MAP P.328B2

もとは白鳳時代に役小角が創建した金峯山寺の僧坊のひとつだったが、明治の神仏分離令で神社となった。源義経と静御前が身を隠したという逸話が残る。

☎0746-32-3024 所奈良県吉野町吉野山579 開9:00～17:00(受付は～16:30) 休無休 料600円 交ロープウェイ吉野山駅から徒歩17分 Pあり

秀吉も祈願した子授けの神

吉野水分神社

よしのみくまりじんじゃ　MAP P.328B2

水の分配を司る天之水分大神を主祭に、玉依姫命(神像は国宝)以下6神を祀る世界遺産の神社。子守宮ともいい、子授け・安産の神として篤く信仰を集める。

☎0746-32-3012(宮司宅) 所奈良県吉野町吉野山1612 開8:00～16:00(4月のみ～17:00) 休不定休 料無料 交吉野大峯ケーブルバス・奥千本口下車、徒歩20分 Pあり

奥千本に建つ古社

金峯神社

きんぷじんじゃ　MAP P.328B2

吉野山の奥千本に立つ古社、地主の神金山毘古神を祭神とする神社。金峯総領の地主神として金鉱の山を司る神として祀られてきた。

☎0746-32-3012(宮司宅) 所奈良県吉野町吉野山1651 開休料参拝自由 交吉野大峯ケーブルバス・奥千本口下車、徒歩10分 Pなし

優美な姿を見せる中国地方の最高峰

大山
だいせん

鳥取県大山町

火神岳として『出雲国風土記』に記される、開山1300年超の神山。山岳信仰に神仏習合の神が融合、平安時代には修験の山として隆興した。

古来から神として崇められる霊山。寺院、神社など多様な神が融合し信仰を集めた

神仏混交を経て今にいたる
壮大な社殿と長い参道が有名

大神山神社奥宮
おおがみやまじんじゃおくのみや MAP P.327 C1

大山には、大山寺と大神山神社奥宮が建つ。大神山神社は、大山参拝の遥拝所として開かれたのが起源とされる。神仏習合の時代、大山寺と大神山神社は一大勢力に興隆したが、のちに神仏分離令によって大智明大権現の社殿が大山寺から分離された。日本最長の、自然石を用いた参道や最大規模の権現造の社殿でも知られる。

↑権現造の社殿は日本最大級。内部の柱などは白檀塗りである

御祭神

▶ 大己貴神 おおなむちのかみ

主なご利益

▶ 産業発展、病気平癒、安産など

↑大山寺入口から続く森の中の参道は、日本一長い石畳の道

☐ DATA & ACCESS

☎0859-52-2507 所鳥取県大山町大山 開休料参拝自由 交米子自動車道・溝口ICから車で20分 Pあり

立山
たてやま

富山県立山町

古代より神々が宿る山とされ、平安時代には修験者が入峯。江戸時代には地獄や極楽を描いた「立山曼荼羅」により立山信仰が広まった。

峰本社の開山は7～9月のみ。絶景を望む山頂に多くの登拝者が訪れる

平安時代から入峯された
立山信仰の拠点

雄山神社
おやまじんじゃ

MAP P.331D2

　立山の主峰・雄山の山頂に鎮座する峰本社と、立山信仰の里・芦峅中宮に鎮座する祈願殿、山麓に鎮座する前立社壇の3社を合わせて雄山神社という。前立社壇は、立山は冬季雪深く登拝することが難しかったために建てられ、諸祭礼が奉仕されたと伝わる。室町中期の様式を表す御本殿は、北陸地方最大規模である。

↑3003mの雄山に鎮座する峰本社。条件がよければ、はるかかなたに富士山を望める

↑平野部より一番手前に建立していて祭礼を行う祭壇がある社

□ DATA & ACCESS

【前立社壇】☎076-483-1148 ⍟富山県立山町岩峅寺1 ⏰8:30～16:30 ⍟無休 ⍟無料 ⍟富山地方鉄道・岩峅寺駅から徒歩10分 ⍟あり

御祭神

雄山大神 おやまおおかみ

主なご利益

縁結び、家業繁栄など

↑樹齢500年の杉に囲まれた祈願殿。隣には立山博物館がある

御許山
おもとさん

大分県宇佐市

神代には比売大神が降臨され、また八幡大神が霊行した場所として伝わる。3つの巨石が祀られる神域は、現在も立ち入り不可の禁足地だ。

山中にある大元神社は宇佐神宮の奥宮として神代の時代から鎮座。お参りの際には険しい山を登らないといけない

かつての霊行の場に鎮座する宇佐神宮の奥宮

大元神社
おおもとじんじゃ

MAP P.323D2

　全国八幡宮の総本山である宇佐神宮から6kmほど離れた、御許山の9合目に鎮座する。大元神社は宇佐神宮の奥宮である。拝殿はあるものの、山全体が御神体であるため本殿はない。御神山には宇佐神宮の御祭神でもある比売大神が降臨した、3つの磐座が祀られている。鳥居から先は禁足地なので、拝殿から遥拝を。

↑大元神社は宇佐神宮の奥宮ともされており三柱女神の比売大神が降臨したといわれている

□ D A T A ＆ A C C E S S

☎0978-37-0001(宇佐神宮) 所大分県宇佐市 開休
料参拝自由 交東九州自動車道・宇佐ICから車で20分、登山口から徒歩30分 Pあり

御祭神

比売大神 ひめおおかみ

主なご利益

家内安全、良縁成就、家内安全

↑境内には大元八坂神社が鎮座している

西日本最高峰の修験道場

石鎚山
いしづちさん

愛媛県西条市
愛媛県久万高原町

霊峰として知られ、飛鳥時代に行者・役小角により開山された。奈良時代には修験の場として発達し、弘法大師空海も修行したと伝わる。

「鎖の行場」で知られる岩場の先に頂上社が鎮座する。山頂から望む景色は圧巻

厳しい岩場の行場を進み
無我の境地を経て頂上社へ

石鎚神社
いしづちじんじゃ　MAP P.324B2

　荘厳な本殿を有する本社と、山の中腹にある成就社・土小屋遥拝殿、山頂にある頂上社を総称して石鎚神社という。古くから石鎚山そのものが御神体であり、奈良時代の修行僧・寂仙が山路を開き登山者を導いた。毎年7月に行なわれるお山開き大祭には全国から数万人の登拝者が訪れ、石鎚信仰の広がりを物語る。

↑山が赤黄色に染まる紅葉の時季には、多くの登山客が訪れる

御祭神

石鎚毘古命 いしづちひこのみこと

主なご利益

家内安全、厄除け開運、
当病平癒など

↑登拝の山頂である弥山には奥宮がある。ほか頂上社や宿泊施設も

□ D A T A & A C C E S S
☎0897-55-4044(石鎚神社本社) 所愛媛県西条市西田甲797 開休料参拝自由 交石鎚山～石鎚神社頂上社へロープウェイ成就駅から徒歩3時間 Pなし

147

位山

くらいやま

岐阜県高山市

天の岩戸などの巨石群が古代、神秘的な霊場であったことをうかがわせる。位山の主・宿儺が天船に乗ってきたという伝説も残る。

飛騨の鬱蒼とした山間に囲まれた飛騨一宮水無神社は分水嶺、水を司る神様として今なおお信仰される

御神体山・位山を奥宮とし
水無大神など飛騨の神々を祀る

飛騨一宮水無神社

ひだいちのみや みなしじんじゃ MAP P.331 D3

　創祀は神代と伝わる飛騨国一宮、旧・国幣小社。御祭神・水無大神は、宮川と飛騨川の分水嶺である位山に鎮座する水主神(源流を司る神)として信仰され、農耕の祖神、延命長寿の守護神として御神威が高いとされてきた。飛騨、美濃、越中、信濃に分社があり、年始には飛騨内外から訪れる多くの参拝者で賑わう。

↑創建の時期は定かではない。神仏習合が進んだ中世以降、社殿等が建立された

□ D A T A ＆ A C C E S S

☎0577-53-2001 ⑰岐阜県高山市一之宮町5323 ㊟参拝自由 ㊟JR飛騨一ノ宮駅から徒歩8分 Ｐあり

御祭神

水無大神 みなしのおおかみ

主なご利益

一粒万倍、無病息災など

↑霊山・位山の山頂付近にある、天の岩戸。神社の奥宮とされる

平安時代には七高山のひとつに

伊吹山
いぶきやま

滋賀県米原市

『古事記』『日本書紀』に登場する伝説の英雄・日本武尊が荒神退治に出かけ、山の神に阻まれて倒れたという伝説が残る。

滋賀県の最高峰。『古事記』などに名が見られる名峰で薬草や高山植物の宝庫でもある

かつては山の頂に鎮座
水の神を祀る古社

伊夫岐神社
いふきじんじゃ

MAP P.329C1

　伊吹山の麓にあり、山の神である伊吹大明神を御祭神とする。伊吹大明神は水の神、雨乞いの神として信仰を集めた。神社の創祀は不明だがもともと山頂に鎮座しており、姉川が流れるこの地に奉遷されたという。平安時代初期、伊吹山は修験道の地として栄え、神社も山と密接な関係を築いたとされる。

⬆山頂には、大乗峰伊吹山寺覚心堂が建つ

⬆山頂にある日本武尊像。伝説を記念して建立された

⬆ゆるやかな稜線を描く伊吹山

□ D A T A ＆ A C C E S S

㊟滋賀県米原市伊吹603　㊟参拝自由　㊟北陸自動車道・米原IC／長浜IC、名神高速・関ケ原ICから車で20分 Ｐあり

御祭神

伊富岐大神 いふきおおかみ

数々の高僧を生んだ日本仏教の母山

比叡山
ひえいざん

滋賀県大津市

延暦7年(788)に最澄が開創。法然、親鸞、日蓮など各宗派の開祖を輩出したことから、日本仏教の母山と称される。

琵琶湖方面から望む比叡山。ケーブルカーなどを利用して山頂までアクセスできる

最澄が開いた天台宗の総本山
山内に重要な建築が立ち並ぶ

延暦寺
えんりゃくじ

MAP P.330B1

奈良時代末期、最澄が草庵を結んだのが起源とされる。天台宗開祖後は数多くの僧が山で修行、全盛期の平安時代には3000坊を有したという。広大な比叡山全域を境内とし、発祥の地である東塔、釈迦堂を中心とする西塔、円仁が開いた横川の3地区に分けられている。境内には杉木立が茂り、厳粛な空気が満ちる。

↑阿弥陀堂と法華総持院東塔。この地域には寺の総本堂である根本中堂も建つ

↑舞台造りの横川中堂。船が浮かんでいるような姿が目を引く

☐ D A T A ＆ A C C E S S

📞077-578-0001 🏠滋賀県大津市坂本本町4220 🕐9:00～16:00※閉堂は16:15 🈳無休 💴1000円(東塔・西塔・横川共通券) 🚌八瀬から比叡ケーブルロープウェイケーブルで比叡山頂まで23分、比叡山内シャトルバスに乗り換えて東塔まで6分 🅿あり

御本尊

国宝根本中堂 こくほうこんぽんちゅうどう

主なご利益

家内安全、心願成就、交通安全

↑浄土院、釈迦堂などが建つ西塔は、より厳粛な雰囲気

日本を代表する山岳信仰の遺跡

英彦山
ひこさん

福岡県添田町

古来から神の宿る山として崇められ、中世以降は日本三大修験山のひとつとして栄えた。室町時代に隆盛を極め、修行窟が数多く整備された。

約800m続く趣深い表参道。坊舎や名所が多くかつての山伏文化が感じられる

山頂まで続く表参道
両脇にはかつての宿坊も

英彦山神宮
ひこさんじんぐう

MAP P.323C2

英彦山信仰の拠点であり、修験道の道場「彦山権現山」として信仰を受けた。主祭神は天照大神の子、天忍穂耳命。稲穂の神として知られ、農業生産の守護神として崇敬される。中岳山頂には御本社が、中腹には奉幣殿が建ち、厳かな雰囲気が漂う。石段が続く参道や山中に点在する摂社・末社も神々しい。

↑御祭神が天照大神の子であることから、日の子の山、日子山と呼ばれたという

□ D A T A ＆ A C C E S S

☎0947-85-0001 所福岡県添田町英彦山1 時9:00〜17:00 休無休 料無料 交JR添田駅から彦山方面行きバスで32分、銅の鳥居下車、徒歩すぐ Ｐあり

御祭神

正勝吾勝勝速日天之忍穂耳命
まさかつあかつかちはやひあめのおしほみみのみこと

主なご利益

農業振興、勝ち運など

↑奉幣殿は修験道時代の寺の大講堂。桃山建築様式の建築物

桜島
さくらじま

鹿児島県鹿児島市

今なお噴煙を上げ続ける活火山。歴史上幾度となく大噴火を繰り返し、人々から畏敬の念を込め信仰されてきた。

北岳南岳からなる珍しい複合活火山。すぐ間近に街があり人々は火山とともに暮らしている

東西桜島の総産土神
五社大明神として広く崇敬

月讀神社
つきよみじんじゃ

MAP P.321 C3

創建は和銅年間(708〜715)と伝わる。大正時代の大噴火により溶岩に埋没し、昭和15年(1940)、現在の地に遷座された。桜島に出生したと言い伝えられる月神・月讀命のほか、桜島の名称の由来とされる木花咲耶姫命も合祀。桜島の総産土神として信仰され、また島随一のパワースポットとしても知られる。

↑昭和初期に遷座された社殿。平成12年(2000)改築が行われた

↑桜島港からすぐの立地。神舞が披露される例大祭も賑わう

☐ D A T A ＆ A C C E S S

☎099-293-2109 所鹿児島県鹿児島市桜島横山町1722-8 開休料参拝自由 交桜島港から徒歩2分 Ｐあり

御祭神

月讀命 つきよみのみこと

主なご利益

交通安全、学業成就、縁結び、子宝など

↑煙を上げる桜島。かつては島であったが現在は陸とつながっている

嚴島神社の背後にそびえる信仰の山

弥山
みせん

広島県廿日市市

今から1200年ほど前、弘法大師空海により開基された。原始林が残る島には空海が修行した本堂や数々の磐座がある。

頂上からの絶景。弥山を篤く信仰した伊藤博文はこの風景を称え登山道を整備

1200年燃え続ける消えずの火
茶釜の水は万病に効くという

霊火堂
れいかどう

MAP P.326B3

　宮島に数ある寺院のなかで、もっとも古い大聖院。その堂宇のひとつが霊火堂だ。堂では、弘法大師空海が護摩修行した際の火が今なお消えずに守られている。この霊火で焚かれた大茶釜の霊水は万病に効くといわれ、飲むことが可能。また霊火は、広島平和記念公園の「ともしびの火」の元火にもなっている。

↑火事で焼失したのち再建されたお堂。消えずの火は保存されており無事だったという

↑巨大な岩のトンネルなど、山岳信仰の礎とされる岩が山頂付近に点在

←霊火堂の消えずの火には大茶釜が吊るされている。この水が万病に効くという

☐ DATA & ACCESS

📞0829-44-2071(大聖院) 🏠広島県廿日市市宮島町 ⏰8:00〜17:00 🈳無休 💰無料 🚠宮島ロープウェイ獅子岩駅から徒歩20分 🅿なし

153

太古の記憶が息づく日本一の大杉。推定樹齢3000年の巨木

杉の大スギ
すぎのおおすぎ

須佐之男命が植えたとの伝承がある推定樹齢3000年の大杉。南大杉、北大杉と呼ばれる2株が根元で合着しているため「夫婦杉」ともいわれる。南大杉は高さ60m、北大杉は高さ57mで、国指定の特別天然記念物。

↑全国的なパワースポットに

八坂神社
やさかじんじゃ

高知県大豊町
MAP P.325C2

美空ひばりゆかりの地

美空ひばりが若かりし頃、この巨木に「日本一の歌手になれますように」と願をかけて実際にスターになったことから、「出世杉」の異名を持つ。境内は森閑とした雰囲気が漂い、近くには美空ひばりの遺影碑と歌碑が立つ。

☎0887-72-1585（大杉料金所）⑰高知県大豊町杉794 閉休料 見学自由 ✍JR大杉駅から徒歩15分 ❷あり

御祭神	須佐之男命 すさのおのみこと
主なご利益	疫病退散、無病息災

日本各地にある巨大な御神木や樹齢を重ねた巨樹からの不思議なパワーに圧倒される。

内部に天神様を祀る神々しく威厳ある大楠

武雄の大楠
たけおのおおくす

　推定樹齢3000年、高さ27m、根回り26mで、武雄市の天然記念物。根元はゴツゴツとした樹皮に覆われ、広さ12畳ほどの空洞に天神が祀られている。本殿裏の竹林を抜けた先にあり、力強く迫力ある姿に圧倒される。

↑縁結びの御神木である夫婦檜

武雄神社
たけおじんじゃ

佐賀県武雄市
MAP P.322B3

市内で最も歴史ある神社

御神木の大楠のほか、2本のヒノキが結ばれた「夫婦檜」があり、縁結びの象徴として有名。☎0954-22-2976 所佐賀県武雄市武雄町武雄5327 御社務所9:00〜17:00 休無休 料無料 交JR武雄温泉駅から武雄保養センター行きバスで5分、武雄高校前下車、徒歩3分 Pあり

御祭神
武内宿禰 たけうちのすくね　武雄心命 たけおこころのみこと
仲哀天皇 ちゅうあいてんのう　神功皇后 じんぐうこうごう
応神天皇 おうじんてんのう

主なご利益 武運長久、開運、厄除け

枝の突起にも注目。南九州一帯の杉の祖先

御神木
ごしんぼく

樹齢約800年、高さ38m、幹回り7.3mの杉の大木。「霧島メアサ」とよばれる樹種で、南九州一帯の杉の祖にあたる。幹の途中には不思議な形の小さな突起があり、烏帽子をかぶった神官が両手を合わせて祈る姿に見える。

↑幹にはヒノキが着生している

霧島神宮
きりしまじんぐう

鹿児島県霧島市
MAP P.321C2

豪華な朱塗りの社殿が映える

創建は6世紀に遡る古社。朱塗りの本殿、幣殿、拝殿は国宝に指定され、極彩色の装飾が鮮やか。展望所からは鹿児島湾や桜島を眺望できる。☎0995-57-0001 ⌂鹿児島県霧島市霧島田口2608-5 ⏰祈祷・授与所8:00～17:00 ㊡無休 ㊷無料 ㉔JR霧島神宮駅から霧島いわさきホテル行バスで13分、霧島神宮下車、徒歩3分 Ⓟあり

御祭神 天饒石国饒石天津日高彦火瓊瓊杵尊
あめにぎしくににぎしあまつひたかひこほのににぎのみこと

主なご利益 開運、起業、転職などの事始め

圧巻の御神木・巨木、聖なる森　御神木（霧島神宮）／薫蓋クス（三島神社）

大きく枝葉を広げた生命力あふれる巨樹

薫蓋クス
くんがいくす

　国指定天然記念物のクスノキで、推定樹齢1000年。高さ30m、幹回り13.1m以上、「大阪みどりの百選」にも選ばれている。どっしりと根を張り、四方に枝を広げており、集落の中でこれほどの巨木が育つのは珍しい。

⬆千種有文の歌碑が名前の由来

三島神社
みつしまじんじゃ

大阪府門真市
MAP P.330A2

巨大クスノキが存在感を放つ

古くは山王権現と呼ばれ、明治初期に現社名に改称。「薫蓋クス」または「薫蓋樟」の名で親しまれるクスノキの大樹が目を引く。

📞072-883-0788 所大阪府門真市三ツ島1-15-20 御休料参拝自由 交地下鉄・門真南駅から徒歩10分 Ｐあり

| 御祭神 | 天照皇大神 あまてらすすめおおみかみ |

大己貴命 おおなむちのみこと 素戔嗚尊 すさのおのみこと

| 主なご利益 | 厄除け、縁結び |

157

古墳群に根をおろす厳かな神木。根元に大蛇が棲む伝説も

塚崎の大楠
つかざきのおおくす

　国の史跡・塚崎古墳群内の大塚神社境内にある大楠。古来より神木と崇められ、樹齢は1200〜1300年以上と推測される。県下で4番目の巨木で高さ25m、幹回り14mの威容を誇る。根元に大きな洞穴があり、大蛇が棲むという伝説もある。国指定天然記念物。

↑塚崎古墳1号墳そばの大塚神社

大塚神社
おおつかじんじゃ

鹿児島県肝付町
MAP P.321D3

神の御墓所といわれる社

島津家初代当主・忠久が鹿児島に入国する際、守護神として建立された神社。周辺一帯は塚崎古墳群として大小の古墳が点在し、同社は神々の御墓所ともいわれている。☎0994-65-0170(肝付町立歴史民俗資料館) 鹿児島県肝付町野崎2238 闘休無料拝観自由 ⊗JR志布志駅から車で35分 ℗あり

御祭神	大国主命 おおくにぬしのみこと	須佐之男命 すさのおのみこと
	八意思兼神 やごころおもいかねのかみ	知知夫彦命 ちちぶひこのみこと

主なご利益 縁結び、厄除け、学業成就

大きく広がる根元に墓を巻き込むと伝わる巨木

寂心さんの樟
じゃくしんさんのくす

　推定樹齢800年以上、高さ29m、幹回り13.3m、枝張りは50m以上の大樟。根元に戦国時代の武将だった鹿子木親員入道寂心の墓を巻き込んでいると伝えられ、この名がついた。毎年1月11日には神事を開催。熊本県指定天然記念物、新日本名木100選選定。

↑地面に盛り上がるダイナミックな根元

寂心緑地
じゃくしんりょくち

熊本市北区
MAP P.321 C1

大樹を眺めてくつろげる

大樟に隣接する緑地公園。芝生広場やあずま屋、ベンチがあり、大樹を眺めながら憩えるスペースになっている。春には桜の花見も同時に楽しめる。

☎096-245-5050（北部土木センター）所熊本市北区北迫618 開休料入園自由 交JR植木駅から車で5分 Ｐあり

159

日本一の枝ぶりを誇る堂々たる大楠

蒲生のクス
かもうのクス

樹齢約1600年、高さ約30m、根回り33.5mの日本最大の楠の木。四方に広がる枝ぶりは怪鳥が舞い降りたよう。樹幹の内部には直径4.5mの空洞がある。蒲生八幡神社の建立時にすでに大木であり、神木として祀られていたという。国指定特別天然記念物。

⬆大きな赤い鳥居をくぐると石畳の参道が続く（上）。社殿は昭和期以降に再建されたもの（下）

蒲生八幡神社
かもうはちまんじんじゃ

鹿児島県姶良市
MAP P.321 C2

国指定重文の銅鏡などを保有

保安4年(1123)、蒲生氏の初代当主・蒲生上総介舜清により創建されたと伝わる神社。国指定重要文化財の「秋草雙雀文様一面の銅鏡」をはじめ、117面の銅鏡など多くの秘宝を保存している。

☎0995-52-8400 ㊟鹿児島県姶良市蒲生町上久徳2259-1 ㊟㊡拝観自由 ✕鹿児島空港から車で約20分 Ｐあり

御祭神 仲哀天皇 ちゅうあいてんのう　応神天皇 おうじんてんのう　神功皇后 じんぐうこうごう

主なご利益 学業成就、商売繁盛、安産

圧巻の御神木・巨木、聖なる森　蒲生のクス（蒲生八幡神社）／大谷のクス（須賀神社）

神を祀る大きな空洞に入って参拝ができる

大谷のクス
おおたにのクス

　推定樹齢2000年、高さ25 m、根回り25mの四国最大級のクスノキ。主幹の空洞には楠神様が祀られており、病弱な者も健康になるといわれ、乳幼児の成長や健康祈願に訪れる人も多い。参拝者は空洞の中に入ることができる。国指定天然記念物。

↑10月に大谷花取踊が開催

須賀神社
すがじんじゃ

高知県須崎市
MAP P.324B2

伝統の「大谷花取踊」が有名

須崎市の野見漁港近くにあり、約500年の歴史を持つ「大谷花取踊」で知られる神社。毎年10月18日の秋祭りに、五穀豊穣、無病息災、大漁などを祈願し境内で奉納される。大谷花取踊は高知県の無形民俗文化財に指定されている。

📞0889-42-8591(須崎市生涯学習課) 所高知県須崎市大谷 開 休料拝観自由 交JR多ノ郷駅から車で12分 Ｐあり

御祭神　建速須佐之男命 たけはやすさのおのみこと
主なご利益　厄除け

令和元年に扉を開いた神の気が満ちる太古の森

入らずの森
いらずのもり

　本殿背後に広がる約1万坪を誇る原生林。樹齢300年以上の樹木が自生する森のなかに奥宮が鎮座し、古くから神官以外立ち入り禁止の神域とされてきた。古くから信仰が篤かった大社一帯の神の気が満ちる太古の森には荘厳さを感じる。

⬆歴代領主の信仰も厚かった大社(上)。小石を積むと願いごとが叶う「願い石」(下)も有名

氣多大社
けたたいしゃ

石川県羽咋市
MAP P.331 C1

万葉集にも詠まれた古社

奈良時代から北陸の大社として朝廷に重んじられ、『万葉集』には越中国司だった大伴家持が参詣した際の歌が収められている。その名のごとく、気が多く集まる神社といわれる。

📞 0767-22-0602 🏠石川県羽咋市寺家町ク1-1 🕐8:30〜16:30 🈳無休 🈯無料 🚗のと里山海道・柳田ICから車で5分 🅿あり
https://keta.jp

御祭神	大己貴命 おおなむちのみこと
主なご利益	開運厄徐、五穀豊穣など

ご利益を求めて神社を巡る

祈願別スポット

学業成就、立身出世

大阪天満宮
おおさかてんまんぐう

大阪市北区

MAP P.330A2

登竜門をくぐる
"通り抜け参拝"で難関突破

村上天皇の勅命によって天暦3年(949)に創建。学問の神様として名高い菅原道真公が祀られており、境内には道真公が太宰府に向かう前に参拝したという大将軍社も鎮座する。日本三大祭のひとつに数えられる天神祭をはじめ、えびす祭、てんま天神梅まつりなど、年間を通してさまざまな祭事が開催される。

御祭神 菅原道真公(すがわらのみちざねこう)

そのほか
こんなご利益も!

商売繁盛、縁結び、厄払い

↑大阪では「天満の天神さん」と呼ばれ親しまれている

□ DATA & ACCESS

📞06-6353-0025 🏠大阪市北区天神橋2-1-8 🕘9:00〜17:00 🚫無休 💰無料 🚉地下鉄・南森町駅／JR大阪天満宮駅から徒歩5分 🅿あり

↑特定の日のみ登竜門をくぐり本殿を通り抜けできる

↑梅や桜など季節の花も見ごたえあり

試験合格、学業成就

菅原天満宮
すがわらてんまんぐう

奈良県奈良市

MAP P.330B2

菅原家一系三神を祀る
日本最古の天満宮

菅原家発祥・道真公生誕の地といわれ、菅原家の始祖とされる天穂日命、野見宿禰命、菅原道真公の3神が祀られる。5歳で和歌を詠み、字も上手だった道真公は「書の三聖」に数えられたことから、試験合格を祈願する受験生だけでなく、文筆に励む人々からの信仰も厚く、毎年3月春分の日には「奈良筆祭り」が行われる。

そのほか
こんなご利益も!

立身出世、家内安全、開願厄除

↑拝殿の前には石造りの臥牛や梅樹があり、菅公ゆかりの地を思わせる

□ DATA & ACCESS

📞0742-45-3576 🏠奈良県奈良市菅原町東1-15-1 🕘参拝自由 🚉近鉄・大和西大寺駅／尼辻駅から徒歩15分 🅿あり

御祭神

天穂日命
(あめのほひのみこと)

野見宿禰命
(のみのすくねのみこと)

菅原道真公
(すがわらのみちざねこう)

↑菅原道真公の産湯池と伝えられる遺跡の池

言わずと知れた学問の神様・天神さんに合格祈願。知恵授けの文殊様も受験生に人気。

合格祈願、学業成就

防府天満宮
ほうふてんまんぐう

山口県防府市　　MAP P.323D1

日本最初の天神さま
"合格はちまき"を無料頒布

　太宰府、北野に並ぶ日本三大天神のひとつ。創建は延喜4年（904）、道真公を祀る約1万2000社のなかでも「日本最初の天神さま」といわれる。国の登録有形文化財指定の本殿や春風楼、多数の重文を納めた歴史館など見どころ満載。

御祭神
菅原道真公（すがわらのみちざねこう）
天穂日命（あめのほひのみこと）
武夷鳥命（たけひなどりのみこと）
野見宿禰（のみのすくね）

そのほか
こんなご利益も！
安産祈願、商売繁盛

↑2月中旬には約1100本の梅が花開き、境内は梅の香りに包まれる

□ DATA & ACCESS　☎0835-23-7700 所山口県防府市松崎町14-1 時6:00〜20:00 休無休 料無料 交JR防府駅から徒歩15分 Pあり

合格祈願、学業成就

滝宮天満宮
たきのみやてんまんぐう

香川県綾川町　　MAP P.325C1

道真公とゆかりの深い
菅公聖蹟二十五拝の1社

　菅原道真は讃岐で政権をとってから京都で出世したため、立身出世の登竜門ともいわれる。滝宮天満宮、京都、太宰府の順で参拝するとよいとされる。

御祭神 菅原道真公（すがわらのみちざねこう）
野見宿禰命（のみのすくねのみこと）

↑境内にはたくさんの受験生の絵馬が

そのほか
こんなご利益も！
厄除け

↑献茶、献奏、舞や雅楽を奉納し道真公を偲ぶ「梅花祭」のほか、嘘をよいことに取り替える「うそかえ祭」なども

□ DATA & ACCESS　☎087-876-0199 所香川県綾川町滝宮1314 時休料参拝自由 交ことでん・滝宮駅から徒歩5分 Pあり

学業成就、知恵授け

上知我麻神社
かみちかまじんじゃ

名古屋市熱田区　　MAP P.329C1

知恵を授けてくれる
熱田の地主神

　熱田神社の境内にある摂社。御祭神の平止與命は、古代の尾張国を支配した尾張国造。「知恵の文殊様」とも呼ばれており、受験シーズンには合格を祈願して大勢の人が参拝に訪れる。

御祭神 平止與命（おとよのみこと）

↑熱田神宮の境内にある上知我麻神社
↑知恵の文殊様として合格祈願の絵馬が奉納されている

そのほか
こんなご利益も！
商売繁昌、家内安全

□ DATA & ACCESS　☎052-671-4166 所名古屋市熱田区神宮1-1-1 時休料参拝自由 交名鉄・神宮前駅から徒歩3分 Pあり

足腰の健康、健脚祈願

西國寺
さいこくじ

広島県尾道市

MAP P.327C2

仁王像の健脚にちなんだ
長さ2mの大わらじが目印

　山の中腹に大伽藍を有する真言宗の寺。坂の多い尾道だけあって、健脚祈願で知られる。仁王門に掲げられた長さ約2mの巨大わらじは、門に安置された仁王像のたくましい足腰にあやかって奉納されたもの。足の健康を願う人やスポーツ選手などの参拝が多い。

御本尊 薬師瑠璃光如来 (やくしるりこうにょらい)

□ D A T A ＆ A C C E S S
☎0848-37-0321 所広島県尾道市西久保町29-27 開9:00～17:00 休無休 料無料 交JR尾道駅から東尾道駅行きバスで5分、西國寺下下車、徒歩5分 Pあり

↑室町時代末期の桜門形式の仁王門

↑山道からは尾道市街が見渡せる

→わらぞうりは願いを書いた白布とともに奉納することができる

そのほか
こんなご利益も！
子宝

足腰の健康

足王社
あしおうしゃ

愛知県日進市

MAP P.329C1

別名「サッカー神社」
足の神様を祀るモダンな社

　かつてこの地の街道沿いに祀られていた足の守護神を、白山宮の境内に遷座したのが始まり。撫でると痛みがとれるという「痛みとり石」も鎮座している。足にちなんで別名「サッカー神社」とも呼ばれ、多くのサッカー選手やサポーターも参拝。平成28年(2016)に造営された社殿は、モダンなデザインが美しい。

御祭神 足名椎神 (あしなづちのかみ)

□ D A T A ＆ A C C E S S
☎0561-73-1818 所愛知県日進市本郷町宮下519 開9:00～16:00 休参拝自由 交地下鉄・赤池駅から長久手古戦場駅行きバスで15分、白山下車、徒歩2分 Pあり

↑平成28年(2016)に造営された社殿は、上から見ると足袋の形に見えるモダンなデザイン

そのほか
こんなご利益も！
縁結び

↑わらじ柄のほかサッカー日本代表柄の絵馬も

↑御朱印が印字された布で撫でる「痛みとり石」

病気平癒や長寿をもたらす多様な神様。足腰や頭など特定の病にご利益がある神社も。

首上の病気平癒、ぼけ防止

御首神社
みくびじんじゃ

岐阜県大垣市

MAP P.329C1

首から上の病に霊験あらたか
平将門の魂を鎮める神社

　天慶の乱で討たれた平将門の首を崇め、霊を慰めるために創建。首から上にまつわる願いが叶うとされ、目や耳、喉、頭などの病気平癒をはじめ、学業成就、認知症予防にもご利益があるという。帽子やスカーフなど首から上の着装品が奉納されることも多く、それらは毎年2月3日の「浄火祭」でお焚き上げされる。

御祭神 平将門(たいらのまさかど)

そのほか
こんなご利益も!
合格祈願、学業成就、家内安全

↑将門公の首が関東に戻る途中に落ちたとされる場所に建つ

□ D A T A ＆ A C C E S S
☎0584-91-3700 所岐阜県大垣市荒尾町1283-1 時休料参拝自由 交JR荒尾駅から徒歩すぐ Ｐあり

↑境内東側に祀られている末廣稲荷神社

↑境内東に位置する絵馬堂

健康長寿、若返り

養老神社
ようろうじんじゃ

岐阜県養老町

MAP P.329C1

親孝行の昔話で知られる
健康長寿の霊水が湧き出す

　孝子伝説ゆかりの神社。境内の「菊水泉」は、元正天皇が浴し、肌がなめらかになり、体の痛みがとれたとの言い伝えから、万病に効く水、若返りの水として信仰され、春分の日に「若水取り」の神事が行われる。

御祭神 菊理媛命(くくりひめのみこと)、菅原道真(すがわらのみちざね)、元正天皇(げんしょうてんのう)、聖武天皇(しょうむてんのう)、天照皇大神(あまてらすすめおおみかみ)

そのほか
こんなご利益も!
学徳成就

↑「貧しい若者が老父のために汲んだ泉の水が酒に変わった」という昔話が伝わる

□ D A T A ＆ A C C E S S
☎0584-32-1108(養老町観光協会) 所岐阜県養老町養老公園1288-1 時休料参拝自由 交養老鉄道・養老駅から徒歩25分 Ｐあり

↑今も湧き出る伝説の湧水「菊水泉」

↑近くには日本百名瀑の「養老の滝」も

護王神社
ごおうじんじゃ

京都市上京区

MAP P.330B1

足腰の健康と安全を祈願
スポーツ上達にもご利益あり

奈良～平安時代の貴族・和気清麻呂を祀る。窮地におちいった清麻呂が猪に命を救われ、足の傷も癒えたという故事に由来し、足腰の守護神として崇敬される。足腰の病気やけがの平癒のほか、陸上競技やサッカーなどの上達にもご利益があるとか。

御祭神 和気清麻呂公命(わけのきよまろこうのみこと)
和気広虫姫命(わけのひろむしひめのみこと)

□ D A T A ＆ A C C E S S

📞075-441-5458 **所**京都市上京区烏丸通下長者町下ル桜鶴円町385 **開休料**参拝自由 **交**地下鉄・丸太町駅から徒歩7分 **P**あり

そのほか
こんなご利益も!
子供守護、家内安全、災難除け、仕事安泰

↑入口の狛猪。「いのしし神社」としても有名

↑足型の上に足をのせて健康回復を祈願

↑足腰の健康を守ってくれる御守り。遠方から買いにくる人も多い

↑鼻を撫でると幸せが訪れるといわれる猪像

おせき社
おせきしゃ

京都市伏見区

MAP P.330B1

咳止めや風邪の平癒など
喉や声にまつわる願いが叶う

伏見稲荷大社境内の稲荷山に点在する社のひとつ。喉や声の神として信仰され、咳など喉の病気平癒に霊験あらたかといわれる。「喉を守り、声が通るように」と、歌舞伎役者や歌手らの参拝も盛ん。社の一角には郵便受けがあり、直接お参りできない人から病気回復のお礼や祈願のはがきが多数寄せられている。

御祭神 おせき大神(おせきおおかみ)

□ D A T A ＆ A C C E S S

📞075-641-7331 **所**京都市伏見区深草薮之内町68 **開休料**参拝自由 **交**JR稲荷駅から徒歩30分 **P**あり

そのほか
こんなご利益も!
芸能関係の仕事の繁栄

↑喉の治癒と平癒を願って、参拝者が絶えないおせき社

↑参拝が難しい人のはがきや手紙が入った郵便受け

↑おせき社近くに健康にご利益がある薬力社がある

耳の健康

耳明神社
みみごじんじゃ

広島県尾道市

MAP P.324B1

耳の病や悩みを追い払う
全国でも珍しい耳の神様

大山神社の境内社で、全国でも珍しい耳の神を祀る。耳の病気平癒にご利益があるとされ、難聴など耳に悩みを持つ人が多く訪れる。祈祷の際は、耳の形に似たサザエの殻の中に米と酒を入れて奉納する特殊神事を行うのが特徴的。耳を明るくして人のことを聞くと徳があることから、別名「有徳神社」とも呼ばれる。

御祭神 天児屋根命（あめのこやねのみこと）
藤原泰高命（ふじわらのやすたかのみこと）

□ DATA & ACCESS

📞0845-23-6000 🏠広島県尾道市因島土生町1424-2 ⏰9:00〜16:00 休無休 料無料 🚃JR尾道駅から因島行きバスで40分、宇和部下車、徒歩7分 🅿あり

そのほかこんなご利益も！
情報関係・音楽上達

↑本殿には耳を模した飾りが施されている

↑サザエの殻に酒などを入れ祈祷を行う

↑自身の願い事をサザエの中に差して奉納する

胃腸の病平癒、長寿、無病息災

仁比山神社
にいやまじんじゃ

佐賀県神埼市

MAP P.323C2

胃腸の病に効くと伝わる
無病息災をもたらす金剛水

奈良時代から山の神、農業の神として崇められ、昔から「山王さん」の名で親しまれる。本殿裏から湧く水は「金剛水」と呼ばれ、胃腸の弱い人が飲めば体調が回復するなど、長寿や無病息災のご利益があると信じられている。近くには猿の石像が数多くあり、金剛水をかけて願いを念じれば病が去る（猿）という。

御祭神 大山咋命（おおやまくいのみこと）
日本武尊（やまとたけるのみこと）

□ DATA & ACCESS

📞0952-53-0340 🏠佐賀県神埼市神埼町1692 ⏰休料参拝自由 🚃JR神埼駅から三瀬支所行きバスで10分、仁比山神社前下車、徒歩5分 🅿あり

↑新緑・紅葉の名所としても有名で多くの参拝者で賑わう

↖猿の石像に水をかけて願い事をしよう

そのほかこんなご利益も！
五穀豊穣

169

どじょう森様
どじょうもりさま

山口県美祢市

MAP P.323D1

どじょうの絵を奉納して
腰から下の病気快方を祈願

　その昔、腰から下の病で苦しんでいた人が、どじょうを供えて祈願したところ効き目があったとの言い伝えが残る。現在は、どじょうの絵を自分の年の数だけ描いて奉納すると、足腰の病気、不妊、夜尿症など腰から下の悩みにご利益があるという。毎年8月25日の「どじょう森祭」は、山口県三大奇祭のひとつ。

御祭神 水波売大神（みずはのめのおおかみ）

□ DATA & ACCESS
所 山口県美祢市美東町綾木柿木原 河内神社 **休** 　**料** 参拝自由 **交** JR新山口駅から車で20分 **P** あり

↑どじょう森祭が開催される8月25日は宇佐神宮（大分県宇佐市）から分霊を勧請して創建された

↑どじょうの絵が奉納された社殿

↑奉納するためにどじょうの絵を描く

少彦名神社
すくなひこなじんじゃ

大阪市中央区

MAP P.330A2

古くから薬の街として栄えた
道修町の「神農さん」

　豊臣時代頃から薬種取引で栄え、現在も製薬会社が集まる道修町に鎮座。日本医薬の祖神・少彦名命と中国医薬の祖神・炎帝神農を祀り、「神農さん」の愛称で親しまれる。病気平癒や健康成就、医薬安全などにご利益があるとされ、医療や製薬関係者からの信仰が篤い。「張り子の虎」をモチーフとしたお守りが有名。

御祭神 少彦名命（すくなひこなのみこと）
　　　　 炎帝神農（えんていしんのう）

□ DATA & ACCESS
☎ 06-6231-6958 **所** 大阪市中央区道修町2-1-8 **開** 7:00〜17:00 **休** 無休 **料** 無料 **交** 地下鉄・北浜駅から徒歩5分 **P** あり

そのほか
こんなご利益も！
五穀豊穣、商売繁盛、学業成就
↑薬の街・道修町の中に鎮座する神社

↑張り子の虎がシンボルとなっている

↑11月22日・23日の2日間で行われる「神農祭」

腫れ物治し、身体健全

石切劔箭神社
いしきりつるぎやじんじゃ

大阪府東大阪市

MAP P.330B2

お百度参りで心願成就
腫れ物などの病を治す神様

　生駒山のふもとにあり、地元では「石切さん」「でんぼの神さん」とも。関西の言葉で腫れ物を意味する「でんぼ」を治す神として信仰を集め、病気平癒のご利益を求めて多くの参拝者が訪れる。本殿と神社入口の百度石との間を行き来しながらお参りする「お百度参り」でも知られ、熱心に祈る人々の姿が絶えない。

御祭神　饒速日尊（にぎはやひのみこと）
　　　　可美真手命（うましまでのみこと）

そのほか
こんなご利益も！
厄除、悪縁切り

↑樹齢500年のご神木・楠も見どころ

□ D A T A ＆ A C C E S S
☎072-982-3621 ㊟大阪府東大阪市東石切町1-1-1 ㊡休料参拝自由 ㊂近鉄・新石切駅から徒歩7分 Ｐあり

↑お百度参りに多くの参拝者が訪れる

↑百度石は頭がすり減っている

家内安全、厄除

沙沙貴神社
ささきじんじゃ

滋賀県近江八幡市

MAP P.328B1

全国の佐々木さんが参拝
佐佐木大明神を祀る神社

　佐佐木源氏発祥の地で、全国の佐々木さんの氏神。医薬の神である少彦名神をはじめ、4座5柱の神々を佐佐木大明神として祀る。5月に白い花を咲かせるなんじゃもんじゃの木が見事。

御祭神　少彦名神（すくなひこなのかみ）
　　　　大毘古神（おおひこのかみ）
　　　　仁徳天皇（おおささきのすめらみこと）
　　　　宇多天皇・敦實親王（うだのすめらみこと・あつみのみこ）

そのほか
こんなご利益も！
交通安全、健康福寿

↑本殿、権殿、拝殿など8棟が県指定の有形文化財

□ D A T A ＆ A C C E S S
☎0748-46-3564 ㊟滋賀県近江八幡市安土町常楽寺一番地 ㊡休料参拝自由 ㊂JR安土駅から徒歩15分 Ｐあり

↑沙沙貴神社の楼門はよし葺き屋根が特徴

↑5月に白い花が見頃な、なんじゃもんじゃの木

狭井神社
さいじんじゃ

奈良県桜井市

MAP P.330B3

万病に効く薬水が有名
春は疫病除けの鎮花祭を開催

　三輪山をご神体とする大神神社の摂社で病気平癒のご利益で知られる。毎年4月18日には疫病除けの鎮花祭があり、全国から医療関係者や製薬業者などが多数参列。拝殿左奥に湧く「薬井戸」は万病に効くとされ、水を汲みに訪れる人も多い。

御祭神 大神荒魂神(おおみわのあらみたまのかみ)
大物主神(おおものぬしのかみ)
媛蹈韛五十鈴姫命(ひめたたらいすずひめのみこと)
勢夜多々良姫命(せやたたらひめのみこと)
事代主神(ことしろぬしのかみ)

□ D A T A ＆ A C C E S S

☎0744-42-6633(大神神社) 所奈良県桜井市三輪1422 時休料参拝自由 交JR三輪駅から徒歩15分 Pなし

↑三輪の神様の荒魂を祀る。病気平癒の信仰が篤い

↑霊験あらたかな御神水をいただける場所も

↑薬木・薬草が植えられている、参道「くすり道」

↑病気平癒や身体健康のご利益があるお守り

高良大社
こうらたいしゃ

福岡県久留米市

MAP P.323C2

延命長寿のご利益を授かる
格式高い筑後国一の宮

　標高312mの高良山に鎮座する筑後国一の宮。厄除けや延命長寿、福徳円満、交通安全など生活全般の守り神として篤い信仰を集める。権現造の本殿、幣殿、拝殿が並び、神社建築としては九州最大級。山全体が神域で、本殿から徒歩20分ほどの場所に霊水が湧く奥宮がある。

御祭神 高良玉垂命(こうらたまたれのみこと)
八幡大神(はちまんおおかみ)
住吉大神(すみよしおおかみ)

□ D A T A ＆ A C C E S S

☎0942-43-4893 所福岡県久留米市御井町1 時6:00〜17:00 休無休 料無料 交西鉄・西鉄久留米駅から信愛女学院行きバスで15分、御井町下車、徒歩20分 Pあり

そのほかこんなご利益も！
交通安全、芸能上達、武運長久

↑樹々の緑によく映える朱色の中門、透塀

↑真っ赤な鳥居の先に131段の石段が続く

↑諸願成就として信仰が篤い奥宮

そのほか
こんなご利益も!
安産、子授け

↑主祭神は杉尾明神・八幡宮であり、鎌倉時代の書物にも記載がある由緒ある神社

杉尾神社
すぎおじんじゃ

和歌山県海南市

MAP P.328A2

腹痛などの病気平癒を叶える
お腹の神様「おはらさん」

通称「おはらさん」と呼ばれ、お腹の神様として信仰される。その由来は諸説あるが、地元では古くから「お腹痛けりゃ杉尾のお宮、腹の黒いのはなおりゃせぬ」と歌われてきた。昔の人はしゃもじを供えて「しゃくもち(腹痛)」の治癒を祈願したと伝えられ、現在も願いを込めてしゃもじを奉納する風習が残る。

御祭神 大山祇神(おおやまつみのかみ)
誉田別命(ほんだわけのみこと)

□ D A T A ＆ A C C E S S

☎073-488-5248 ㊻和歌山県海南市阪井1858 ㊡休
㊏参拝自由 ㊚JR海南駅から車で15分 ㋟あり

↑杉尾神社本殿は木々に囲まれて鎮座している

↑ウサギが描かれた大絵馬が飾られている

頭之宮四方神社
こうべのみやよもうじんじゃ

三重県大紀町

MAP P.329C2

病気平癒から学業成就まで
頭の諸祈願に霊験あらたか

日本で唯一「あたまの宮」と名のつく神社。頭の病気やけがの回復をはじめ、認知症防止、学力向上など、頭に関するさまざまなご利益が期待できる。境内には、何人もの人の顔のように見える不思議な石「お頭さん」があり、自分の体の調子が悪い部分の回復を念じながら撫でると、神の助けが得られるという。

御祭神 唐橋中将光盛卿
(からはしちゅうじょうみつもりきょう)

□ D A T A ＆ A C C E S S

☎0598-72-2316 ㊻三重県大紀町大内山3314-2
㊏9:00～17:00 ㊡無休 ㊎無料 ㊚JR大内山駅から徒歩17分 ㋟あり

↑山間部の澄んだ空気のなかに建つ拝殿

そのほか
こんなご利益も!
学力向上、合格祈願

↑健康を祈って「お頭さん」を撫でてみよう

↑ヒキガエルから御神水「頭之水」が湧き出る

子宝祈願、安産

梅宮大社
うめのみやたいしゃ

京都市右京区

MAP P.330B1

石をまたいで子宝祈願
産砂入りの安産お守りも人気

祭神の酒解子神(木花咲耶姫命)が一夜にして身ごもり、燃えさかる炎の中で無事出産したことから、子授け・安産の神として崇められる。本殿の横の「またげ石」をまたぐと子宝に恵まれるという。

御祭神 酒解神(大山祇神)さかとけのかみ(おおやまずみのかみ)、酒解子神(木花咲耶姫命)さかとけこのかみ(このはなさくやひめのみこと)、大若子神(瓊々杵尊)おおわくこのかみ(ににぎのみこと)、小若子神(彦火火出見尊)こわくこのかみ(ひこほほでみのみこと)

□ DATA & ACCESS

☎075-861-2730 **所**京都市右京区梅津フケノ川町30
時6:30～18:00(受付9:00～17:00) **休**無休 **料**無料
交阪急・松尾大社駅から徒歩15分 **P**あり

そのほかこんなご利益も!
醸造守護、縁結び、学業成就

↑酒解神をはじめ、4柱が祀られている本殿

↑酒造守護、子授け、安産にご利益がある梅宮大社

↑境内には猫が多いことでも知られる

↓安産のお守り。御札とセットのものもある
安産御守

安産、求子、子供の無病息災

帯解寺
おびとけでら

奈良県奈良市

MAP P.330B2

天皇家とのゆかりが深い
日本で最も古い安産祈願の寺

日本最古の安産・子授け祈願所。平安前期、文徳天皇の皇后が子に恵まれず悩んだ折、帯解子安地蔵菩薩に祈願したところ、間もなく懐妊して皇子(のちの清和天皇)を授かったと伝わる。寺号は、安産のため無事に腹帯が解けたことに由来。その後も徳川将軍家や皇室などから崇敬され、現在も広く信仰を集める。

御本尊 地蔵菩薩像(じぞうぼさつぞう)

□ DATA & ACCESS

☎0742-61-3861 **所**奈良県奈良市今市町734 **休**参拝自由 **料**500円(本堂内拝観) **交**JR帯解駅から徒歩5分 **P**あり

そのほかこんなご利益も!
縁結び、厄除

↑日本最古の安産祈願、求子祈願の寺として知られる

↓戌土鈴。多産でお産の軽い犬にちなんだ、手のひらサイズの土鈴

あんざん守

↑ぷっくりと膨らんだ犬のフォルムが可愛い、妊婦さんのお守り

↑犬のモチーフがかたどられた安産祈願の絵馬

妊活を始めたら訪れたい子宝スポット。安産祈願は戌の日にお参りするのがおすすめ。

安産祈願、子授け祈願

中山寺
なかやまでら

兵庫県宝塚市

MAP P.330A2

安産祈願の腹帯が有名
女人救済で知られる観音様

聖徳太子の創建と伝わる日本最初の観音霊場。本尊は女人救済の十一面観世音菩薩で、「安産の観音さま」と親しまれる。豊臣秀吉が祈願して世継ぎの秀頼を授かったため、子授けの寺としても有名。明治天皇の生母がこの寺の腹帯「鐘の緒」を受けて安産だったことから、戌の日には腹帯を求めて多くの妊婦が訪れる。

御本尊 十一面観世音菩薩
（じゅういちめんかんぜおんぼさつ）

↑たくさんの建物やお堂があり、歴史文化に触れられる

↑青色が鮮やかな五重塔「青龍塔」　↑日本で最初に厄神をお祀りした奥之院

☐ D A T A & A C C E S S
☎0797-87-0024 **所**兵庫県宝塚市中山寺2-11-1 **休**休 **料**参拝自由 **交**阪急・中山観音駅から徒歩すぐ **P**なし

安産、子宝

足羽神社
あすわじんじゃ

福井県福井市

MAP P.331C3

たくさんの子宝に恵まれた
継体天皇を主祭神とする神社

1500年以上の歴史を持ち、越前祖神と称される神社。主祭神の継体天皇が多くの子孫に恵まれたことから、安産や子宝、子孫繁栄などのご利益があるとされる。社殿前の狛犬は子どもを抱いているため、安産や子授けを願って撫でていく参拝者も多いとか。

御祭神 継体天皇（けいたいてんのう）
　　　大宮地之霊（おおみやどころのみたま）

> そのほか
> こんなご利益も！
> 子孫繁栄、商売繁盛、工事安全、厄除、八方除け

↑1500年の歴史がある神社

↑足羽さんのしだれ桜」として親しまれてきた名木　↑日、月、星を組み合わせた「三光（さんこう）」の紋」が目印

☐ D A T A & A C C E S S
☎0776-36-0287 **所**福井県福井市足羽1-8-25 **受**付9:00～17:00 **休**無休 **料**無料 **交**福井鉄道・足羽山公園口駅から徒歩10分 **P**あり

175

生田神社
いくたじんじゃ

神戸市中央区

MAP P.328A2

安産や縁結び祈願で有名
神功皇后ゆかりの神社

神功皇后が神託により稚日女尊を祀ったのが始まりとされる古社。安産や縁結びのご利益で知られ、多くの女性が祈願に訪れる。身重ながら戦地へ赴き、その後無事出産したという神功皇后の伝説は有名。境内北側に広がる「生田の森」には、神功皇后を祀る「生田森坐社」があり、安産のパワースポットとなっている。

御祭神 稚日女尊(わかひるめのみこと)

□ DATA & ACCESS
☎078-321-3851 ㊟神戸市中央区下山手通1-2-1 ㊕参拝自由 ㊛JR三ノ宮駅／各線・三宮駅から徒歩10分 ㊿あり

そのほかこんなご利益も！
恋愛成就、健康長寿

↑神戸の中心・三宮駅から徒歩ですぐの場所にある

↑縁結びの水占いができる川

↑樹齢1000年の木が生い茂る「生田の森」

坐摩神社
いかすりじんじゃ

大阪市中央区

MAP P.330A2

神功皇后が安産を祈願
大阪中心部に鎮座する古社

通称「ざまさん」の名で親しまれる大阪船場の氏神。神功皇后が坐摩大神に安産を祈願して応神天皇を無事出産し、近年では明治天皇が生まれる際に宮中から祈願があったことから、安産のご利益で知られる。境内には、船場の繊維問屋の守り神である繊維神社や、陶器商人の崇敬を集める陶器神社などの末社がある。

御祭神 坐摩大神(いかすりのおおかみ)

□ DATA & ACCESS
☎06-6251-4792 ㊟大阪市中央区久太郎町4丁目渡辺3号 ㊕7:30〜17:30(土・日曜、祝日は〜17:00) ㊡無休 ㊨無料 ㊛地下鉄・本町駅から徒歩3分 ㊿あり

そのほかこんなご利益も！
住居守護、旅行安全

↑現在の社殿はコンクリート造りで戦後に復興された

↑船場の繊維問屋の信仰を集める繊維神社

陶器神社の境内に立つ美しい陶器灯籠

176

安産祈願

赤間神宮
あかまじんぐう

山口県下関市

MAP P.323C2

朱塗りの水天門が美しい
悲運の安徳天皇を祀る神社

　壇ノ浦の戦いに敗れ、幼くして海に沈んだ安徳天皇を祀る。子どもの守護神として信仰を集め、子宝や安産祈願に訪れる参拝者も多い。関門海峡を見渡す高台にあり、竜宮城を思わせる朱塗りの水天門が印象的。境内には、怪談『耳なし芳一』で知られる芳一の像を安置する芳一堂や平家一門の墓、宝物殿などがある。

御祭神 安徳天皇（あんとくてんのう）

そのほか
こんなご利益も！
水難祓除、大漁豊満、
国家鎮護

□ D A T A ＆ A C C E S S
☎083-231-4138 ㊟山口県下関市阿弥陀寺町4-1 ㊟
㊡㊞参拝自由 ㊟JR下関駅から国民宿舎前行きバスで8分、赤間神宮前下車、徒歩すぐ ㉿あり

↑関門海峡に面した水天門はまるで竜宮城のよう

↑朱色が映える大安殿

↑耳なし芳一伝説の地としても知られる

安産祈願

篠崎八幡神社
しのざきはちまんじんじゃ

北九州市小倉北区

MAP P.323C2

力が宿る霊石が点在する
由緒正しい古社で安産祈願

　1400年以上の歴史を持つ古社。安産祈願で知られ、戌の日は多くの参拝者が訪れる。神功皇后ゆかりの「力石」や蛇の恋物語が伝わる「蛇の枕石」にも注目。

御祭神 応神天皇（おうじんてんのう）
　　　　神功皇后（じんぐうこうごう）
　　　　仲哀天皇（ちゅうあいてんのう）
　　　　宗像三女神（むなかたさんじょしん）
　　　　玉依姫命（たまよりひめのみこと）

↑小倉の中心に位置し、朱塗りの随神門が美しい

そのほか
こんなご利益も！
厄除、商売繁盛

□ D A T A ＆ A C C E S S
☎093-561-6518 ㊟北九州市小倉北区篠崎1-7-1 ㊟
㊡㊞参拝自由 ㊟JR南小倉駅から徒歩10分 ㉿あり

↑夜泣き封じのご利益がある「蛇の枕石」

↑御祭神と由緒について記された石碑

子どもの病気平癒、学業成就

三宅八幡宮
みやけはちまんぐう

京都市左京区

MAP P.330B1

八幡神の使いの鳩がシンボル
子どもの健康と成長の守り神

　子どもの守り神として信仰され、かん虫封じ、夜泣き改善、子どもの病気平癒、学業成就などのご利益で知られる。境内の随所に八幡神の使いとされる鳩があしらわれ、絵馬やお守りも鳩がモチーフ。お宮参りの際に授与される「神鳩」はつがいの鳩の土人形で、子どもが無事成長した折、お礼に返しにくる習わしがある。

御祭神 応神天皇(おうじんてんのう)

☐ **D A T A & A C C E S S**

📞075-781-5003 🏠京都市左京区上高野三宅町22 🕐休料参拝自由 🚋叡山電鉄・八幡前駅から徒歩2分 🅿あり

↑「虫八幡(むしはちまん)さん」とも呼ばれて親しまれている

↑子どもの成長を願う、小さなエプロンが奉納されている

そのほか
こんなご利益も!
安産、害虫駆除

↩子どもの守り神として「かん虫封じ」のご利益があるお守り

↑鳩が描かれた絵馬

安産、子育て

都萬神社
つまじんじゃ

宮崎県西都市

MAP P.321D2

お乳の願いも叶えてくれる
3人の皇子を産み育てた女神

　祭神の木花開耶姫命は、縁結び・安産・子育ての神。三つ子を育てるため母乳だけでは足りず、代わりに甘酒を与えて養育したという伝説が残る。境内には、撫でると子宝に恵まれるという石や、乳神を祀る小さな社が鎮座。母乳に悩む女性が祈願に訪れ、母乳が出るようになったら甘酒を持ってお礼参りする風習がある。

御祭神 木花開耶姫命(このはなさくやひめのみこと)

☐ **D A T A & A C C E S S**

📞0983-43-1238 🏠宮崎県西都市妻1 🕐休料参拝自由 🚋東九州自動車道・西都ICから車で10分 🅿あり

↑奈良時代には存在していたと思われる神社

そのほか
こんなご利益も!
縁結び

↑石を撫でると子宝に恵まれるという言い伝えがある生産河(しゅさんご)

↩日本の婚姻儀礼の始まりとされている神事「更衣祭」

子どもの健やかな成長と幸せを叶える守り神。お乳にまつわるご利益にも注目したい。

子授け、安産

阿伏兎観音
あぶとかんのん

広島県福山市

MAP P.327C2

別名「おっぱい観音」
乳房の形をした絵馬が多数

　阿伏兎岬の断崖に建つ臨済宗の寺。子授け・安産・子育ての祈願所として知られ、「母乳がたくさん出ますように」などの願いをこめた乳房の形の絵馬が多数奉納されている。乳房をかたどったお守りや子授けのお守り「子種石」にも注目。朱塗りの美しい観音堂は国の重要文化財で、瀬戸内海の絶景と調和している。

御本尊 十一面観音（じゅういちめんかんのん）

□ D A T A ＆ A C C E S S
📞084-987-3862 所広島県福山市沼隈町能登原阿伏兎1427-1 時8:00～17:00 休無休 料100円 交JR松永駅から車で30分 Pあり

↑歌川広重の浮世絵の題材にもなった美しい景観

そのほか
こんなご利益も！
航海安全、海難除け

↑瀬戸内海が見渡せる絶景スポットでもある

↑乳房をかたどったユニークな「おっぱい絵馬」

子授け、子育て、安産

比婆山久米神社
ひばやまくめじんじゃ

島根県安来市

MAP P.327C1

国生みの母の陵墓がある
神聖な山に2つの社が鎮座

　比婆山は、国生みの神・伊邪那美命が埋葬されたと伝えられる場所。標高320mの山頂付近には久米神社奥の宮、ふもとには久米神社下の宮があり、子授け、安産、子育ての神として信仰を集める。山頂へ続く山道の途中には、不思議な穴の開いた「玉抱石」があり、さわって祈ると子宝に恵まれ安産になるという。

御祭神 伊邪那美命（いざなみのみこと）

□ D A T A ＆ A C C E S S
📞0854-37-0315 所島根県安来市伯太町横屋 休休 料参拝自由 交JR安来駅から伯太行きバスで40分、横屋下車、徒歩2分 Pあり

↑鳥居の奥に、こぢんまりとした権現造りの社殿が控える

↑毎年5月には伊邪那美祭が行われる

↑奥の宮がたたずむ比婆山への入口

縁結び

野宮神社
ののみやじんじゃ

京都市右京区

MAP P.330B1

京都屈指の縁結びスポット
『源氏物語』ゆかりの社

　かつて伊勢神宮に仕えた斎王が身を清めた野宮のひとつ。『源氏物語』にも登場する古社で、境内に祀られた野宮大黒天は縁結びのご利益で知られる。近くには「亀石」と呼ばれる神石があり、祈りを込めてなでると1年以内に願いが成就するとか。ペアリング型の「縁結び指輪御守」をはじめ、お守りの種類も豊富に揃う。

御祭神 天照皇大神（あまてらすすめおおみかみ）

□ DATA & ACCESS

☎075-871-1972 **所**京都市右京区嵯峨野宮町1 **休**休 **料**参拝自由 **交**JR嵯峨嵐山駅から徒歩10分 **P**なし

そのほか こんなご利益も！
子宝安産、財運向上、芸能上達

↑野宮神社の「黒木の鳥居」は日本唯一の貴重なもの

↑『源氏物語』「賢木の巻」にも登場する由緒ある神社

↑『源氏物語』の場面を描いたお守り。良縁および、縁結びの御利益あり

←撫でながら祈ると願いが叶うとされる神石（亀石）

縁結び

片山御子神社
かたやまみこじんじゃ

京都市北区

MAP P.330B1

色鮮やかな絵馬が印象的
紫式部も訪れた縁結びの神社

　賀茂別雷神社（上賀茂神社）境内にある第1摂社で、通称「片岡社」。縁結びの社として知られ、『源氏物語』の作者である紫式部も参拝したと伝えられる。アオイの葉をかたどった絵馬は、ハート形にも似た素敵なデザイン。紫式部の姿が描かれ、片岡社にちなんで詠んだ和歌が綴られている。

御祭神 賀茂玉依姫命（かもたまよりひめのみこと）

□ DATA & ACCESS

☎075-781-0011 **所**京都市北区上賀茂本山339 **時**5:30〜17:00 **休**無休 **料**無料 **交**JR京都駅から上賀茂神社行きバスで40分、上賀茂神社下車、徒歩すぐ **P**あり

そのほか こんなご利益も！
家内安全、子授け、安産

↑平安時代から縁結びの社として知られる

↑紫式部の姿が色鮮やかに描かれた絵馬

→結縁御守。色は、白と紫から選ぶことができる

恋愛運が上昇する縁結びスポットが多数。占いや恋みくじ、ハート形の恋絵馬も魅力。

縁結び

青島神社
あおしまじんじゃ

宮崎県宮崎市

MAP P.321D2

古代ロマンスの伝説が残る
神秘に包まれた恋の聖地

神話『海幸彦・山幸彦』の舞台。山幸彦と豊玉姫が愛を育んだ地とされ、恋みくじやハート形のお守りなど縁結びアイテムが多い。神木の夫婦ビロウにこよりを結んで願掛けする「産霊紙縒」が人気。恋愛成就を願うならピンク色のこよりを結ぼう。

御祭神 彦火火出見命（ひこほほでみのみこと）
豊玉姫命（とよたまひめのみこと）
塩筒大神（しおづつのおおかみ）

そのほかこんなご利益も！
安産、病気平癒、海上交通安全

⬆島の風景と調和した見事な神門

⬆絵馬のアーチをくぐって本宮に向かおう　⬆ハート形の絵馬奉納場など見どころいっぱい

□ D A T A ＆ A C C E S S

☎0985-65-1262 **所**宮崎県宮崎市青島2-13-1 **休料**
参拝自由 **交**JR青島駅から徒歩10分 **P**なし

縁結び

祐徳稲荷神社
ゆうとくいなりじんじゃ

佐賀県鹿島市

MAP P.322B3

岩崎大神様に良縁を祈願
奥の院からの絶景も見どころ

極彩色の社殿や楼門が美しく、「鎮西日光」とも称される神社。本殿の真下には縁結びの神を祀る岩崎社があり、ピンク色をしたハート形の「恋絵馬」や、かわいいデザインの「えんむすび御守」が注目を集める。

御祭神 倉稲魂大神（うがのみたまのおおかみ）
大宮売大神（おおみやめのめのおおかみ）
猿田彦大神（さるたひこのおおかみ）

そのほかこんなご利益も！
商売繁昌、家運繁栄、交通安全

⬆清水寺のような舞台造りの本殿。エレベーターもある

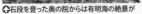

⬆石段を登った奥の院からは有明海の絶景が　⬆春には外苑で5万本のつつじの花が見頃に

□ D A T A ＆ A C C E S S

☎0954-62-2151 **所**佐賀県鹿島市古枝乙1855 **休**
料参拝自由（社務所受付は〜16：30）**交**JR肥前鹿島駅から奥山行きバスで10分、祐徳神社前下車、徒歩6分 **P**あり

玉作湯神社
たまつくりゆじんじゃ

島根県松江市

MAP P.327C1

「願い石」と「叶い石」
石のダブルパワーで恋愛成就

勾玉と温泉の神を祀る神社。さわって祈れば願いが叶うという「願い石」があり、縁結び祈願に多くの女性が訪れる。パワーを秘めた「叶い石」で自分だけのお守りをつくるのもおすすめ。神社前に架かる真っ赤な宮橋は「恋叶い橋」とも呼ばれ、ここで撮った記念写真に鳥居が写り込むと良縁に恵まれるといわれる。

御祭神 櫛明玉命(くしあかるだまのみこと)
大名持命(おおなもちのみこと)
少彦名命(すくなひこなのみこと)

□ D A T A ＆ A C C E S S

📞0852-62-0006 📮島根県松江市玉湯町玉造508 🕐休料参拝自由 🚃JR玉造温泉駅から玉造温泉行きバスで7分、玉造温泉下車、徒歩2分 🅿あり

⬆本殿は安政4年(1857)に再建されたもの

⬆「叶い石」に触れて祈ると願いが叶うとされる「願い石」

⬆神社の奥には3つの末社が並んで鎮座している

⬆勾玉の生産地だった玉造地域ならではのお守り

そのほかこんなご利益も!
子宝

姫宮神社
ひめみやじんじゃ

徳島県徳島市

MAP P.325D2

参道の踏み石もハート形
乙女心をくすぐる姫宮さん

徳島眉山天神社の境内にあり、「姫宮さん」の愛称で親しまれる。縁結びや夫婦円満、安産などのご利益で知られ、女性の参拝者が絶えない。参道には「夫婦の踏み石」と名づけられたハート形の踏み石が並び、その数は夫婦にちなんで22個。愛らしい「姫みくじ」や季節の絵柄が美しい手描きの御朱印も見逃せない。

御祭神 菅原道真公(すがわらのみちざねこう)

□ D A T A ＆ A C C E S S

📞088-622-9962 📮徳島県徳島市眉山町天神山1 🕐休料参拝自由 🚃JR徳島駅から徒歩10分 🅿あり

⬆さすればさするほど知恵がつくといわれている「知恵の牛」

⬅「姫宮さん」はハートの鳥居が目印

そのほかこんなご利益も!
病気平癒

縁結び、夫婦円満

夫婦大國社
めおとだいこくしゃ

奈良県奈良市

MAP P.330B2

珍しい「水占」が人気
夫婦の大國様を祀る神社

　春日大社の末社のひとつ。日本で唯一、夫婦の大國様を祀る神社で、夫婦円満や縁結びの神として信仰される。ピンク色のハート形絵馬は、良縁祈願にぴったり。后神の須勢理姫命が手に「杓子」を持っていることから、杓子に願いを書いて奉納する人も多い。水にひたすと文字が浮き出てくる「水占」も試したい。

御祭神　大国主命(おおくにぬしのみこと)
　　　　須勢理姫命(すせりひめのみこと)

家内安全、福運守護
そのほかこんなご利益も!

⬆夫婦大國社は春日大社の境内にある若宮十五社のなかのひとつ

☐ D A T A ＆ A C C E S S

📞0742-22-7788 🏠奈良県奈良市春日野町160 🕘9:00〜16:30 休無休 料無料 交JR・近鉄奈良駅から奈良交通バスで15分、春日大社本殿下車、徒歩5分 Ｐあり

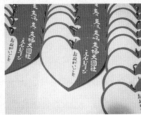

⬆縁結びの絵馬や、水占いも人気がある

⬆夫婦の絆を守ってくれるご利益があるお守り

縁結び、良縁成就

氣比神宮
けひじんぐう

福井県敦賀市

MAP P.331C3

恋みくじで恋愛運を占い
「縁結び桜」に想いを結ぶ

　地元では「けいさん」の呼び名で親しまれる北陸道総鎮守。「氣比の恋みくじ」で恋愛運を試してみよう。境内にはさまざまなパワースポットがあり、1300年以上にわたり湧き続ける「長命水」は延命長寿のご利益で有名。

御祭神　伊奢沙別命(いざさわけのみこと)、仲哀天皇(ちゅうあいてんのう)、神功皇后(じんぐうこうごう)、応神天皇(おうじんてんのう)、日本武尊(やまとたけるのみこと)、玉姫命(たまひめのみこと)、武内宿禰命(たけのうちのすくねのみこと)

無病息災、海上安全、安産
そのほかこんなご利益も!

⬆日本三大大鳥居とも呼ばれる高さ約11mの大鳥居

☐ D A T A ＆ A C C E S S

📞0770-22-0794 🏠福井県敦賀市曙町11-68 🕘5:00〜17:00(季節により変動あり) 休無休 料無料 交JR敦賀駅から徒歩15分 Ｐあり

⬆縁結び桜の周りに恋みくじを結んで恋の成就を祈願しよう

⬆無病息災のご利益がある「長命水」も

露天神社（お初天神）
つゆのてんじんしゃ（おはつてんじん）

大阪市北区

`MAP` P.330A2

悲しい愛の物語が描かれた
『曽根崎心中』ゆかりの地

　近松門左衛門作の人形浄瑠璃『曽根崎心中』の舞台となった神社。ヒロインの名にちなみ、「お初天神」とも呼ばれる。お初と徳兵衛がこの地で永遠の愛を誓ったことから、縁結びのご利益で有名。

御祭神
少彦名大神（すくなひこなのおおかみ）
大己貴大神（おおなむちのおおかみ）
天照皇大神（あまてらすすめおおかみ）
豊受姫大神（とようけひめのおおかみ）
菅原道真公（すがわらのみちざねこう）

↑恋愛のパワースポットは大阪の市街地にある

↑恋人の聖地にはたくさんのカップルが訪れる

↑お初・徳兵衛が描かれた絵馬

□ D A T A ＆ A C C E S S

☎06-6311-0895 ㊂大阪市北区曽根崎2-5-4 ㊙6:00～23:30(授与所9:00～18:00) ㊡無休 ㊧無料 ㊢大阪メトロ・東梅田駅から徒歩5分 Ｐなし

最上稲荷
さいじょういなり

岡山市北区

`MAP` P.327D2

縁結び・縁切りの神様を祀る
「縁の末社」で両縁参り

　正式名称は「最上稲荷山妙教寺」で、神仏習合の形態を残す貴重な稲荷。境内にある「縁の末社」には、縁結びと縁切りの神が両方祀られ、悪縁を絶ち、良縁を結ぶ願掛けを合わせて行う。男女の縁をはじめ、仕事や学業など人生のさまざまな良縁を祈願。1月を除く毎月7日には、僧侶が正式な参拝方法を伝授してくれる。

御本尊 最上位経王大菩薩
（さいじょういきょうおうだいぼさつ）

↑約1200年前に八畳岩から降臨された最上尊を祀る

↑縁の末社では縁切りと縁結びができる

↑七十七末社には「美麗」「人気」「愛嬌」などを司る神も

□ D A T A ＆ A C C E S S

☎086-287-3700 ㊂岡山市北区高松稲荷712 ㊙休㊧参拝自由 ㊢JR備中高松駅から車で5分 Ｐなし

縁結び

櫻井神社
さくらいじんじゃ

福岡県糸島市

MAP P.322B2

仲睦まじく寄り添い合う
二見ヶ浦の夫婦岩にお参り

　糸島半島の先端に鎮座し、あらゆる縁を結ぶとされる神社。宇良宮（裏宮）である桜井二見ヶ浦（→P.258）には2つの岩が寄り添うように並ぶ夫婦岩があり、伊邪那岐・伊邪那美の夫婦神が祀られている。夏至の頃には夫婦岩の間に沈む神秘的な夕日が見られる。

御祭神

神直日神（かむなおひのかみ）
大直日神（おおなおひのかみ）
八十枉津日神（やそまがつひのかみ）

□ D A T A ＆ A C C E S S

☎092-327-0317 所福岡県糸島市志摩桜井4227 開休料参拝自由 交JR九大学研都市駅から昭和バス西浦線で35分、桜井下車、徒歩10分 Pあり

↑寛永9年（1632）に現在の豪華絢爛な社殿が創建された

↑真っ白な大鳥居と、青い海とのコントラストが鮮やか

そのほか
こんなご利益も！

厄除け

縁結び

龍宮神社
りゅうぐうじんじゃ

鹿児島県指宿市

MAP P.321C3

浦島太郎と乙姫様が出会った
竜宮伝説発祥の地で良縁祈願

　薩摩半島最南端の岬にあり、乙姫のモデルとなった豊玉姫を祀る。浦島太郎と乙姫が出会った地とされることから縁結びスポットとして有名。貝殻に願いを書いて奉納する貝殻祈願が人気。

御祭神　豊玉姫（とよたまひめ）

□ D A T A ＆ A C C E S S

☎0993-22-2111（指宿市観光課） 所鹿児島県指宿市山川岡児ケ水1581-34 開休料参拝自由 交JR山川駅から車で15分 Pあり

↑鮮やかな朱塗りの建物は、おとぎ話に出てくる竜宮城のイメージそのもの

↑浦島太郎と亀の像。浦島太郎の周囲を2回まわって亀を撫でると願いが叶うという

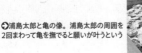

185

白兎神社・白兎海岸

はくとじんじゃ・はくとかいがん

鳥取県鳥取市

MAP P.327D1

日本最古の恋物語とされる
『因幡の白うさぎ』の舞台

日本神話『因幡の白うさぎ』の白兎神を祀る神社。大国主命と八上姫の仲を取り持った縁結びの神として信仰を集める。白ウサギをモチーフにした絵馬やお守りのほか、5つの縁を結ぶ「結び石」も人気。神社近くには美しい白兎海岸があり、日本最初のラブストーリー発祥地として「恋人の聖地」に認定されている。

御祭神 白兎神（はくとしん）
　　　　豊玉比売（とよたまひめ）
　　　　保食神（うけもちのかみ）

□ **D A T A ＆ A C C E S S**

☎0857-59-0047 ㊟鳥取県鳥取市白兎603 ㊟休料参拝自由 ✉JR鳥取駅から鹿野営業所行きバスで40分、白兎神社前下車、徒歩すぐ ㊿あり

そのほかこんなご利益も！
病気平癒、動物医療、海上安全

↑大きい注連縄が目印の拝殿

↑境内にはさまざまな白ウサギの石像が

↑白兎海岸まで足を延ばして絶景を楽しもう

鳴無神社

おとなしじんじゃ

高知県須崎市

MAP P.324B2

おみくじを流して良縁祈願
海辺に鎮座する「土佐の宮島」

浦ノ内湾の奥にあり、海から続く参道が印象的。海に向かって鳥居と社殿が立ち、「土佐の宮島」とも呼ばれる。縁結びのパワースポットとして知られ、旧暦8月23日には古式行事「チリヘッポ（神の子の結婚式）」を開催。おみくじは水に溶ける紙でできており、引いたあとは願いを込めて海に流すのが人気。

御祭神 一言主命（ひとことぬしのかみ）
　　　　阿遅志貴高日子根神
　　　　（あぢすきたかひこねのかみ）

□ **D A T A ＆ A C C E S S**

☎0889-49-0674 ㊟高知県須崎市浦ノ内東分3579 ㊟休料参拝自由 ✉JR須崎駅から車で20分 ㊿あり

そのほかこんなご利益も！
海上安全、漁業繁栄、五穀豊穣

↑落ち着いた雰囲気の拝殿は国の重要文化財に指定されている

↑おみくじは参道の先の海に流してみよう

↑海との調和がとても美しい

縁結び

水田天満宮
みずたてんまんぐう

福岡県筑後市

MAP P.323C3

恋の神様「恋命」を祀る
ハートに囲まれた恋木神社

　境内末社の恋木神社は、恋命を祭神とする日本唯一の神社。良縁幸福・恋の神として親しまれ、ハート形の陶板を敷き詰めた「恋参道」をはじめ、鳥居や石灯籠などあちこちに神紋のハートが施されている。お守りや絵馬もかわいいデザインばかり。2・3月、10・11月は、恋みくじがピンク色になる。

御祭神 菅原道真公(すがわらのみちざねこう)

□ DATA & ACCESS

☎0942-53-8625 🏠福岡県筑後市水田62-1 🕐休料
参拝自由 🚃JR羽犬塚駅から徒歩20分 🅿あり

そのほか
こんなご利益も!

学業成就、合格祈願

↑学問の神・菅原道真公をお祀りした神社

↑ハート形の参道の先には恋木神社が

↑幸福の木を左・右・左とまわると幸せが訪れるといわれる

縁切り

安井金比羅宮
やすいこんぴらぐう

京都市東山区

MAP P.330B1

縁切り祈願の形代がびっしり
悪縁を断ち、良縁を結ぶ神社

　祭神の崇徳天皇が、一切の欲を断ち切って讃岐の金刀比羅宮に籠ったことから、断ち物の祈願所として信仰されてきた。男女の縁や病気など、あらゆる悪縁を切り、良縁を結ぶご利益があるという。境内には無数の形代(お札)で覆われた「縁切り縁結び碑」がある。

御祭神 崇徳天皇(すとくてんのう)
　　　　大物主神(おおものぬしのかみ)
　　　　源頼政公(みなもとのよりまさこう)

□ DATA & ACCESS

☎075-561-5127 🏠京都市東山区弁天町70 🕐休料
参拝自由 🚃京阪・祇園四条駅から徒歩10分 🅿あり

↑縁切り神社と呼ばれ悪縁を断ち切りたい人たちが訪れる

そのほか
こんなご利益も!

良縁、海上安全、交通安全

↑「縁切り縁結び」碑の穴をくぐると願いが叶うといわれる

←悪縁切守で悪い縁を断ち切ろう

商売繁盛、金運上昇

西宮神社
にしのみやじんじゃ

兵庫県西宮市

MAP P.328A2

健脚を競う福男選びが有名
えびす様を祀る神社の総本社

福の神としてえびす様を祀るえびす神社の総本社。もとは漁業の神だったが、やがて商売繁盛の神となり、「西宮のえべっさん」の愛称で親しまれる。毎年1月10日を中心に3日間行われる「十日えびす」は阪神エリア最大の祭典。なかでも、大勢が境内を走り参りして本殿を目指す「開門神事福男選び」が注目を集める。

↑十日えびすでの授与品「福笹」。えびす様のおふだや小判などの飾りものが笹についている

□ DATA & ACCESS

📞0798-33-0321 🏠兵庫県西宮市社家町1-17 🕐5:00〜19:00、5:00〜18:00(10〜2月)、5:00〜18:30(9・3月)🈳無休 🈯無料 🚉阪神・西宮駅から徒歩5分 🅿あり

↻表大門。「福男選び」はこの門からスタートする

御祭神

えびす大神
（えびすおおかみ）
天照大御神
（あまてらすおおみかみ）
大国主大神
（おおくにぬしのおおかみ）
須佐之男大神
（すさのおのおおかみ）

そのほかこんなご利益も！

開運招福、家内安全、大漁満足

↑三連春日造という珍しい構造の本殿

仕事や商売を成功に導く強力パワースポット。転職や起業などを機に訪れる人も多い。

商売繁盛、事業繁栄

今宮戎神社
いまみやえびすじんじゃ

大阪市浪速区

MAP P.330A2

大阪の新春を彩る風物詩
商売繁盛を祈願する十日戎

　推古天皇の時代に四天王寺の西方守護のために創建。祭神の事代主命はえびす様（えべっさん）として親しまれ、大阪の商業の守り神となった。毎年1月9〜11日に開催される「十日戎」は、商売繁盛や福徳円満を祈願する年中行事。「商売繁盛で笹もってこい」のお囃子が賑やかに響き、縁起物の福笹が授与される。

そのほか
こんなご利益も！
福徳円満、五穀豊穣

↑商売繁盛の神様「えべっさん」で知られるパワースポット

御祭神

天照皇大神
（あまてらすめおほおみかみ）

事代主命
（ことしろぬしのみこと）

素盞鳴尊
（すさのをのみこと）

月読尊
（つきよみのみこと）

稚日女尊
（わかひめのみこと）

↑「十日戎」ではたくさんのえびす様が

DATA & ACCESS

☎06-6643-0150 📮大阪市浪速区恵美須西1-6-10 🕐休料参拝自由 🚉南海・今宮戎駅から徒歩すぐ 🅿あり

商売繁盛

四山神社
よつやまじんじゃ

熊本県荒尾市

MAP P.323C3

次のお礼参りで倍返し
福銭五円玉で商売繁盛

　有明海を望む標高56mの山頂にあり、商売繁盛のご利益で有名。参拝者は福銭と呼ばれる五円玉を借り受け、次のお礼参りに倍額以上を返し、また新しい福銭を借りるという習わしがある。毎年2月と9月の大祭では、福銭をかたどった直径2mの「ご縁くぐり」が設置される。

そのほか
こんなご利益も！
家庭円満

↑虚空蔵菩薩（こくぞうぼさつ）が舞い降りたとの言い伝えから「こくんぞさん」の愛称で知られる

御祭神

天之御中主神
（あめのみなかぬしのかみ）

高御産巣日神
（たかみむすびのかみ）

神産巣日神
（かみむすびのかみ）

→福銭の五円玉を模した巨大なオブジェ

DATA & ACCESS

☎0968-62-1390 📮熊本県荒尾市大島818 🕐休料拝観無料 🚉JR荒尾駅から徒歩20分 🅿あり

金運上昇、宝くじの当選

御金神社
みかねじんじゃ

京都市中京区

MAP P.330B1

金色に輝く鳥居がお出迎え
パワーあふれる金運スポット

その名のとおり、お金にまつわる神社。金運上昇をはじめ、証券や不動産取引、資産運用、ギャンブルの成功などにもご利益が期待できるとあって、全国から参拝者が訪れる。宝くじや通帳を入れておく「福つつみ守」の授与品も人気がある。

御祭神 金山昆古命(かなやまひこのみこと)
　　　　 天照大御神(あまてらすおおみかみ)
　　　　 月読命(つきよみのみこと)

□ DATA & ACCESS

☎075-222-2062 ⊕京都市中京区西洞院通御池上ル 押西洞院町614 ⊕授与所10:00〜16:00 ⊕無休 ⊕無料 ⊕地下鉄・烏丸御池駅または二条城前駅から徒歩5分 ⊕なし

↑いたるところにある金色がまぶしい

↑がま口をかたどった大金守り

そのほか こんなご利益も！
商売繁盛、事業発展

↑ビルの立ち並ぶ京都中心部にあるきらびやかな黄金色の鳥居

金運、財運

六波羅蜜寺
ろくはらみつじ

京都市東山区

MAP P.330B1

お金を洗い清めて金運アップ
福を呼び込む銭洗い弁財天

空也上人が開いた真言宗の古刹。境内に銭洗い弁財天を祀っていることから、金運を招くパワースポットとして人気。ざるにお金を入れ、ご利益があるとされる水をかけて清めると、金運が上昇するという。12日ごとに訪れる吉日「巳の日」や60日ごとに訪れる「己巳の日」にお参りすれば、さらに効果アップとも。

御本尊 十一面観音像(じゅういちめんかんのんぞう)

□ DATA & ACCESS

☎075-561-6980 ⊕京都市東山区ロクロ町81-1 ⊕8:00〜17:00 ⊕無休 ⊕無料 ⊕京阪・清水五条駅から徒歩7分 ⊕あり

↑浄土教の先駆者といわれる空也上人が開いた寺

そのほか こんなご利益も！
芸能上達、縁結び

↑水で清めた硬貨を持ち帰ると御利益があるといわれる

↑弦楽器を抱えた弁財天の土人形も人気

↑境内で清めた硬貨を包む、福徳金運を授かるお守り

貯金や収入アップ、投資の成功や宝くじ当選など、お金にまつわる願い事に最適。

金運向上

岩國白蛇神社
いわくにしろへびじんじゃ

山口県岩国市

MAP P.326B3

開運や商売繁盛の守り神
古くから信仰される白蛇様

　岩国市にのみ生息する「岩国のシロヘビ」は、国指定の天然記念物。蓄財や開運の守り神ともいわれ、弁財天と習合して信仰の対象とされてきた。境内のあちこちにヘビのモチーフが用いられ、手水舎や灯籠のほか、ヘビをかたどったおみくじも珍しい。神社の隣には生きたシロヘビを間近に拝める白蛇観覧所がある。

そのほか
こんなご利益も！
商売繁盛、交通安全

◆全国でも珍しい白蛇を神のお使いとしている神社

◆手水舎などに白蛇のモチーフがたくさん

御祭神

田心姫神
（たごりひめのかみ）

湍津姫神
（たぎつひめのかみ）

市杵島姫神
（いちきしまひめのかみ）

宇迦之御魂神
（うかのみたまのかみ）

DATA & ACCESS
☎0827-30-3333 住山口県岩国市今津町6-4-2 営9:00～17:00 休無休 料無料 交JR岩国駅から北河内駅行きバスで5分、天神町下車、徒歩2分 Pあり

金運、宝くじ当選

金持神社
かもちじんじゃ

鳥取県日野町

MAP P.327C1

個性的な金運アイテムが多数
縁起のよい名前を持つ神社

　縁起のよい社名にあやかって、金運のご利益を求める参拝者が後を絶たない。金持売店では、財布や黄色いハンカチ、万札入り扇子などの縁起物グッズを販売。使い終えた財布のお焚き上げをする「財布御祓い」の神事もある。

御祭神　天之常立命（あめのとこたちのみこと）
八束水臣津努命（やつかみずおみづぬのみこと）
淤美豆奴命（おみずぬのみこと）

◆社殿は山間にひっそりとたたずみ荘厳さを放つ

◆大自然の空気を楽しむこともできる

そのほか
こんなご利益も！
家内安全、商売繁盛

DATA & ACCESS
☎0859-75-2591 住鳥取県日野町金持74 営休料参拝自由 交JR根雨駅から車で7分 Pあり

191

勝負運、仕事運

熱田神宮
あつたじんぐう

名古屋市熱田区

MAP P.329C1

織田信長も信仰を寄せた
三種の神器を祀る厳かなお宮

　三種の神器のひとつ「草薙神剣」をご神体として祀る。伊勢神宮に次ぐ格式を誇り、朝廷や武家からの崇敬が篤い。織田信長が桶狭間出陣の際に参詣し勝利した。勝負運のご利益で有名。

御祭神　熱田大神(あつたのおおかみ)
　　　　天照大神(あまてらすおおかみ)
　　　　素盞嗚尊(すさのおのみこと)
　　　　日本武尊(やまとたけるのみこと)
　　　　宮簀媛命(みやすひめのみこと)
　　　　建稲種命(たけいなだねのみこと)

□ DATA & ACCESS
📞052-671-4151 所名古屋市熱田区神宮1-1-1 開休料
参拝自由 交名鉄・神宮前駅から徒歩3分 Pあり

そのほかこんなご利益も!
縁結び、開運、家内安全

↑銅板一文字葺きの神明造の拝殿は伊勢神宮を彷彿とさせるたたずまい

↑厳かな空気に包まれた境内

↑売店があり休むことができる「くさなぎ広場」

スポーツ上達、球技全般上達

白峯神宮
しらみねじんぐう

京都市上京区

MAP P.330B1

ボールを奉納して必勝祈願
球技上達・スポーツの守護神

　摂社の地主社に祀られた精大明神は蹴鞠の守護神。サッカーや野球をはじめとする球技上達、勝利にご利益があるといわれる。日本唯一とされる「闘魂守」はプロ選手にも人気。境内には蹴鞠の碑があり、中に埋め込まれた「撫で鞠」を回すと球運を授かるという。

御祭神　崇徳天皇(すとくてんのう)
　　　　淳仁天皇(じゅんにんてんのう)

□ DATA & ACCESS
📞075-441-3810 所京都市上京区飛鳥井町261 開8:00〜16:30 休無休 料無料 交地下鉄・今出川駅から徒歩8分 Pあり

そのほかこんなご利益も!
武道上達、学業成就

↑スポーツや武道上達の神様として知られる白峯神宮

↑さまざまな球技の勝利祈願のボールが奉納されている

↑蹴鞠の碑。和歌と蹴鞠の宗家であった飛鳥井家跡に創建された

↑手首やバッグなどにつけ、練習の成果を発揮してもらう「叶う輪」

強運を引き寄せて勝利を後押し。スポーツの試合など譲れない勝負の前に参拝しよう。

勝運、財運

物部神社
もののべじんじゃ

島根県大田市　　MAP P.326B1

曲玉に触れて勝運アップ
強い力が宿る石見国一の宮

　古くから文武両道・鎮魂、勝運の神として崇敬されてきた。拝殿前には、砂金を含んだ珍しい「富金石」で造られた手水舎があり、石の表面に彫られた5つの曲玉に触れて祈ると勝運や財運が得られるという。

↑出雲大社に次ぐ規模の本殿

御祭神
宇摩志麻遅命
（うましまじのみこと）
饒速日命
（にぎはやひのみこと）
布都霊神
（ふつのみたまのかみ）
天御中主大神
（あめのみなかぬしのおおかみ）
天照大神
（あまてらすおおかみ）

そのほか
こんなご利益も！
鎮魂祈願、病気平癒、
交通安全

DATA & ACCESS
☎0854-82-0644 ⌂島根県大田市川合町川合1545 料参拝自由 交JR大田市駅から三瓶行きバスで20分、川合下車、徒歩2分 ※三瓶線は物部神社前バス停あり Ｐあり

勝負運、開運

橿原神宮
かしはらじんぐう

奈良県橿原市　　MAP P.328B2

神武東征の神話で知られる
日本始まりの聖地に鎮座

　祭神の神武天皇は苦難の末に大和を平定したとされ、その強運にあやかって勝負運や開運などのご利益で知られる。畝傍山麓に広大な神域を持つ。

御祭神　神武天皇（じんむてんのう）
　　　　　媛蹈鞴五十鈴媛
　　　　　（ひめたたらいすずひめこうごう）

写真提供：橿原神宮
↑畝傍山を背にした荘厳な外拝殿

写真提供：橿原神宮
↑国歌『君が代』の歌詞に登場するさざれ石

そのほか
こんなご利益も！
開運招福、健康延寿、
縁結び

↑神武天皇の危機を救い、勝利に導いた金鵄（きんし）をあしらったお守り

DATA & ACCESS
☎0744-22-3271 ⌂奈良県橿原市久米町934 時日の出～日没 休無休 料無料 交近鉄・橿原神宮前駅から徒歩10分 Ｐあり

勝運

筥崎宮
はこざきぐう

福岡市東区　　MAP P.323C2

名だたる武将たちも崇敬
蒙古軍を打ち破った勝利の神

　日本三大八幡宮のひとつ。元寇の際に亀山上皇が勝利を祈願したところ、神風が吹いたとされ、勝運や厄除けの神として崇められる。多くの武将が参詣したことでも有名。現在は多くのスポーツ関係者から信仰を集める。

そのほか
こんなご利益も！
厄除け、商売繁盛、安産

↑楼門の横には御神木の「筥松」

↑水を浴びながら玉を奪い合う玉取祭「玉せせり」

御祭神
応神天皇（おうじんてんのう）
神功皇后（じんぐうこうごう）
玉依姫命（たまよりひめのみこと）

DATA & ACCESS
☎092-641-7431 ⌂福岡市東区箱崎1-22-1 時休料参拝自由 交地下鉄・箱崎宮前駅から徒歩3分 Ｐあり

芸能（芸術）

芸能神社
げいのうじんじゃ

京都市右京区

MAP P.330B1

著名人の名前がずらり
芸能・芸術のパワースポット

　車折神社の境内末社のひとつ。祀られている天宇受売命は、天照大神が天の岩戸に隠れた際、踊りを披露して天照大神を誘い出したことから、芸能の祖神として崇敬される。境内には、著名な俳優やアーティスト、劇団などの名前を記した朱塗りの玉垣がずらりと並び、芸能・芸術関係者からの篤い信仰がうかがえる。

御祭神 天宇受売命（あめのうずめのみこと）

□ D A T A ＆ A C C E S S
☎075-861-0039 所京都市右京区嵯峨朝日町23
開9:30〜17:00（社務所受付）休無休 料無料 交嵐電（京福電車）・車折神社駅から徒歩すぐ Pあり

⬆アーティストや芸事にたずさわる人に人気の芸能神社

そのほか
こんなご利益も！
合格祈願、学業成就

⬆ズラリと並んだ玉垣。有名人の名前を探すのもおもしろい

⬆芸事にちなんだお面が並ぶ

⬆芸能の全ジャンルにおいて、ご利益があるお守り

芸術（音楽）

天河大辨財天社
てんかわだいべんざいてんしゃ

奈良県天川村

MAP P.328B2

音楽や芸能との関わりが深く
能楽や演奏奉納も見どころ

　水の神である弁財天は、音楽や芸能の神としても有名。技芸上達や成功を願う芸能関係者、文化人らが数多く参拝に訪れる。古くから能との関わりも深く、世阿弥が使用した「阿古父尉」をはじめ、貴重な能面や能装束などを多数保存。拝殿前の能舞台では、能や神楽のほかアーティストによる演奏奉納も行われる。

御祭神 市杵島姫命（いちきしまひめのみこと）

□ D A T A ＆ A C C E S S
☎0747-63-0558 所奈良県天川村坪内107 開休料参拝自由 交近鉄・下市口駅から中庵住行きバスで1時間、天河大弁財天社下車、徒歩すぐ Pあり

そのほか
こんなご利益も！
縁結び、美容、長寿

⬆厳島、竹生島と並ぶ日本三大弁財天

⬇境内には、天から降ってきたという4つの石「天石」がある

⬇天河神社を象徴する五十鈴

芸能関係者や文化人などが数多く参拝。美しい女神が技芸上達の願いを叶えてくれる。

芸能

美御前社
うつくしごぜんしゃ

京都市東山区

MAP P.330B1

祇園の芸舞妓さんも参拝
容姿端麗な三女神を祀る神社

八坂神社の境内末社のひとつ。美人の誉れ高い宗像三女神を祀る美のパワースポット。芸能の神でもあり、祇園の芸舞妓をはじめ諸芸上達を願う人々の崇敬が篤い。社殿前には「美容水」と呼ばれる御神水が湧き、肌に数滴つけると身も心もきれいになるという言い伝えがある。

御祭神 多岐理毘売命(たぎりびめのみこと)
多岐津比売命(たぎつひめのみこと)
市杵島比売命(いちきしまひめのみこと)

↑美容の神として信仰が厚く、参拝者が多い美御前社

↓肌に数滴つけると身も心もきれいになるという「美容水」

□ **D A T A & A C C E S S**

☎075-561-6155 所京都市東山区祇園町北側625 時参拝自由 交京阪・祇園四条駅から徒歩5分 Ｐなし

そのほかこんなご利益も!
美容、合格祈願、学業成就

音楽、文学、知能

亀居山放光院 大願寺
ききょざんほうこういん だいがんじ

広島県廿日市市

MAP P.326B2

年に一度だけ公開される秘仏
空海作の厳島弁財天を祀る

厳島神社に隣接する真言宗の古刹。主尊の厳島弁財天は弘法大師の作と伝えられ、日本三大弁財天のひとつ。もとは厳島神社に祀られていたが、明治時代の神仏分離令により遷された。音楽や技芸上達をはじめ、知恵、弁舌、福徳など8つのご利益で有名。秘仏のため普段は非公開だが、毎年6月17日に開帳される。

御本尊 厳島弁財天(いつくしまべんざいてん)

↑厳島神社のそばにひっそりとたたずむ名刹

□ **D A T A & A C C E S S**

☎0829-44-0179 所広島県廿日市市宮島町3 時8:30〜17:00 休無休 料無料 交JR宮島口駅から宮島行きフェリーで10分、宮島桟橋から徒歩15分 Ｐなし

↑九本松。2020〜2021年にかけて伐採され、現在は切株のみ(写真は伐採前のもの)

そのほかこんなご利益も!
海運、医薬

旧暦のひなまつりに流す桟俵に乗せた雛人形

鳥取県無形民俗文化財

鳥取の流し雛

「もちがせの流しびな」は旧暦の3月3日のひなまつりに、男女一対の紙雛を桟俵にのせ、桃の小枝と椿の花や菜の花を添えて、災厄を託して千代川に流す行事。無病息災で1年間の幸せな生活を願う情緒豊かな民俗行事。もともと物忌みの行事で、紙などで人形を作り、これで体をなで、災いをその人形に移して川や海に流す行事から生まれた。

ここで購入できます

用瀬町観光物産センター
もちがせちょうかんこうぶっさんセンター

☎0858-87-3220 ㊟鳥取県鳥取市用瀬町別府33-3 ㊟9:00〜17:00 ㊡水曜
※電話やFAX(0858-87-3169)から購入可

1 雛流しの原型は平安時代にまで遡るといわれている
2 桃の小枝などを添える
3 桟俵(袋入り)は電話やFAXでも購入することができる

「厄をはじきさる」猿の玩具

松阪市の郷土玩具

松阪のさるはじき

「厄をはじきさる」と伝えられている、素朴な竹製の玩具。竹軸の下の竹弓をはじくと、猿の人形が上のほうにはね上がる。現在も厄除けの玩具として作られている。

ここで購入できます

時計屋 なかの
とけいや なかの

☎0598-21-7010 ㊟三重県松阪市中町1931
㊟9:30〜17:30 ㊡木曜 ※HPから購入可

1 本立ちのさるはじき
2 長さ45cmのさるはじき大
3 現在もひとつひとつ手作業で作り続けられている

子どもの成長を祈るもの、健康長寿など各地に伝わる厄除け郷土玩具たち。

高松宮内張子
高松の奉公さん

　昔、殿様のお姫様に仕えた「おまきさん」という童女が、お姫様の重い病を身に移し受け、快復を願って離れた島に流し人となり短い一生を終えた。世の人たちは「おまきさん」を「奉公さん」と呼び、あわれみ、褒めたたえ、人形を作った。「おまきさん」は厄を除ける守り神となり、子どもが病にかかるとその人形をいったん子どもに抱かせてから海に流すと、不思議に病は治ったという。

おかっぱ頭に真っ赤な着物を着た人形

1 かつては嫁入り道具のひとつでもあった
2 人形作家・宮内フサさんの名前を引き継ぎ宮内張子として作り続けている

高松宮内張子
嫁入り人形

　高松張子でできた人形。昔は結婚するときに、大きいものは1点、小さいものは5点ほどを箱に入れて渡していたという。現在作られている種類は200点にも及ぶ。

ここで購入できます
かがわ物産館「栗林庵」
かがわぶっさんかん「りつりんあん」
☎087-812-3155 ⬛香川県高松市栗林町1-20-16 ⏰10:00〜18:00(11〜1月9:00〜17:00、2・10月9:30〜17:30) 🈺不定休
※HPから購入可（嫁入り人形は店舗販売のみ）

家内安全、夫婦円満を願った人形たち

2 暖かい表情の人形たちをひとつひとつ手作りしている
1 左から寝牛、御殿狛、裃うさぎ

芦屋町伝統行事
八朔の節句

　芦屋町では子どもの成長を祝う行事「八朔の節句」の際に男の子には「八朔の馬」を作り、女の子には「団子雛」を作って、座敷に飾り、健やかな成長を願う。

ここで購入できます
芦屋町観光協会
あしやまちかんこうきょうかい
☎093-221-1001 ⬛福岡県芦屋町芦屋1455-284 ⏰9:00〜17:00 🈺月曜
※ネットショップで購入可

芦屋町に約300年前から伝わる伝統行事

1 2 3 八朔の馬には紙で作った武者人形を乗せ有名な武将の名前を書いた旗を背負わせる

197

須磨の創作張り子
須磨張り子のアマビエ

須磨張り子は昭和59年（1984）に吉岡武徳さんが自宅の須磨で作り始めた創作張り子。「アマビエ」は明治時代に疫病退散の願いを込めて誕生したといわれる。

ここで購入できます
じばさんele 神戸国際会館SOL店
じばさんエレこうべこくさいかいかんソルてん
☎078-855-2399 ㊏神戸市中央区御幸通8-1-6 神戸国際会館SOL B2F ㊙10:00～20:00 ㊡不定休
※須磨張り子HPからも購入可

全国に広がった疫病退散のシンボル

➡元の絵を参考に張り子で表現されたアマビエ

飛騨地方の風習
飛騨高山のさるぼぼ

飛騨の方言で「さるぼぼ」は猿の赤ちゃん。奈良時代に中国から伝わった這子が原型で、当時は貴族のお産の際に安産のお守りとして産屋に飾られていた。江戸時代になると民間にも伝わり、嫁入りの際に持たせたり、安産や幸せな結婚、子どもの健康を願った。今は飛騨地方でのみの風習で、安産や子宝のお守りとなっている。

多くの人が幸せになるよう願いを込められた人形

➡顔に目や鼻がないのは諸説あるが、所持している人の表情を映し出し、同じ感情や表情で寄り添ってくれるという思いが込められている

ここで購入できます
飛騨物産館
ひだぶっさんかん
☎0577-33-5505 ㊏岐阜県高山市西之一色町2-180（高山グリーンホテル内）㊙7:00～22:00 ㊡無休 ※ネットショップでも購入可

金沢地方の風習
トイレの神様

金沢では昔から新しくトイレを作る際、トイレの下の土の中におはぎ2個と一緒に素焼きにした男女一対の人形を「トイレの神様」として埋めたという。その土地や家を清め、末長く栄えるよう願いが込められている。現在では新築祝い・開店祝いの際に贈ったり、トイレの中に飾り家族の健康を祈ったり、縁談や商売繁盛のお守りとして親しまれている。

トイレの場所となる地中に埋める土人形

➡男女一組の土人形。同じ題名の歌が流行し、不動の人気となった

ここで購入できます
松崎神堂店
まつざきしんどうてん
☎076-262-6022 ㊏石川県金沢市袋町4-24㊙9:00～18:00 ㊡不定休 ※HPからも購入可

世界遺産の神社仏閣へ

京都奈良の聖地

京都奈良 世界遺産の神社仏閣へ

古代の都・奈良と1000年の都・京都で育まれた日本独自の宗教文化。
古都で今日も伝統を受け継ぐ数多くの寺社が世界遺産に登録されている。

平安時代から江戸時代まで、約1000年にわたって都がおかれた京都では、さまざまな時代の宗教芸術に出会える。山岳地の比叡山や高野山に密教の中心地が開かれ、京都の自然環境と融合した寺社建築や庭園、仏像彫刻の傑作が数多く誕生した。清水寺や金閣寺、上賀茂神社、延暦寺、平等院をはじめ、各時代を代表する16件の古寺・古社と1件の城郭が世界遺産となっている。

日本初の世界遺産となった奈良県・斑鳩町の法隆寺地域は、聖徳太子が仏教研究の拠点をおいた飛鳥時代の仏教の里。聖徳太子創建の法隆寺や法起寺に、世界最古級の木造建築が現存する。古代の都・奈良には唐の影響を受けた仏教文化が花開き、多くの寺院が建立された。薬師寺や興福寺、東大寺など、壮大で華やかな天平文化の遺産にふれられる。自然信仰の地として知られる紀伊山地の霊場と参詣道も近年、世界遺産に登録されている。

古都京都の文化財
京都府京都市、宇治市、滋賀県大津市にある16件の社寺と1件の城郭(二条城)で構成され、平成6年(1994)に登録された。京都が都として栄えた平安～江戸時代の代表的建造物や庭園が含まれる。

古都奈良の文化財
奈良市内にある8件の社寺と平城宮跡、春日山原始林で構成され、平成10年(1998)に登録された。中国や朝鮮半島の影響を受け、独自に発展を遂げた奈良時代の仏教建築や都市遺構などが残る。

法隆寺地域の仏教建造物
奈良県生駒郡斑鳩にある法隆寺と法起寺の建造物群で構成され、平成5年(1993)に日本初の世界遺産に登録された。世界最古の木造建築が数多く残り、日本の宗教建築に多大な影響を与えた。

紀伊山地の霊場と参詣道
紀伊山地にある「吉野・大峯」「熊野三山」「高野山」の三大霊場とそれらを結ぶ参詣道で構成され、平成16年(2004)に登録された。自然を神仏の宿るところとする信仰とその景観が残されている。

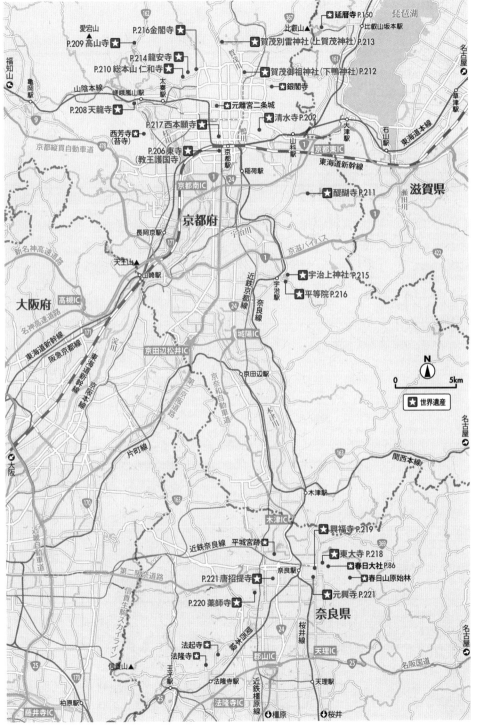

★延暦寺 P.150

琵琶湖

比叡山▲

比叡山坂本駅

P.216金閣寺 ★

★賀茂別雷神社（上賀茂神社）P.213

P.209 高山寺 ★

愛宕山▲

P.214 龍安寺 ★

P.210 総本山 仁和寺 ★

★賀茂御祖神社（下鴨神社）P.212

山陰本線

嵯峨嵐山駅

太秦駅

★銀閣寺

亀岡駅

P.208 天龍寺 ★

★元離宮二条城

福知山

★清水寺 P.202

大津

山科駅

西芳寺（苔寺）

P.217 西本願寺 ★

京都東IC

P.206 東寺 ★
（教王護国寺）

京都駅

稲荷駅

石山駅

東海道本線

草津駅

東海道新幹線

滋賀県

京都南IC

★醍醐寺 P.211

京都府

長岡京駅

宇治川

京滋バイパス

新名神高速道路

天王山▲

山崎駅

★宇治上神社 P.215

宇治駅

★平等院 P.216

大阪府

高槻IC

名神高速道路

城陽IC

京田辺松井IC

京田辺駅

N

0   5km

★ 世界遺産

片町線

木津駅

木津IC

★興福寺 P.219

第二阪奈道路

平城宮跡

近鉄奈良線

★東大寺 P.218

P.221 唐招提寺 ★

奈良駅

★春日大社 P.86

★春日山原始林

信貴生駒スカイライン

P.220 薬師寺 ★

★元興寺 P.221

奈良県

桜井線

郡山IC

天理IC

法起寺 ★

法隆寺 ★

信貴山▲

法隆寺駅

法隆寺IC

近鉄橿原線

天理駅

藤井寺IC

柏原駅

橿原

桜井

名阪国道

1200年以上もの歴史を持つ
京都のシンボル的な寺院

清水寺
きよみずでら

京都市東山区

`MAP` P.330B1

創建から約1200年。京都を代表する名刹。12メートルの高さを誇る「清水の舞台」からの眺めは圧巻。

「清水の舞台から飛び降りる」で有名な清水寺は、宝亀9年(778)に僧の延鎮が音羽の滝の上に観音様を祀って開山し、のちの延暦17年(798)に坂上田村麻呂が創建したと伝えられている。13万㎡に及ぶ広大な境内には、国宝である本堂をはじめとして、仁王門、三重塔、音羽の滝など見どころが多い。

御本尊

十一面千手観世音菩薩
じゅういちめんかんぜおんぼさつ

主なご利益

学問成就、健康、縁結び、立身出世、煩悩減除など

DATA & ACCESS

☎075-551-1234 ⏺京都市東山区清水1丁目294
⏺6:00~18:00(季節により変動あり) ⏺無休 ⏺本堂400円、夜間特別参拝400円 ⏺京都市バス・五条坂下車、徒歩10分 Ｐなし
※詳細はHPにて確認

写真提供:清水寺

---

1 赤門とも呼ばれる朱塗りの門
仁王門
におうもん

高さ14mの仁王門は、清水寺の正門で別名「赤門」とも呼ばれる。応仁の乱で焼失したが、1500年前後に再建された国の重要文化財。

2 壮麗な清水寺
のシンボル
三重塔
さんじゅうのとう

約30mの高さを誇る、国内最大級の三重塔。大日如来像を祀っており、天井や柱には極彩色の仏画や龍が描かれている。

③ 清水寺の創建に関わった人物
開山堂
かいさんどう

寺院を創建した坂上田村麻呂の夫妻を祀る。柱と屋根の間を飾る、鮮やかな繧繝彩色が華やか。永正17年(1520)に描かれた『清水寺縁起絵巻物』の中にも見られる歴史ある堂。

④ すべての願いを叶えてくれる
随求堂
ずいぐどう

享保3年(1718)の再建。信者の求めに応じて願いを叶えてくれるという大随求菩薩を祀る。胎内めぐりもできる。

5 舞台から京都の絶景を堪能

本堂(舞台)
ほんどう(ぶたい)

音羽山の断崖に建つ本堂(国宝)
では、本尊の千手観音菩薩を祀
る。無病息災、立身出世、良縁
といった御利益があり篤い信仰
を集めてきた。

写真提供:清水寺

6 願い事は
ひとつに絞って

音羽の滝
おとわのたき

寺名の由来になった滝。
清めの水として尊ばれ、
観音の「金色水」であり、
長寿の「延命水」として
信仰されてきた。

7 伽藍群のパノラマ
撮影スポット

子安塔
こやすとう

明応9年(1500)に再建された高さ約15m
の三重塔。内部に子安観音を祀り、安産
信仰を集めている。西門から本堂までの
伽藍を見晴らすことができる。

注目のパワースポット

拝観の合間に立ち寄りたい
開運スポット

弁慶の下駄・錫杖
べんけいのげた・しゃくじょう

重さ90kgの錫杖は、男性が持ち上げ
られたら出世する、12kgの高下駄は、
女性が持ち上げられたら生涯裕福にな
れるといわれている。

出世大黒天
しゅっせだいこくてん

にこやかな笑顔で迎える大黒様は、室
町時代のものを修復。出世や商売繁盛、
金運アップにご利益があるという。外
陣西側にある。

204

成就院卍

西向地蔵堂●
納経所　　　●釈迦堂
千体石仏群
　　　　　地主神社
　　　　　　　　　　　●阿弥陀堂
大講堂　　　　　　　　●奥の院
寺務所　　弁慶の下駄・錫杖
春日社　　弁天堂
中興堂　●北総門　⑤本堂(舞台)
　　　　　　　　●舞台
宝性院卍　随求堂④　仏足石
　　　　　開山堂③　●出世大黒天
善光寺堂　水子観音堂　朝倉堂　⑥音羽の滝
首振地蔵　鐘楼　●経堂
　　　　　　　　轟門
馬駐　①仁王門　受付
　　　　②三重塔
清水道バス停　　西門　●アテルイ・モレの碑

舌切茶屋Ｃ

十一重石塔　　　　　　　音羽稲荷●

五条坂バス停

茶わん坂
(清水新道)

六花亭Ｃ　延命院

Ｎ
0　　30m

子安塔⑦

泰産寺卍

参道グルメ ＆ おみやげ

清水寺の近くには、美味しい甘味処がたくさん。ちょっとひと息入れに、立ち寄ってみてはいかが？

レトロな風情と懐かしの味
かさぎ屋
かさぎや

大正3年(1914)の創業以来、手作りの味を守る二寧坂(二年坂)の甘味処。大納言小豆をていねいに炊いて作るおはぎが名物。炭火で焼く餅入りのぜんざいや夏のかき氷も人気。
📞075-561-9562 所京都市東山区桝屋町349 営10:00〜17:30(LO17:10) 休火曜 交市バス・清水道下車、徒歩7分 Pなし

⬆三色萩乃餅 750円。注文を受けてから作るおはぎはこし餡、つぶ餡、白小豆(夏はきな粉)の3個セット

わらびもちと甘酒が名物
文の助茶屋 本店
ぶんのすけちゃや ほんてん

上方の落語家により明治42年(1909)に創業された。八坂の塔(法観寺)にほど近いところにあり、わらびもちをはじめ多彩な和スイーツや、手作りの甘酒が味わえる。
📞075-561-1972 所京都市東山区下河原通東入ル八坂上町373 営11:00〜17:00 休不定休 交市バス・清水道下車、徒歩6分 Pなし

⬆本生わらびもち 無比 2200円。職人の手でていねいに作られた和三盆と貴重な本わらび粉だけを使用している

雑貨みたいでかわいい
産寧坂まるん
さんねんざかまるん

見ているだけで楽しいカラフルでかわいい金平糖や京飴、抹茶菓子などが並び、ギフト対応のアイテムも揃っている。二寧坂(二年坂)にも店がある。
📞075-533-2005 所京都市東山区清水3-317-1 営10:00〜18:00 休不定休 交市バス・清水道下車、徒歩6分 Pなし

⬆花こまど 1080円。9つの小窓にはそれぞれ異なるお菓子が入っており、一箱でちょっとずつ色々楽しめる

真言密教の教えを今に伝える
圧巻の立体曼荼羅は必見！

東寺（教王護国寺）
とうじ（きょうおうごこくじ）

京都市南区

MAP P.330B1

桓武天皇による平安京遷都とともに建立され、その後、嵯峨天皇から東寺を託された空海によって真言密教の根本道場と定められた。講堂の立体曼荼羅は、密教の教えを視覚的に表したもので、21体の仏像のうち16体が国宝、5体が重要文化財に指定されている。春の桜や秋の紅葉などライトアップも人気が高い。

御本尊

薬師如来 やくしにょらい

主なご利益

学業成就など

DATA & ACCESS

☎075-691-3325 ⏰京都市南区九条町1 🕐5:00〜17:00（金堂・講堂8:00〜17:00）🈺無休 💰境内自由、金堂・講堂500円 🚉近鉄・東寺駅から徒歩10分 🅿あり ※詳細はHPにて確認

1 日本一の高さを誇る木造建造
五重塔
ごじゅうのとう

高さ55mの日本で最も高い木造建築。新幹線から見える、京都のランドマークとして多くの地元民や観光客に親しまれている。

2 池に映る、逆さ五重塔は必見
瓢箪池
ひょうたんいけ

庭園にある瓢箪池も人気のスポット。春には桜、初夏のカキツバタ、秋には紅葉など、いつ訪れても四季折々の美しい表情を楽しめる。

3 東寺の本堂本尊を祀る
金堂
こんどう

御本尊は、人々をあらゆる病から守ってくれる、薬師如来。現在の薬師三尊像（重要文化財）は、桃山時代に造られたもの。

4 桃山建築の特色を残す
南大門
なんだいもん

九条通に面する南大門は、幅が約18m、高さ13m。三十三間堂の西門が移築されたもので、国の重要文化財に指定されている。

5 兜跋毘沙門天像を祀る
毘沙門堂
びしゃもんどう

弘法大師が入唐の際に感得されたもので、国宝・兜跋毘沙門天像を安置するために建てられた毘沙門堂（※現在は宝物館に安置）。

東寺（教王護国寺）MAP

美しい庭や密教を
伝える伽藍が魅力の
東寺。毎月21日には、
「弘法市」が開催され、
多くの人で賑わう

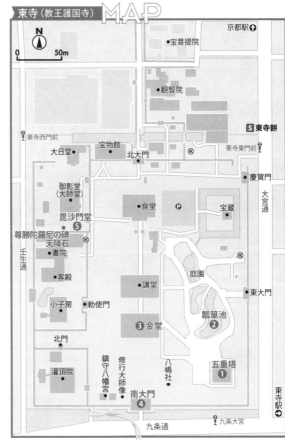

N

0　50m

京都駅

● 宝菩提院

● 観智院

S 東寺餅

東寺西門前

大日堂 ●

宝物館

北大門

東寺東門前

慶賀門

大宮通

御影堂
（大師堂）

● 食堂

P

● 宝蔵

毘沙門堂 5

尊勝陀羅尼の碑
天降石

書院

● 客殿

庭園

小子房 ● 勅使門

● 講堂

東大門

瓢箪池 2

壬生通

北門

3 金堂

五重塔 1

灌頂院

鎮守八幡宮

修行大師像

八嶋社

南大門 4

東寺駅

九条通

九条大宮

注目のパワースポット

毘沙門堂の奥にある「石」
にちなんだ２つのパワー
スポット

尊勝陀羅尼の碑
そんしょうだらにのひ

下の亀に見えるのは贔屓（ひいき）
と呼ばれる、中国の空想上の生
き物（竜の子どもとされている）
の像。万病平癒の御利益がある
と伝えられている。

天降石
てんこうせき

贔屓のすぐ近くにあるの
が、「天降石」。江戸時
代には、護法石とも呼
ばれ、撫でた手で体を
さわると病が治るとい
う言い伝えがある。

弘法大師御守（小）400円
東寺に密教道場を開いた弘法
大師のお守りで全体運をアップ!

参道グルメ＆おみやげ

**創業は大正元年（1912）。名物「東寺餅」を
求めて、地元民や観光客で賑わう**

もちもちの求肥の皮と自家製餡

東寺餅
とうじもち

こし餡を包むメレンゲ入りの
求肥は、赤ちゃんのほっぺの
ようなやわらかさ。つぶ餡派
には同じ求肥の栗餅160円
（秋季のみ）がおすすめ。

☎075-671-7639 ⚑京都市南区東寺東門前町88 ⏰7:00〜
18:30 🏠毎月6・16・26日（土・日曜、祝日の場合は翌日）🚇近
鉄・東寺駅から徒歩6分 🅿なし

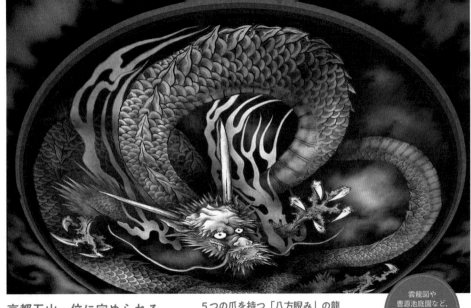

京都五山一位に定められる 嵐山にある格式高い寺院

天龍寺
てんりゅうじ

京都市右京区

MAP P.330B1

後醍醐天皇の菩提を弔うため、暦応2年(1339)に創建された臨済宗の禅刹。室町時代には、幕府より京都五山一位に定められ、嵐山や渡月橋も天龍寺の境内に有すほどの広さを誇った。夢窓疎石が作庭した曹源池庭園や、加山又造画伯筆の八方睨みの龍、一度見たら忘れられない不思議な魅力がある達磨図など見どころが多い。

□ D A T A & A C C E S S

☎075-881-1235 所京都市右京区嵯峨天龍寺芒ノ馬場町68 時8:30〜17:00 休無休 料庭園500円、諸堂参拝の場合は300円追加 交JR嵯峨嵐山駅から徒歩13分／阪急・嵐山駅から徒歩15分 Pあり ※詳細はHPにて確認

御本尊

釈迦如来坐像 しゃかにょらいざぞう

主なご利益

開運・厄除けなど

天龍寺御守 800円。天龍寺の庫裏が描かれた、総合運を高めてくれるお守り

５つの爪を持つ「八方睨み」の龍
雲龍図
うんりゅうず

法堂天井に描かれた「雲龍図」は、平成9年(1997)に、開山夢窓国師650年遠諱記念事業として、日本画家の加山又造画伯によって描かれた。

臨済宗天龍寺派の大本山
総門
そうもん

渡月橋から徒歩3分ほどの場所に建つ。境内は3万坪に及び、見るべきスポットも多いため、時間に余裕をもって訪れたい。

切妻造の三角屋根が目印
庫裏
くり

白壁の区切りや、曲線を描く屋根が特徴的な庫裏(台所や社務所の機能を持つ建物)。玄関には有名な「達磨図」が置かれている。

嵐山の雄大な景色が広がる
曹源池庭園
そうげんちていえん

夢窓国師が作った池泉回遊式庭園を今にとどめる曹源池庭園。遠くの嵐山まで借景に取り入れた、日本ではじめての史跡・特別名勝指定の庭園。

一度見たら忘れられない？
達磨図
だるまず

天龍寺の前管長である平田精耕老師が、禅の初祖である達磨大師を描いた「達磨図」。力強い筆使いと、鮮やかな赤色が特徴的。

雲龍図や曹源池庭園など、見どころが多く、たくさんの参詣者が訪れる

明恵上人終焉の地
開山堂
かいざんどう

明恵上人が晩年を過ごした禅堂院の跡地に立つ開山堂には、鎌倉時代に作られ、国の重要文化財である、明恵上人坐像が安置されている。

漫画のルーツともいわれる国宝
鳥獣戯画
ちょうじゅうぎが

擬人化された動物たちを描いた、作者未詳の絵巻物。全4巻からなり、全長は約44mにも及ぶ。制作時期は、平安から鎌倉時代にかけて。

日本最古の茶園を見学
茶園
ちゃえん

日本ではじめて茶が栽培された場所である高山寺。境内には、「日本最古之茶園」の碑が立ち、現在も5月になると茶摘みが行われる。

鎌倉時代の建築を現代に伝える
国宝 石水院
こくほうせきすいいん

明恵上人時代の唯一の遺構で、後鳥羽上皇の学問所でもあった。国宝である鳥獣戯画(複製)、富岡鉄斎筆の横額などが飾られている。

栂ノ尾の山中にたたずむ古刹
貴重な国宝の数々に出会う

高山寺
こうさんじ

京都市右京区

MAP P.330B1

奈良時代に創建された神護寺の別院を、建永元年(1206)に明恵上人が高山寺として再興したと伝えられる。境内には、日本最古の茶園や、鎌倉時代の建築である石水院、国宝の「鳥獣戯画」など貴重な建物や美術品が多い。紅葉の名所としても名高く、石水院からは美しく色づいた山々を望むことができる。

☐ D A T A & A C C E S S

📞075-861-4204 ㊑京都市右京区梅ヶ畑栂尾町8 ㊿8:30〜17:00 ㊡無休 ㊄石水院800円 ㊊JRバス栂ノ尾駅から徒歩3分 ㋿あり ※詳細はHPにて確認

御本尊	
釈迦如来 しゃかにょらい	
主なご利益	
全体的なもの	

おまもり800円。麻の生地に鳥獣戯画の一場面が描かれた全体運のお守り

京都駅からバスで約1時間の場所にある高山寺。静かな雰囲気のなかで、拝観を楽しめる

かつての拝殿にたたずむ
善財童子
ぜんざいどうじ

廂の間にある善財童子の像。明恵上人は、求法の旅をし、普賢菩薩のもとで悟りを開いたと言われる善財童子を敬愛していたと伝えられる。

二王門
におうもん

威風堂々とした仁和寺の正門

18.7mの巨大な仁王門は、国の重要文化財。門の左右には、江戸時代に彫られたとされる阿形、吽形二体の金剛力士像が安置されている。

「御室御所」とも呼ばれ、遅咲きの御室桜でも有名。庭園や五重の塔と併わせて拝観を

「御室御所」とも呼ばれる 京都を代表する桜の名所

総本山 仁和寺
そうほんざん にんなじ

京都市右京区

MAP P.330B1

仁和4年(888)に創建された、真言宗御室派の総本山。境内には、国宝の金堂をはじめ、重要文化財の五重塔や御影堂など貴重な建築が立ち並ぶ。皇族とのゆかりが深く、宇多天皇が出家後、仁和寺の西南に「御室」という僧房を設けて住んでいたため、別名「御室御所」とも呼ばれていた。遅咲きの御室桜が有名。

DATA & ACCESS

☎075-461-1155 ⑰京都市右京区御室大内33 ⑩境内自由、御殿9:00〜17:00 ⑭無休 ⑪庭園800円、霊宝館500円、御室花まつり特別入山料500円 ⑳嵐電・御室仁和寺駅から徒歩2分 ⓟあり ※詳細はHPにて確認

御本尊	主なご利益
阿弥陀三尊像 あみださんそんぞう	厄除け 縁結びなど

寛永時代を代表する建築物
五重塔
ごじゅうのとう

寛永21年(1644)に、江戸幕府の寄進によって建立された五重の塔。内部には大日如来や無量寿如来などを安置している。

江戸時代から親しまれてきた桜
御室桜
おむろざくら

中門内の西側一帯に咲く「御室桜」は、遅咲きの背丈の低い桜。仁和寺には、しだれ桜やソメイヨシノなどもあり境内を美しく彩る。

中門や五重塔を望める名庭
北庭
ほくてい

「寝殿南庭」「宸殿北庭」の2つの庭園を持つ仁和寺。小川治兵衛による、池泉庭園の北庭は、五重塔や山々を借景に造られた名庭園。

本尊の阿弥陀三尊を祀る
金堂
こんどう

国宝の金堂は、慶長年間に造られた御所の紫宸殿を移築したもの。紫宸殿の遺構としては、最古のもので宮殿建築を伝える重要な建築である。

上院の上醍醐、山麓の下醍醐に自然豊かな境内が広がっている

京都府下最古の木造建造物
五重塔
ごじゅうのとう

醍醐天皇の冥福を祈るために造られた五重塔。高さは約38mで、内部には密教絵画の源流ともいえる両界曼荼羅や真言八祖が描かれている。

700本もの桜が咲き誇る
「醍醐の花見」の舞台

醍醐寺
だいごじ

京都市伏見区

MAP P.330B1

豊臣秀吉の「醍醐の花見」で有名な醍醐寺は、貞観16年(874)に、弘法大師空海の孫弟子の理源大師聖宝が開山したと伝えられる。200万坪に及ぶ、境内には国宝の五重塔や、そのなかの多くの建物が重要文化財に指定されている三宝院、桃山時代の気風を伝える唐門など、貴重な文化財や見どころが多い。

□ D A T A ＆ A C C E S S

☎075-571-0002 ㊻京都市伏見区醍醐東大路町22 ㋐9:00～17:00 (12月第1日曜の翌日～2月は～16:30 ※受付終了は閉門30分前) ㊡無休 ㊰三宝印庭園・伽藍1000円ほか ㊟地下鉄・醍醐駅から徒歩10分 ㋙あり ※詳細はHPにて確認

御本尊	主なご利益
薬師如来 やくしにょらい	病気平癒 身体健全

本尊を祀る醍醐寺の中心
金堂
こんどう

醍醐天皇の御願により創建。現在の建物は豊臣秀吉の命により慶長5年(1600)に紀州から移築されたもの。薬師如来坐像が安置されている。

400年の歴史を伝える門
仁王門
におうもん

慶長10年(1605)に豊臣秀頼が再建。安置されている金剛力士像は、平安後期に仏師の勢増と仁増によって造立されたもの。

歴代座主の住坊
三宝院
さんぼういん

建物の大半が重文に指定されている三宝院。その庭園は、かつて豊臣秀吉が「醍醐の花見」を契機に、自ら設計をしたもの。

醍醐寺の総鎮守清瀧権現を祀る
清瀧宮本殿
せいりゅうぐうほんでん

醍醐寺を守護する神である、清瀧権現を祀る鎮守社。毎年4月には清瀧権現桜会としてさまざまな法要が開かれる。

修復により、壮麗な姿が蘇る
唐門
からもん

朝廷からの使者を迎える時だけに扉を開いたとされる唐門。黒の漆塗に、菊と桐の金箔の紋がほどこされた壮麗な門。

古来より多くの詩歌に登場

糺の森
ただすのもり

高野川と賀茂川の合流地点付近に広がる。ケヤキやムクノキなど、古代原野を構成していた原生林が生い茂る。

豊かな自然を境内に残す。毎年5月には、王朝行列を模したきらびやかな葵祭が開催される

**厳かで雅やかな社殿が
太古の自然を残す森に鎮座**

賀茂御祖神社
（下鴨神社）

かもみおやじんじゃ（しもがもじんじゃ）

京都市左京区

MAP P.330B1

崇神天皇7年(紀元前90)に瑞垣が造営されたと記録が残る。京都の守護神である賀茂建角身命と、縁結びや子育ての神として信仰を受ける玉依媛命を祀る。賀茂建角身命は金鵄八咫烏としても知られ、導き・勝利の神として神徳が著しい。表参道を中心に広がる糺の森には、樹齢数百年を超える樹木が立ち並ぶ。周辺からは縄文時代の土器や弥生時代の遺跡が発掘され、神社の歴史を物語る。

☐ D A T A & A C C E S S

☎075-781-0010 所京都市左京区下鴨泉川町59 時6:30～17:00 休無休 料無料 交叡山電鉄・出町柳駅／京阪河原町駅から徒歩12分 Pあり

御祭神

- 賀茂建角身命 かもたけつぬみのみこと
- 玉依媛命 たまよりひめのみこと

主なご利益

縁結び、子宝、厄除けほか

**干支にちなんだ
7つのお社が並ぶ**

言社
ことしゃ

大國さん(大国主命の略称)と呼ばれている言社。干支を表した7つのお社があり、それぞれの御利益がある。

古代様式を現代に伝える

楼門
ろうもん

現在の楼門は、寛永5年(1628)に造替になったものを解体修理し、保存している。国の重要文化財。

井戸の上に祀られている社

井上社
いのうえしゃ

社の前は、みたらし団子の発祥の地ともいわれ、疫病や脚気封じの効能があると伝えられる御手洗池がある。

本殿へお参りはここから

幣殿
へいでん

幣殿の奥には、国宝の東西両本殿(通常は拝観不可)が鎮座。古くから人々に信仰されてきた。

心願成就、女性守護、縁結びの御利益がある「媛守」

212

朱が映える立派な門
楼門
ろうもん

左右に回廊をめぐらした朱塗りの楼門。寛永5年(1628)に建て替えられたもので、国の重要文化財。

平安時代のたたずまいを残す御殿
あらゆる災難を除く神を祀る

賀茂別雷神社
（上賀茂神社）

かもわけいかづちじんじゃ（かみがもじんじゃ）

京都市北区

MAP P.330B1

神代の昔、神社の北北西約2kmの神山に、玉依比売命の子である賀茂別雷神が降臨したと伝わる。その神山を拝する形で、天武天皇6年(677)に現在の姿とほとんど変わらない社殿が造営された。賀茂別雷神は雷のような強い力で厄を除ける神として信仰され、平安京遷都以降は歴代の天皇により崇拝された。境内は23万坪にも及び、60を超える社殿が立ち並ぶ。葵祭や競馬といった祭事も有名だ。

DATA & ACCESS

☎075-781-0011 所京都市北区上賀茂本山339 時5:30〜17:00、特別参拝10:00〜16:00(土・日曜、祝日は〜16:15) 休無休 料無料、特別参拝500円 交京都市バス・上賀茂神社前下車、徒歩すぐ Pあり

御祭神

賀茂別雷大神 かもわけいかづちのおおかみ

主なご利益

厄除け、落雷除け、電気産業の守護ほか

小倉百人一首に詠まれた
ならの小川
ならのおがわ

御手洗川と御物忌川が合流して、ならの小川へ変わっていく。

馬が描かれた「勝守」は、必勝のご利益があると伝えられる(左)。「導きの神」である八咫烏(やたがらす)のおみくじ(右)

京都でもっとも古い神社のひとつ。雷の御神威により、厄を祓い災難を除くという

二つの砂山に神霊が宿る
立砂
たてずな

祭神である、賀茂別雷大神が降臨したと伝えられる神山を模した立砂。鬼門にまく「清めの砂」の起源ともいわる。

白砂と15の石が 謎を問いかける石庭

龍安寺
りょうあんじ

京都市右京区

MAP P.330B1

宝徳2年(1450)、応仁の乱の東軍大将・細川勝元が平安時代の貴族・徳大寺家の山荘を譲り受けて創建した禅寺。有名な石庭は、砂紋も端正な白砂の上に大小15個の石が配された75坪の方丈庭園。作者、作庭意図や年代も謎に包まれ、その楽しみ方は鑑賞者次第。石庭とは対照的な四季の花々に彩られる鏡容池を中心とした庭園は格好の散策路。

□ D A T A ＆ A C C E S S

☎075-463-2216 ⑰京都市右京区龍安寺御陵下町13 ⑱8:00〜17:30(受付〜17:00) 12〜2月8:30〜17:00(受付〜16:30) ⑭無休 ⑭600円 ⑤京都市バス／JRバス・竜安寺前下車、徒歩すぐ ⑰あり ※詳細はHPにて確認

御本尊

釈迦如来 しゃかにょらい

水を使わず、水を感じる小宇宙
石庭

三方を油土塀で囲む長方形の白砂の庭に5・2・3・2・3と15の石を配置。昭和50年(1975)にエリザベス2世が公式訪問の際に称賛したことで世界的に有名に。

「石庭」として有名な枯山水と、季節感ある回遊式庭園。2つの魅力的な庭園を持つ

四季の花々が楽しめる
鏡容池
きょうようち

禅の精神に基づく侘び寂びの石庭とは対照的に、桜、スイレン、紅葉と四季折々の表情が楽しめる池泉回遊式庭園。特に5〜7月のスイレンは有名だ。

足るを知る手水鉢
蹲踞
つくばい

茶室蔵六庵前にあり、徳川光圀の寄進とされる。中央の水溜めを「口」の字に見立て「吾唯知足(われ、ただ足るを知る)」と読み、禅の精神を図案化している。

凛とした空気が漂う境内
本殿は日本最古の神社建築

宇治上神社
うじがみじんじゃ

京都府宇治市

MAP P.330B1

宇治川を挟んで、平等院の対岸にあり、隣接する宇治神社とは対をなす。日本最古の神社建築といわれる本殿は、平安時代後期に建てられた。拝殿は鎌倉時代前期に造営されたもの。平成27年(2015)には約2年がかりで行われた本殿と拝殿の御屋根替が完了した。

□ DATA & ACCESS

☎0774-21-4634 ⓐ京都府宇治市宇治山田59 ⓗ9:00〜16:30 ⓗ無休 ⓨ無料 ⓧJR宇治駅から徒歩20分／京阪・宇治駅から徒歩10分 Ⓟなし

御祭神

菟道稚郎子命
うじのわきいらつこのみこと
応神天皇
おうじんてんのう
仁徳天皇 にんとくてんのう

主なご利益

学業成就、病気平癒、縁結びなど

現存する最後の
宇治七名水
桐原水
きりはらすい
宇治の名産・お茶に欠かせない名水として親しまれてきた。

覆屋で覆われた本殿
本殿
ほんでん
3棟の内殿が覆屋で覆われている本殿。本殿と拝殿は、ともに国宝。

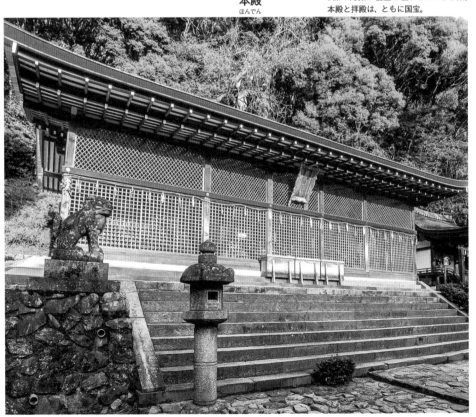

写真：鹿苑寺蔵

豪奢と品を兼ね備えて輝く寺院

金閣寺
きんかくじ

京都市北区

MAP P.330B1

足利義満が、公家・西園寺家の別荘を譲り受け、応永4年(1397)に山荘・北山殿を造営。義満の没後、夢窓疎石を開山に迎えて臨済宗寺院に改められた。金箔のきらめく金閣が鏡湖池に映る風景は、類例のない美しさだ。正式な寺号は鹿苑寺。

□ D A T A & A C C E S S

☎075-461-0013 ⊕京都市北区金閣寺町1 ⏰9：00～17：00 ㉡無休 ㈷500円 ⊗京都市バス・金閣寺道下車、徒歩5分 Pあり

御本尊
聖観世音菩薩
しょうかんぜおんぼさつ

逆さ金閣を生み出す池
鏡湖池
きょうこち
広大な境内の多くを占めるのは、特別史跡で特別名勝の鹿苑寺庭園。その中心をなすのが鏡湖池だ。金閣を鏡のように映し出すことから名付けられた。

室町時代の建築の傑作
金閣（舎利殿）
きんかく（しゃりでん）
3層の楼閣で、下から寝殿造り、武家造り、禅宗仏殿造りと様式が異なり、2・3層のみ金箔で覆われている。釈迦の遺骨(仏舎利)を納めるため舎利殿という。

絢爛華麗な大伽藍
この世に極楽浄土が顕現する

平等院
びょうどういん

京都府宇治市

MAP P.330B1

永承7年(1052)、藤原頼通が父・道長の遺した別荘を寺院に改めたのが起源。10円硬貨でもおなじみの阿弥陀堂(鳳凰堂)は、平成26年(2014)に改修され往時の姿が蘇った。

写真提供：平等院

□ D A T A & A C C E S S

☎0774-21-2861 ⊕京都府宇治市宇治蓮華116 ⏰8：30～17：30（受付～17：15）、平等院ミュージアム鳳翔館9：00～17：00（入館～16：45）㉡無休 ㈷600円、鳳凰堂内部拝観は志納金別途300円 ⊗JR宇治駅／京阪・宇治駅から徒歩10分 Pなし ※詳細はHPにて確認

御本尊	主なご利益
阿弥陀如来 あみだにょらい	極楽往生 現世安隠など

金色の鳳凰が輝く
鳳凰堂
ほうおうどう
10円硬貨のデザインにもなった鳳凰堂は、極楽浄土を表現したものといわれる。

21体の仏道を安置
羅漢堂
らかんどう
茶師・星野道斎とその息子が、宇治茶の発展を祈願して建立。

写真提供：平等院

黒漆が生む重厚感
唐門
からもん

伏見城の遺構とも伝わる唐破風の四脚門。門の美しさに見惚れて日の暮れるのも忘れるため「日暮らし門」と呼ばれる。牡丹や唐獅子などの彫刻が見事。

手水舎や築地塀も重要文化財
広い境内に貴重建築が建つ

西本願寺
にしほんがんじ

京都市下京区

MAP P.330B1

　正式名は龍谷山本願寺。桃山建築を象徴する絢爛豪華な唐門、親鸞聖人像を安置する御影堂、本堂の阿弥陀堂などの国宝建築や重要文化財の宝庫。なかでも精緻な透かし彫りが装飾された唐門はとりわけ秀麗だ。

□ D A T A ＆ A C C E S S

📞075-371-5181 🏠京都市下京区堀川通花屋町下ル ⏰5：30〜17：00 🈺無休 💴無料 🚌京都市バス・西本願寺前下車、徒歩すぐ 🅿あり ※詳細はHPにて確認

歴代宗主の影像を安置
御影堂
ごえいどう

東西48m、南北62m、高さ29mという大きさを誇る御影堂。平成21年（2009）に大修復を終えた。

御本尊

阿弥陀如来立像
あみだにょらいりゅうぞう

217

境内にある8つの建物、14の仏像が国宝に指定されている。時間に余裕をもって参拝を

「奈良の大仏様」が鎮座する
見どころ満載の大伽藍

東大寺
とうだいじ

奈良県奈良市

MAP P.330B2

聖武天皇が早世した皇子の弔いのため山房を創設したことを起源とする。その後、政変や飢饉等で苦しい時代、全てのものの幸福を祈り、天平15年(743)「大仏造立の詔」を発願、9年後の天平勝宝4年(752)に開眼に至る。本尊は、大仏殿に安置された盧舎那仏。広大な境内には南大門や二月堂など、見どころが多い。

☐ D A T A ＆ A C C E S S

📞0742-22-5511 ㊟奈良県奈良市雑司町406-1 ㊟大仏殿4〜10月7:30〜17:30／11月〜3月8:00〜17:00 ㊡無休 ㊰大仏殿600円 ㊂近鉄奈良駅からぐるっとバス大仏殿前駐車場下車、徒歩すぐ ㊅なし ※詳細はHPにて確認

御本尊
盧舎那仏 るしゃなぶつ

主なご利益
無病息災、善願成就など

世界最大級の木造伝統建築
大仏殿
だいぶつでん

現在のものは宝永6年(1709)に再建。創建時より正面幅が約31m短くなったが今も世界最大級の木造建築だ。元日とお盆には正面の観相窓から大仏様の顔を拝める。

注目のパワースポット

ちょっとスリルもある？
大仏殿の御利益スポット

柱の穴をくぐる

大仏殿の柱のひとつに、大仏様の鼻の穴と同じ大きさだという穴が開いている。無事にくぐり抜けると頭がよくなるともいわれている。穴の大きさは大人には小さめ。実際に柱をくぐっているのは子どもや修学旅行生たちの姿が目立つ。
※現在休止中

近鉄奈良駅から歩いてすぐの場所にある。五重塔や、東金堂、阿修羅像など見どころがたくさん

阿修羅像などの国宝が揃う
藤原氏ゆかりの寺院

興福寺
こうふくじ

奈良県奈良市

MAP P.330B2

法相宗の大本山。和銅3年(710)の平城遷都の際、藤原不比等によって現在の地に移され、興福寺と名付けられたのが始まり。藤原一族の氏寺として栄えた、その後、幾度かの焼き討ちや大火に遭うが、そのたびに創建当時の様式で伽藍の再建がされた。国宝館では、千手観音菩薩立像や阿修羅像などを拝観できる。

DATA & ACCESS

☎0742-22-7755 ㊐奈良県奈良市登大路町48 ㊏境内自由、東金堂・国宝館9:00〜17:00 ㊡無休 ㊜東金堂300円・国宝館700円(共通券900円)中金堂500円 ㊋近鉄奈良駅から徒歩5分 ㋿あり ※詳細はHPにて確認

御本尊
釈迦如来坐像
しゃかにょらいざぞう

主なご利益
諸願成就など

奈良時代の建築様式を随所に残すたたずまい

五重塔
ごじゅうのとう

高さ50.1m、日本で2番目に高い五重塔。天平2年(730)に、藤原不比等の娘である光明皇后の発願で建立されたのち、再建された。

クローバー幸福守。寺名と「幸福」を掛けた、四葉のクローバーが織り込まれたお守り

朱色が美しい興福寺の象徴

中金堂
ちゅうこんどう

藤原不比等が創建したと伝えられる、興福寺の中心になる重要な建築物。その後、焼失と再建を繰り返し、平成30年(2018)に本来の姿で復興した。

21躯の国宝・重文を安置する

東金堂
とうこんどう

神亀3年(726)に聖武天皇が、元正天皇の病気回復を願って建立。5度目に再建された現在の堂内には銅造薬師三尊像が安置されている。

数々の国宝をゆっくり拝観

国宝館
こくほうかん

奈良時代創建当初の食堂の外観を復元したもので、白鳳時代の仏頭や、阿修羅像、金剛力士像など、貴重な国宝を多数所蔵している。

219

白鳳伽藍の華やかさを伝える

金堂
こんどう

本尊・薬師三尊像(国宝)を祀る金堂。2層建てで、各層に裳階と呼ばれる庇状構造物をあしらう、薬師寺を代表するお堂。

南都七大寺として、東大寺や法隆寺と並んで、朝廷の保護を受けた、病気平癒、健康祈願のお寺

本尊の薬師如来が迎える
健康祈願のパワースポット

薬師寺
やくしじ

奈良県奈良市

MAP P.330B2

　天武天皇9年(680)に天武天皇が皇后(のちの持統天皇)の病気平癒を祈って建立を発願。病気を治し、願いを叶えてくれる薬師如来が祀られている。藤原京から平城京遷都の際、現在の地に移ったとされる。中央に本尊を祀る金堂を配置し、東西に2基の塔を配する様式は日本初で「薬師寺式伽藍配置」と呼ばれる。

□ DATA & ACCESS

☎0742-33-6001 ⏀奈良県奈良市西ノ京町457 ⏰8:30〜17:00(参拝受付〜16:30) ㊡無休 ㊋1100円、共通拝観券1600円 🚉近鉄・西ノ京駅から徒歩すぐ Ｐあり ※詳細はHPにて確認

御本尊	主なご利益
薬師三尊像 やくしさんそんぞう	病気平癒 健康祈願など

創建当時から残る唯一の建物
東塔
とうとう

薬師寺東塔の各層には、裳階があしらわれ、大小の屋根の重なる美しさから、日本美術研究家であるフェノロサから「凍れる音楽」と称された。

スケールの大きさに圧倒
大講堂
だいこうどう

薬師寺の伽藍のなかで最大のお堂。現在の大講堂は、平成15年(2003)に、創建当初の規模で再建されたもの。弥勒三尊像が祀られている。

鎌倉後期を代表する和様建築
東院堂
とういんどう

日本最古の禅堂として国宝に指定されている。奈良時代に元のお堂が焼失し、現在のものは鎌倉時代の弘安8年(1285)になって再建された。

玄奘三蔵の頂骨を祀るお堂
玄奘三蔵院伽藍
げんじょうさんぞういんがらん

平成3年(1991)に建立。玄奘は『西遊記』の三蔵法師のモデルとなった僧侶で法相宗の始祖にあたる。北側の大唐西域壁画殿には平山郁夫画伯が奉納した壁画が祀られている。

飛鳥時代の瓦がそのまま残る
南都七大寺のひとつ

元興寺
がんごうじ

奈良県奈良市

MAP P.330B2

蘇我馬子が建立したと伝わる法興寺(飛鳥寺)が前身。和銅3年(710)の平城京遷都にともなって、養老2年(718)に現在の地に移され、元興寺に寺名を改めたと伝わる。境内には1400年前の日本最古の瓦が葺かれた極楽堂(国宝)がある。

極楽浄土へ導く曼荼羅
極楽堂
ごくらくどう

鎌倉時代の新和様という様式が用いられている。堂内には、奈良時代の僧侶・智光法師が極楽浄土の様子を描いた、智光曼荼羅図が安置されている。

元興寺にいた鬼を退治したと伝えられる、道場法師(どうじょうほうし)の顔を描いたお守り

DATA & ACCESS
📞0742-23-1377 🏠奈良県奈良市中院町11番町
🕘9:00〜17:00 🈺無休 💴500円 🚉近鉄奈良駅から徒歩12分 🅿あり

御本尊	主なご利益
智光曼荼羅 ちこうまんだら	心願成就など

無数の石像が並ぶ
浮図田
ふとでん

浮図とは仏陀を指す言葉で、これらの石仏・石塔は昭和63年(1988)に並べられたものだ。

創建時の姿を伝える荘厳な堂宇
金堂
こんどう

8世紀後半、鑑真和上の没後に完成した。正面の吹き放しや太い円柱など天平の風格が感じられる。本尊の盧舎那仏坐像や千手観音立像を含め、安置されている9体の仏像すべてが国宝に指定。

仏教の戒律を学ぶための道場
講堂
こうどう

平城宮にあった東朝集殿を移築・改造。鎌倉時代に改造されているものの、唯一現存する平城宮の殿舎とされる。境内で最初に造られた。

今も鑑真和上の想いと
天平文化が息づく寺

唐招提寺
とうしょうだいじ

奈良県奈良市

MAP P.330B2

唐から招かれた鑑真和上が、志のある誰もが戒律を学べる道場をと、天平宝字3年(759)に開いたのが始まり。当初は平城宮から移築した建物を改造した講堂のほか宝蔵、経蔵があるだけだったが、皇族などからの寄進により伽藍が造られた。

御本尊	主なご利益
盧舎那仏坐像 るしゃなぶつざぞう	病気平癒など

DATA & ACCESS
📞0742-33-7900 🏠奈良県奈良市五条町13-46
🕘8:30〜17:00(入場〜16:30) 🈺無休 💴1000円
(新宝館は別途) 🚉近鉄・西ノ京駅から徒歩10分
🅿あり ※詳細はHPにて確認

長楽寺
ちょうらくじ

京都市東山区

MAP P.330B1

四季折々の美しい風情
円山公園の奥にある静寂の寺

延暦24年(805)に創建。紅葉の名所として知られ、その景勝が『今昔物語』や『平家物語』などに記されている。長楽寺山の山頂には坂上田村麻呂を祀るほか、境内には江戸後期の文人・頼山陽の墓所も。平清盛の娘・建礼門院が出家した寺としても知られ、安徳天皇御影など多くの資料を収蔵する。

↑銀閣寺の庭を作った相阿弥が試作したと伝わる庭園。美しい紅葉で知られる

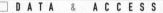

□ D A T A ＆ A C C E S S

☎075-561-0589 ⓐ京都市東山区円山町626 ⓣ10:00〜16:00 ⓗ月〜木曜 ⓔ700〜1500円 ⓔ京阪・祇園四条駅から徒歩20分 ⓟなし

御本尊
　准胝観音 じゅんでいかんのん

主なご利益
　安産、子育てなど

↑山門に続く参道。1月は七福神詣で賑わう

わら天神宮
わらてんじんぐう

京都市北区

MAP P.330B1

稲藁のお守りで知られる
安産・子授けの神様

正式名称は敷地神社といい、山を神格化した北山の神を起源とする。古来より稲藁で編んだ籠で神饌を捧げていたが、抜けた藁を妊婦が持ち帰るようになったことから藁が安産のお守りとなり、「わら天神宮」として知られるようになった。稲藁に節があれば男児、なければ女児が誕生すると言い伝えられる。

↑本社以外にも社がある。六勝神社は、必勝や開運、商売繁盛の守護神として崇敬

□ D A T A ＆ A C C E S S

☎075-461-7676 ⓐ京都市北区衣笠天神森町10 ⓣ8:30〜17:00 ⓗ無休 ⓔ無料 ⓔ京都市バス・わら天神前バス停から徒歩3分 ⓟあり

御祭神
　木花開耶姫命
　このはなさくやひめのみこと

主なご利益
　安産、子授、家内安全など

↑安産祈願に多くの妊婦が訪れる

霊山寺
りょうぜんじ

奈良県奈良市

MAP P.330B2

世界平和を願う美しいバラ園
貴重な宝物も所蔵する古寺

　天平6年(734)、行基によって建立された。鎌倉時代には北条氏に厚く崇拝され、弘安6年(1283)に改築された本堂は国宝に指定。ほか薬師如来坐像など貴重な宝物も多数所蔵する。境内には先々代住職が世界平和を願って開園した1200坪のバラ庭園があり、200種2000株のバラが咲き誇る。

↑平和を願うバラの寺。5〜6月、10〜11月に美しい花を咲かせる

DATA & ACCESS

📞0742-45-0081 🏠奈良県奈良市中町3879 🕙10:00〜16:00(バラ庭園は8:00〜17:00) 🈳無休 💴500円 🚃近鉄・富雄駅から若草台(系統番号50番)行き、霊山寺下車、徒歩すぐ 🅿あり

御本尊

　薬師如来 やくしにょらい

主なご利益

　健康長寿
　病気平癒
　開運厄除など

↑本堂は、鎌倉時代を代表する寺社建築

南法華寺（壺阪寺）
みなみほっけじ （つぼさかでら）

奈良県高取町

MAP P.328B2

吉野山を控える桜の名所
目の観音様として広く崇敬

　奈良盆地を一望する高取山の中腹にある。大宝3年(703)創建と伝わり、境内からは当時の瓦が多数出土。御本尊は目の観音様として崇められ、全国から参拝者が訪れる。盲目の夫沢市とその妻の人形浄瑠璃『壺坂霊験記』や、昭和時代に建立された高さ20mの大観音石像と全長8mの涅槃石像が有名。

↑インドハンセン病救済事業を縁に造られた大観音石像と涅槃石像

DATA & ACCESS

📞0744-52-2016 🏠奈良県高取町壺阪3 🕙8:30〜17:00 🈳無休 💴600円 🚗南阪奈道路・葛城ICから車で30分 🅿あり

御本尊

　十一面千手観世音菩薩
　じゅういちめんせんじゅかんのんぼさつ

主なご利益

　眼病封じなど

↑室町時代の建築様式で再建された礼堂

熊野街道に面した表鳥居。境内には、安倍晴明生誕伝承地と記された石碑などがある

陰陽師・安倍晴明誕生の地
本殿横の占いも人気の神社

安倍晴明神社
あべのせいめいじんじゃ

大阪市阿倍野区

MAP P.330A2

　寛弘4年(1007)に、晴明生誕の伝承地に建てられたといわれ、誕生の地を示す石碑や産湯に浸かった井戸の跡が残っている。ご利益は、厄除け、良縁、安産。太平洋戦争の際、焼夷弾が落ちたにもかかわらず爆発しなかったため、火難災難厄除の神としても信仰を集める。

□ **D A T A ＆ A C C E S S**
☎06-6622-2565 所大阪市阿倍野区阿倍野元町5-16
時11:00〜16:00 休無休 料無料 交阪堺電気軌道・東天下茶屋駅から徒歩5分 Ｐなし

御祭神	主なご利益
安倍晴明大神 あべのせいめいおおかみ	魔除け、厄除け、良縁など

↑占いも日替わりで実施されている本殿。鑑定料は1回2000円から

↑安倍晴明が産湯に浸かったとされる跡地で、安産祈願のパワースポット

↑安倍晴明神社御守。魔除けや災難除けのご利益がある。黒と赤の2色展開

↑安倍晴明公の母親といわれる葛乃葉狐をモチーフにした土鈴

↑安産祈願の石。船のいかりとして使われていた鎮石を、安産を祈願して帯を「締める」(鎮める)と掛け合わせたもの

↓葛之葉霊狐の飛来像は、キツネであったといわれている、晴明の母・葛乃葉が飛んでくる様子を像にしたもの

平安時代に活躍した陰陽師・安倍晴明にまつわる古社へ。

樹齢2000余年の大楠が立つ
晴明の母・葛の葉姫の故郷

信太森葛葉稲荷神社

しのだのもりくずのはいなりじんじゃ

大阪府和泉市

MAP P.330A3

　和銅元年(708)創建。安倍晴明の両親、安倍保名と葛の葉姫の恋物語が伝えられている神社で、キツネの正体を現してしまった葛の葉姫が「恋しくは　たづねきてみよ　和泉なる　信太の森の　うらみくずの葉」という歌を残したとされる。学徳成就や良縁祈願、安産祈願、子宝、交通安全などを祈願に多くの人が訪れる。

御祭神

宇迦之御魂神 うかのみたまのかみ

主なご利益

子授け、安産、五穀豊穣など

□ DATA & ACCESS

☎0725-45-7306 所大阪府和泉市葛の葉町1-11-47 開休料参拝自由 交JR北信太駅から徒歩7分 Pなし

↑木々の緑と鳥居の朱色のコントラストが美しい参道をまっすぐに進み本堂へ

↑子宝、安産を願う子安石

↑千利休の作と伝えられる灯籠は、「梟の灯籠」と呼ばれている

←幸守。肌身離さず持っていると、幸せを運んでくれるという、全体運のお守り

↑白狐の姿になった、阿倍清明の母である、葛の葉姫が描かれた絵馬

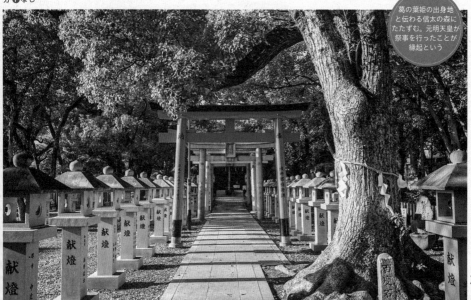
葛の葉姫の出身地と伝わる信太の森にたたずむ。元明天皇が祭事を行ったことが縁起という

225

**マムシに悩む村民を
祈祷で救ったと伝わる**

名古屋晴明神社
なごやせいめいじんじゃ

名古屋市千種区

MAP P.329C1

安倍晴明は一時期この地に住んでいたと伝わる。当時あたりにはマムシが多く出ており、晴明公が祈祷によってそれらを退治したことが神社の起源とされる。かつて祠を移動しようとした際に不慮の事故が起こったといい、今も住宅街にひっそりとたたずんでいる。

⬆️ナゴヤドーム近くの住宅街に建つ。狛犬はさわると体の悪い部分が治るといわれている

御祭神	主なご利益
安倍晴明大神 あべのせいめいおおかみ	厄除け、 恋愛所願成就など

DATA & ACCESS
📞052-711-8803 🏠名古屋市千種区清明山1-6 🕐参拝自由 🚇地下鉄・名城線ナゴヤドーム前矢田駅から徒歩15分 Ｐあり

**鎮座1000年を超える
晴明公の御霊を鎮める神社**

晴明神社
せいめいじんじゃ

京都市上京区

MAP P.330B1

寛弘4年(1007)、安倍晴明の屋敷跡に創建された。応仁の乱のあと社殿は荒れたが、信仰者らによって復興。現在は広々とした敷地に立派な社殿や社紋・晴明キキョウを掲げた鳥居が建つ。境内には約2000株のキキョウが植栽されている。

DATA & ACCESS
📞075-441-6460 🏠京都市上京区晴明町806(堀川通一条上ル) 🕐9:00〜17:00 🈚無休 🈯無料 🚌京都市バス・一条戻橋晴明神社前下車、徒歩すぐ Ｐなし

御祭神	主なご利益
安倍晴明御霊神 あべのせいめいごりょうじん	厄除け、 魔除けなど

⬆️一条天皇の命により、この地に社殿が設けられた

⬆️晴明公が湧出させたという晴明井。湧水には病気を治すご利益があるという
⬆️本殿前には天体観測をする晴明公の像が立つ。神社所蔵の肖像画を元に造られた

特異なパワースポット

福井の大河、九頭竜川を守護
願掛けの霊石にも注目

毛谷黒龍神社

けやくろたつじんじゃ

福井県福井市

MAP P.331C3

越前国を治めていた男大迹王（のちの継体天皇）が治水工事のために黒龍川（九頭竜川）の守護と地域の安寧を祈願して創建した。地元では「くろたつさん」と親しまれ、四季を通じて水恩感謝の祭礼が行われている。境内には「願かけ石」や「幸運の撫で石」「厄割り石」など、運気を上げ、厄を払う霊石スポットも。

DATA & ACCESS

📞0776-36-7800 📍福井県福井市毛矢3-8-1 🕐休料参拝自由 🚉JR福井駅から徒歩2分 🅿あり

御祭神

高龗神 たかおがみ
闇龗神 くらおがみ
男大迹天皇 おおとのすめらみこと

主なご利益

厄除け、子宝、金運

高龗神と闇龗神はともに水を司る龍神。厄除け、子宝、金運のご神徳あり

⬆本殿横「石渡八幡神社」は開運厄除け、方除け、無病息災、交通安全にご利益があるとされる

⬅1000年前に九頭竜川に落下した隕石のかけらといわれている「願かけ石」
⬆願い事を掛けて願かけ石の上にある石を3度打つと、運気が上がるといわれる

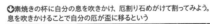
❷素焼きの杯に自分の息を吹きかけ、厄割り石めがけて割ってみよう。
息を吹きかけることで自分の厄が盃に移るという

❶幸運と健康と豊穣を運ぶとされている、神様の使いといわれる小龍
とヘビが彫られた「幸運の撫で石」

たくさんの黄金が供えられた金龍。涸れない湧水をもたらす神として信仰される

水不足を憂う民衆の拠り処
神社奥殿には龍の棲む深淵が

田村神社
たむらじんじゃ

香川県高松市

MAP P.325C1

　讃岐を発展させた田村大神(御祭神5柱の総称)を祀り、讃岐国一之宮に列せられた地域の総鎮守である。特に干ばつの多い讃岐において、同社付近は伏流水に恵まれていたことから、定水大明神とも称され、厚く信仰されてきた。境内には、小判を供えると金運が上がるという金龍の像など、願掛けスポット多数。

◆奥殿床下には龍が棲むという深淵があり、厚板で覆われているが、盛夏でも冷気が漂う。龍を見ると絶命するといわれ、奥殿に近づけるのは宮司のみ

☐ DATA & ACCESS

📞087-885-1541 🏠香川県高松市一宮町286 🕐休料参拝自由 🚌ことでん・一宮駅から徒歩10分 🅿あり

御祭神

倭迹迹日百襲姫命 やまとととひももそひめのみこと
五十狭芹彦命(吉備津彦命) いさせりひこのみこと(きびつひこのみこと)
猿田彦大神 さるたひこおおかみ
天隠山命(高倉下命) あめのかぐやまのみこと(たかくらじのみこと)
天五田根命(天村雲命) あめのいたねのみこと(あめのむらくものみこと)

主なご利益

金運上昇、縁結び、安産、家内安全、子育て

龍神が棲むと
いわれている神社。
古代から神の鎮座する
「磐境（いわさか）」
として神聖視
されてきた

いにしえには雨乞いの神事も
龍が棲むという清浄な神域

室生龍穴神社
むろうりゅうけつじんじゃ

奈良県宇陀市

MAP P.328B2

　水を司る龍神・高龗神を祀る古社。平安時代には朝廷から雨乞いの使者が遣わされたという。境内には、根元から分かれた巨大な「連理の杉」があり、縁結びや家庭円満の信仰を集めている。近くの室生寺はかつては同社の神宮寺で、秋祭りには室生寺の天神社からお渡りがあり、雌雄一対の獅子が舞いを奉納する。本殿は県指定文化財。

龍が棲むといわれる清らかな水が流れる岩窟「妙吉祥龍穴」は片道車で6分、徒歩25分の場所にある

御祭神

高龗神
たかおかみ

主なご利益

開運、縁結び、病気平癒

☐ DATA & ACCESS

📞0745-93-2177 所奈良県宇陀市室生1297 開休料参拝自由 交近鉄・室生口大野駅から室生龍穴神社行バスで19分、室生寺前下車、徒歩15分 Pなし

⬆天の岩戸などパワーを感じるスポットもたくさん

神剣を奉って創建された
織田信長公ゆかりの古社

劔神社
つるぎじんじゃ

福井県越前町

MAP P.331C3

　杉の巨木に囲まれた厳かな越前国二の宮。現地は織田信長公の先祖の地でもあり、織田家の氏神として信長公の手厚い庇護を受けた。必勝、良縁和合、武運長久、金運、厄除開運などのご神徳があり、境内には「縁結びの夫婦杉」や願い事の成就を占う「おもかる石」「厄災除けのかわらけ割り」の斎場も設けられている。

DATA & ACCESS

☎0778-36-0404 ⸝福井県越前町織田113-1 ⸝⸝⸝参拝自由 ⸝JR武生駅から車で15分 ⸝あり

御祭神

素盞嗚大神 すさのおのおおかみ
氣比大神 けひのおおかみ
忍熊王 おしくまのみこ

主なご利益

厄除開運、交通安全、合格成就、安産祈願、病気平癒、除災招福、家内安全など

⬇屋根は柿葺きの入母屋造りで、「織田造」と称されている本殿(県指定文化財)

⬆未使用の土器・杯(越前焼き)を割り災いを祓う儀式「かわらけ割り」の斎場

仲哀天皇の
第2皇子忍熊王が
素盞嗚大神から賜った
神剣をもってこの地を
平定し、その神剣を
祀ったのが始まり
と伝わる

⬆願いが叶いやすいときには軽く、叶いにくいときには重く感じるという「おもかる石」

⬆大願成就、厄除開運の守護神と仰がれている摂社織田神社（県指定文化財）

233

創建1350年を超える鎮守の社
人気コミックスの聖地に

宝満宮竈門神社

ほうまんぐうかまどじんじゃ

福岡県太宰府市

MAP P.323C2

『延喜式』において、霊験あらたかとされる名神大社にも列せられた神社。古来より縁結び、方除け、厄除けで信仰を集めている。特に御祭神の玉依姫命は、魂と魂を引き寄せる縁結びのご神徳が高い。境内には「再会の木」「愛敬の岩」「幸福の木」など、恋愛や良縁の成就を祈願するスポットも。

↑秋にはカエデやイチョウが鮮やかに紅葉する人気スポットでもある

『鬼滅の刃』の聖地として脚光を浴びている

↑縁結びの神様として親しまれている

御祭神

玉依姫命
たまよりひめのみこと

主なご利益

縁結び、方除け、厄除け

↑標高829.6mの宝満山を登った先には竈門神社の上宮が

☐ D A T A & A C C E S S

☎092-922-4106 ⏏福岡県太宰府市内山883 開休料参拝自由 🚈西鉄・太宰府駅からコミュニティバスまほろば号で10分、内山(竈門神社前)下車、徒歩すぐ Ⓟあり

国造りの神とその神剣を奉り
数多のご神徳で名高い神社

東霧島神社

つまきりしまじんじゃ

宮崎県都城市

MAP P.321D2

霧島山の山岳信仰の宮として創建された神社。国造りの神・伊弉諾尊を奉ることから、生活全般にわたって幅広いご神徳をいただける。伊弉諾尊が剣で切り裂いたと伝わる神石、安産祈願の樹齢1000年の大楠、願い事を叶える「振り向かずの坂」、穢れを清める竜王神水など、伝説に彩られたさまざまなご利益スポットがある。

DATA & ACCESS

☎0986-62-1713 ㊄宮崎県都城市高崎町東霧島1560 ㊀㊡㊊参拝自由 ㊜JR東高崎駅から徒歩10分 ㋿あり

↑ご神宝は「十握の剣(とつかのつるぎ)」。伊弉諾尊が妻である伊弉冉尊を亡くし、悲しみの涙が固まってできた神石を切り裂いたのがこの剣と伝わる

↑人気コミックの修行シーンで切られたような鋭い切断面のある岩

御祭神
伊弉諾尊
いざなぎのみこと

主なご利益
厄払い、安産、開運

色濃く残る古代信仰の霊気
神代を彷彿させる山里の社

石上布都魂神社

いそのかみふつみたまじんじゃ

岡山県赤磐市

MAP P.327D2

素盞嗚尊を祀る備前国一之宮で、学業成就、安産祈願、癌封じのご神徳で知られる。より神力にふれるなら、社殿背後の山頂にある本宮や磐座へ。磐座は古代信仰を伝える貴重な遺跡で、鬱蒼とした樹々に包まれ、神聖な気に満ちた霊域となっている。参道は、階段や急坂が続くので、歩きに適した身支度が必須。

DATA & ACCESS

☎086-724-2179 ㊄岡山県赤磐市石上1448 ㊀㊡㊊参拝自由 ㊜JR金川駅から車で18分 ㋿あり

↑素盞嗚尊が大蛇を退治した「天蝿断の剣」を祀ったのが創始とされる。同剣は大和国に移されたと伝わるが、民の信仰厚く、現在に至っている

御祭神
素盞嗚尊
すさのおのみこと

主なご利益
学業成就、農業振興、癌封じ

↑約15分登った先にある本宮の後ろの磐座は禁足地となっている

235

七曜星降臨伝説の地に座す
いにしえから続く七夕の宮

星田妙見宮

ほしだみょうけんぐう

大阪府交野市

MAP P.330B2

　創建は平安時代、この地で弘法大師が修行中、北斗七星が降ったことにちなむとされる。その折りに降ったと伝わる巨大な「織女石」を拝殿奥でお祀りしている。毎年7月7日には境内中が笹飾りで埋めつくされる七夕祭り、2月8日には一年の厄除けを願う星祭、7月23日には七曜星の降臨にちなんだ星降り祭が行われる。

□ DATA & ACCESS

📞072-891-2003 🏠大阪府交野市星田9-60-1 🕐休料参拝自由 🚃JR星田駅から徒歩20分 🅿あり

御祭神

天之御中主大神 あめのみなかぬしのおおかみ
高皇産霊大神 たかみむすびのおおかみ
神皇産霊大神 かみむすびのおおかみ

主なご利益

縁結び、学業成就、安産

↑社務所前付近からの眺望

↓7月7日の七夕祭りでは境内にたくさんの七夕飾りが並ぶ。古くから七夕の神様として知られる

↑桜や紅葉など四季折々の景色も見事

北極星を神と
あがめる信仰は
「妙見信仰」
と呼ばれる

⬆落差約5mの登龍の滝。弘仁7年 (816)、
滝壺に隕石が落ちたといわれている
⬆落下した北斗七星だとの伝えもある織女石

⬆境内には北斗七星のそれぞれの星を祀った
「七星塚」という像があり、自分の守護星へお
参りすることでご利益があるとされている

750年頃
星の王が降臨し、村人らが妙見山の山頂に北極星を祀ったことが始まりと伝えられている

運命のゆくえを指し示す
北辰信仰の世界的聖地

能勢妙見山
のせみょうけんざん

大阪府能勢町

MAP P.330A1

　江戸時代初期、能勢頼次公により開基された日蓮宗寺院で、奈良時代から続く北極星（北辰）信仰の霊場。御本尊の妙見大菩薩は尊星王とも呼ばれ、古くから北極星が人々の道しるべであったことから開運の神として崇敬されてきた。境内にある7つの鐘をすべて鳴らすと良縁にめぐり合えるという「出会いの鐘」が人気。

↑8つの星にならった8頭の神馬を探してみよう

御本尊
北辰妙見大菩薩
ほくしんみょうけんだいぼさつ

主なご利益
開運、勝利祈願

↑「星」と能勢家の家紋「矢筈」をモチーフにしたデザインの信徒会館「星嶺」

DATA & ACCESS

☎072-739-0991 ㊟大阪府能勢町野間中661 ㋫9:30〜16:00 ㋬ケーブルカー冬季運休あり ㉖無料 ㊟能勢電鉄・妙見口駅からケーブルカー利用 Ｐあり

北極星を祀る
聖徳太子ゆかりの古刹

法輪寺
ほうりんじ

奈良県斑鳩町

MAP P.330B2

聖徳太子の長子・山背大兄王（やましろのおおえのおう）が父の病気平癒を祈って創建したといわれる。法隆寺様式の伽藍配置と重要文化財指定の飛鳥～平安時代の仏像で有名。三井の里人に親しまれてきた三重塔は昭和に再建。伽藍のひとつである妙見堂は、妙見菩薩や北斗七星、十二宮など星の神を描いた格天井が美しい。

DATA & ACCESS

☎0745-75-2686 所奈良県斑鳩町三井1570 開8:00～17:00(12～2月は～16:30) 休無休 料500円 交JR王寺駅から奈良交通バス奈良行きで13分、中宮寺前下車、徒歩10分 Pあり

↑妙見堂に安置されている秘仏・妙見菩薩は、宇宙の根源や中心とされる北極星を仏格化したもの。諸願成就の仏として信仰されている

↑南門方面から見る三重塔も立派

御本尊

薬師如来坐像
やくしにょらいざぞう

主なご利益

諸願成就

妙見が授けた天下安寧と
霊験にちなむ足の神様

足立山妙見宮
あだちさんみょうけんぐう

北九州市小倉北区

MAP P.323C2

神護景雲4年(770)、奈良時代の貴族・和気清麻呂公（わけのきよまろこう）が創建。公は、皇位を狙う悪僧・道鏡の企てを阻止、その折りの足の傷が神託により霊水で完治したという伝説から「足の神様」として崇拝されてきた。境内には、公を救ったという猪に由来する狛犬ならぬ「狛猪」、わらじ付き絵馬など、ユニークな見どころが点在。

DATA & ACCESS

☎093-921-2292 所北九州市小倉北区妙見町17-1 開9:00～16:30 休無休 料無料 交JR小倉駅から西鉄バス霧丘三丁目行きで20分、黒原一丁目下車、徒歩10分 Pあり

↑和気清麻呂公は、北辰尊星妙見に天皇の安泰を祈ったところ、「汝の願い、聴きいる」というお告げを拝受した、と神社の縁起に記されている

御祭神

天之御中主神 あめのみなかぬしのかみ
高皇産霊神 たかみむすひのかみ
神皇産霊神 かみむすひのかみ

主なご利益

足の病気平癒

↑しだれ桜の名所としても知られており、春は大勢の参拝客で賑わう

開催日 1月第3日曜

ヘトマト

長崎県五島市　MAP P.322A3

若い女性たちを乗せた大草履を担いで神社へ奉納

　九州の最西端に位置する五島市で行われる民俗行事。白浜神社での奉納相撲から始まり、着飾った新婚女性による羽つき対決、ススを体に塗った若者がワラの大玉を奪い合う「玉せせり」、綱引きが続く。最後は長さ3mもの大草履に見物客の女性を次々と乗せ、それを若者たちが担いで勢いよく神社に向かう。

□ DATA ＆ ACCESS

☎0959-72-6369(五島市文化観光課) 🏠長崎県五島市下崎山町一帯 🚌福江港から車で15分

1 体に「ヘグラ」と呼ばれるススを塗りつけた若者が縄で巻き取柄のついた薫玉を激しく奪い合う「玉せせり」 2 着飾った新婚の女性2人が酒樽に乗る「羽つき」 3 長さ3メートルの「大草履」

開催日 1月14日

まいそう祭り
まいそうまつり

兵庫県養父市　MAP P.328A1

子どもから大人までが集い松明をかざして鬼退治

　燃えさかる炎の力で鬼を退治して、無病息災を願う。松明を持った老若男女の参拝者の円陣に、古鬼面を着けて木箱と木鉾を持った3人の鬼役が順番に登場。参拝者は「まーいっそーない」とはやし立てながら、燃える松明を鬼の木箱に叩きつける。叩きつけるたびに飛び散る火の粉がスリリング。

□ DATA ＆ ACCESS

☎079-663-1515(やぶ市観光協会) 🏠御井神社 🚌JR八鹿駅から車で30分

1 神主の御神火から点火された松明を参拝者がそれぞれに持ち円陣を組む 松明でたたく 2 鬼の持つ木箱を松明でたたく 3 古鬼面(こきめん)姿に木鉾(きぼこ)を持った鬼

各地で昔から続く風習が色濃く残された、ユニークなまつりの数々は圧巻。

開催日 2月1日〜5日

尾鷲ヤーヤ祭り
おわせヤーヤまつり

三重県尾鷲市　　　**MAP** P.328B3

男衆の激しい練り回りと
海に飛び込む勇壮な水垢離

　豊漁・豊作を祈願する尾鷲神社の例大祭。「ヤーヤ」は、武士による合戦時の名乗り「ヤーヤー、我こそは」に由来。祭りの3日間(2月2日〜4日)、白装束の男衆が「チョウサジャ、チョウサジャ」の掛け声と共に激しくぶつかり合う「練り」や、5日に行われる宮上りの行列、弓射いの神事、御獅子の出御などが見どころ。

☐ **D A T A ＆ A C C E S S**

📞0597-22-1486(尾鷲神社) 🏠尾鷲神社、旧尾鷲町内 🚉JR尾鷲駅から徒歩12分

1 祷屋と呼ばれる町に手伝い町が集まってきて、激しくぶつかり合う練りが始まる　2 2月10日零時の扉開きには、各町の提灯が厳かに整列　3 尾鷲神社は武運長久、必勝祈願の社

開催日 2月第3土曜

西大寺会陽
さいだいじえよう

岡山市東区　　　**MAP** P.327D2

裸男10000人がうねる
福を求めて真夜中の争奪戦

　奈良時代を起源とする行事。まわし一丁の裸男約1万人が境内を埋め尽くし、夜10時、本堂の御福窓から投下される宝木をめぐって押し合いへし合いの争奪戦を繰り広げる。見事獲得すると「福男」と呼ばれ、福を得るといわれている。また、参加した男のまわしを妊婦の腹帯に使うと安産のご利益も。

☐ **D A T A ＆ A C C E S S**

📞086-942-0101(西大寺会陽奉賛会) 🏠西大寺 🚉JR西大寺駅から徒歩10分

1 裸の男たちが繰り広げる激しい争奪戦は圧巻　2 本堂に集まる裸衆　3 冷水で身を清める水垢離(みずこり)の様子

特異なパワースポット

熱狂する奇祭　ヘトマト／まいそう祭り／尾鷲ヤーヤ祭り／西大寺会陽

241

開催日 4月第4日曜日

酒とり祭
さけとりまつり

富山県小矢部市　　MAP P.331D2

裸男たちが振る舞い酒
ひたすら飲ませて福を呼ぶ

　下帯姿の厄男たちが我先にと大鳥居から神殿に駆けつけ、神官がくみ出す御神酒を柄杓に受け取ると、その酒を参道で誰彼かまわず飲ませて回り、境内一面にまき散らす。男衆は酒を振る舞えば振る舞うほど福に恵まれ、見物人も酒を多くかけられるほど幸が多いといわれている。

☐ DATA & ACCESS

📞0766-30-2266(小矢部市観光協会)
🏯下後亟神明宮 🚃あいの風とやま鉄道・石動駅から車で15分

1️⃣下帯と鉢巻姿に、素足で走る厄男たち　2️⃣祭りの前には神事、獅子舞奉納が行われる　3️⃣下後亟神明宮で受け取った御神酒を境内に撒く

開催日 5月4日

伊庭の坂下し祭り
いばのさかくだしまつり

滋賀県東近江市　　MAP P.328B1

重量500kgの神輿を
心ひとつにして急坂下しに挑む

　標高432mの繖山山腹にある繖峰三神社から麓の大鳥居まで、重量500kgの神輿(基本3基)を氏子の若衆が引きずり下ろす神事。道程は約500m、高低差170mの急坂で、途中いくつかの難所があり、なかでも「二本松」と称される難所は落差6m。力を合わせて必死に下ろす姿は手に汗握る迫力。

☐ DATA & ACCESS

📞0748-29-3920(東近江市観光協会) 🏯繖峰三神社 🚃JR能登川駅から徒歩15分

1️⃣高低差のある山道を若衆が神輿を引きずり下ろす
2️⃣途中いくつかか断崖絶壁の難所があり、若衆の勇壮な掛け声とともに神輿がおろされる

開催日 旧暦の旧盆

アンガマ

沖縄県石垣市、竹富町　MAP P.320B3

沖縄らしさを色濃く感じる
離島の伝統行事

　八重山諸島の石垣島と竹富町の島で旧盆に行われる伝統行事。ウシュマイとンミー(爺・婆)がファーマー(踊り手)たちを従え、三線や太鼓とともに先祖供養や新築の家々を訪ねて、方言による語りや歌・踊りを披露する。アンガマとの珍問答も楽しみの一つ。

□ **DATA & ACCESS**
☎0980-87-6252(八重山ビジターズビューロー※観光に際するお問い合わせ先)　所沖縄県石垣市、竹富町　交石垣島までは各地から飛行機で南ぬ島石垣空港へ。竹富島へは石垣島から高速船で15分

1 石垣島の伝統的家屋にはアンガマに使う面が飾られている
2 石垣島・竹富島の各地で行われ、行列のコースも毎年異なる

開催日 9月第2日曜

ひょうげ祭り
ひょうげまつり

香川県高松市　MAP P.325C1

鮮やかな化粧を施した行列が
おどけながら進む

　かつて深刻な水不足だったこの地にため池を作った矢延平六を偲び、水の恵みに感謝して行う。「ひょうげる」とはおどけるという意味で、人々がひょうげながら練り歩いたことに由来する。行列の神具には生活用品を利用し、衣装も手作り。クライマックスでは神輿を池に投げ込み、獅子舞が奉納される。

□ **DATA & ACCESS**
☎087-888-2537(浅野コミュニティセンター)　所香川県高松市香川町浅野地区　交JR高松駅からことでんバス・塩江行きで50分、竜満池下車

1 祭りで使用される道具のほとんどが農作物で作られる
2 ひょうきんな装いの行列
3 新池というため池に着くと池の中に神輿が投げ込まれる

開催日 9月20日

お熊甲祭
おくまかぶとまつり

石川県七尾市　MAP P.331D1

金色の神輿や深紅の大枠旗が
勇壮華麗に秋の里を彩る

　久麻加夫都阿良加志比古神社の秋の大祭。19の末社から繰り出した神輿と高さ20mもの深紅の大枠旗がぶつかるような勢いで拝殿に参入。天狗面をつけた各末社の猿田彦たちが鉦や太鼓に合わせて乱舞する祭典や、御旅所で地上すれすれまで大枠旗を傾ける担ぎ手たちの妙技「島田くずし」が見どころ。

□ **DATA & ACCESS**
☎0767-53-8424(七尾市産業部交流推進課)　所久麻加夫都阿良加志比古神社(中島町宮前)　交のと鉄道七尾線・能登中島駅から車で5分

1 先頭で案内役を務める猿田彦
2 高さ20mほどの深紅の大枠旗が並ぶ
3 地上すれすれまで旗を傾ける「島田くずし」で祭りは最高潮に

開催日 10月第2曜

丹生祭り（笑い祭）

にうまつり（わらいまつり）

和歌山県日高町　MAP P.328A3

秋空に響く高らかな哄笑は
神様を励ます村人の優しさ

　白塗りの顔に朱色で"笑"の文字を施した奇抜な化粧に、おどけた衣装をまとった「鈴振り」が、鈴音を響かせながら「笑え、永楽じゃ」と神輿や屋台を先導しながら町を練り歩く。出雲で行われる神々の集まりに寝坊して落ち込んでいる丹生都姫を村人たちが心配し、笑うようにと元気づけたことが由来。

D A T A ＆ A C C E S S

☎0738-22-2041（日高川町観光協会）
🏯丹生神社　🚉JR和佐駅から徒歩49分

1 顔に「笑」の文字を施した鈴振りが町を練り歩く姿は世界的にも有名　2 9時頃には御旅所付近にて「鬼の出会い」という行事が始まる　3 明治時代に村内の神社を統合した社。主祭神は諸願成就の八幡神

開催日 10月第3曜

蛸舞式神事

たこまいしきしんじ

鳥取県伯耆町　MAP P.327C1

藁の巨大タコが舞い踊る
日本三大奇祭のひとつ

　福岡神社の御祭神である速玉男命が熊野灘で遭難した際に大蛸に助けられた伝説にちなむ。午後3時に舞堂で、ふんどし姿の氏子たちが神楽囃子に合わせて男性を胴上げするように担ぎ上げ、手に持った藁のタコに舞を演じさせる。その後、丸梁に抱きついた男性を下から氏子たちが何度も回転させる。

D A T A ＆ A C C E S S

☎0859-62-0712（伯耆町教育委員会生涯学習室）
🏯福岡神社　🚉米子自動車道・溝口ICから車で20分

1 かけ声をかけながら丸梁を一度に8回転させ、それが数十回転繰り返される　2 福岡神社にある蛸の絵馬　3 地元の人から「たこさん」「蛸大明神」と呼ばれ親しまれている

開催日 10月下旬～11月上旬

大宝の砂打ち

だいほうのずなうち

長崎県五島市　MAP P.322A3

鬼が砂を投げつけながら
賑やかに厄祓い

　事代主神社の大祭に合わせて行われる。祭りの初日は夜神楽が披露され、2日目に天狗や農民に扮した行列が農作業の様子を真似しながら村をまわる。行列の最後尾には米俵のふたをかぶった鬼のサンドーラがおり、小石の混じった砂を見物客や家に打ちつけることで悪霊や悪疫を祓う。

D A T A ＆ A C C E S S

☎0959-72-2963（五島市観光協会）　🏯長崎県五島市玉之浦町大宝一帯　🚉福江空港から車で1時間

1 砂鬼（ずなおに）に砂をかけられる見物客。追いかける砂鬼と逃げ回る子どもたちで賑わう（写真提供：五島市）

開催日 11～3月

花祭
はなまつり

愛知県東栄町　MAP P.329D1

地中の精霊を呼び起こす
伝統の舞いの力を体感

　東栄町11地区で開催される冬から春へ再生祈願の神事。観客のかけ声とともに一昼夜を通して舞いが披露される。舞いの種類は約40種類。なかでも伝統の面をつけた鬼の舞いや、藁を束ねたタワシ（湯たぶさ）を持って、釜の湯を振りかける「湯ばやし」が見どころ。湯を浴びると1年を健康に過ごせるご利益が。

□ DATA & ACCESS

☎0536-76-0509（東栄町役場）　📍東栄町11地区
🚗JR東栄駅から車で10分～20分

子どもたちの初舞台ともなる花の舞。手に花笠を持って舞うことから花笠の舞ともいわれる

①舞庭に最初に登場する役鬼の「山見鬼」。生まれ清まりの重要な役割を担う　②舞の終盤の「湯ばやし」　③鬼とともに町の人や観客もはやしながら一体になって祭りを盛り上げる

開催日 12月12～16日

銀鏡神楽
しろみかぐら

宮崎県西都市　MAP P.321D2

五穀豊穣の感謝を込め
夜を徹して続く祈りの舞い

　銀鏡神社例大祭で行われる。12月13日の式一番「星神楽」に始まり、14日夕方から15日午後にかけて式三十三番まで徹夜で続く。笛や太鼓が響き渡るなか、勇壮な舞いやおもしろおかしいこっけいな舞いなどが披露。受け継がれた伝統の神面、多数の猪頭などが供えられた祭壇など、山里の暮らしが色濃く感じられる祭り。

□ DATA & ACCESS

☎0983-46-2123（銀鏡神社）　📍銀鏡神社
🚗JR宮崎駅から車で1時間30分

①主祭神の舞い、式八番・西之宮大明神。宮司だけが舞うことができる重厚で厳かな舞い　②天照大神の神田の御門を守る2柱の神の舞い、式十六番・荘厳

奇怪な姿の妖怪たちが
子どもたちを袋に入れる

ヨッカブイ

鹿児島県さつま市　MAP P.321C3

水の事故から子どもたちを守る水神（ヒッチドン）を敬う行事。ヤシ科の木・シュロで作られた仮面を被ったヨッカブイが笹の葉で観客を祓った後、集落内の子どもたちを手に持った大きな袋に入れ、悪いことをしないよう諭してまわる。その後、玉手神社に移動し、河童相撲や水神を祀る踊りが奉納される。

☐ DATA & ACCESS
☎0993-76-1810
（南さつま市教育委員会生涯学習課）
所鹿児島県南さつま市金峰町高橋地区
交JR鹿児島中央駅から車で40分

逃げまわる人を泥まみれにする
宮古島の奇祭

パントゥー

沖縄県宮古島市　MAP P.320B3

パーントゥとは方言で鬼や妖怪のこと。全身泥まみれの3人のパーントゥが、人や車、新築の家に無差別に泥を塗り、悪霊祓いや無病息災を願う。当日は、悲鳴を上げながらも楽しそうに逃げまわる人たちとパーントゥの追走が繰り広げられる。誰でも参加できるが泥は強烈な臭いがするので覚悟が必要。

☐ DATA & ACCESS
☎0980-79-6611（宮古島観光協会）
所沖縄県宮古島市平良島尻地区・
上野野原地区
交宮古島空港から島尻地区までは
車で30分、上野野原地区までは15分

超巨体の弥五郎どんが
かけ声とともに市街地へ

弥五郎どん祭り
やごろうどんまつり

鹿児島県曽於市　MAP P.321D2

約1000年の歴史がある岩川八幡神社の例大祭。県下三大祭りのひとつとして多くの見物客で賑わう。祭り当日の午前4時に境内で4m85㎝（台車を入れると6m）の弥五郎どんを立たせる「弥五郎どん起こし」に参加すると、体が強くなり、運気がますますよくなると伝わる。午後1時より弥五郎どんの浜下りが市街地を練り歩く。

☐ DATA & ACCESS
☎0986-76-8282（曽於市役所商工観光課）
所鹿児島県曽於市大隅町地内
交東九州自動車道・曽於弥五郎ICから
車で3分

全国でも稀な笑いの神事で
楽しく年忘れ

笑い講
わらいこう

山口県防府市　MAP P.323D1

鎌倉時代から続く笑いの神事。年末に羽織り袴で正装した講員が、小俣八幡宮で榊を手に大笑いし、収穫への感謝と来年の豊作を祈る。笑う回数は3回で、1回目は今年の収穫を喜び、2～3回目は来年の豊作祈願と辛いことや悲しいことを笑い飛ばす。最後に全員で笑って祭りを締めくくる。

☐ DATA & ACCESS
☎0835-32-0111（小俣八幡宮社務所）、
☎0835-25-2148
（防府観光コンベンション協会）
所小俣八幡宮
交JR大道駅から徒歩20分

寒風吹き渡る長良川の清流で
裸の男衆が身を清めて厄払い

池ノ上みそぎ祭り
いけのうえみそぎまつり

岐阜県岐阜市　MAP P.331C3

無病息災や五穀豊穣を願う禊の儀式。白い下帯ひとつの男衆が通りを練りながら葛懸神社に向かい、赤い下帯の神男を担ぎ上げたあと、隊列を組んで長良川へ。神男の禊を皮切りに、全員で禊を行うのが祭りのクライマックス。15世紀、応永年間の大飢饉から重要な祭りになったと伝わる。

☐ DATA & ACCESS
所長良川右岸、忠節橋から下流500m
（みそぎ場）
交名鉄・岐阜駅から岐阜大学病院行きバ
スで20分、池ノ上下車、徒歩5分

絶景パワースポット

人の手が
加えられていない
さまざまな形の岩は
自然のパワーを
感じさせる

鵜戸神宮
うどじんぐう

宮崎県日南市 MAP P.321D2

太平洋に突き出した岬の断崖
眼下には奇岩連なる岩礁が

海神の娘・豊玉姫命の御子を主祭神とし、その誕生の地に造られた。豊玉姫命は出産後海に帰ったが、育児のため両乳房を神窟にくっつけていったと伝わる。その「おちちいわ」から作られるおちちあめで主祭神は育ったといい、おちちいわは安産、育児信仰の拠り所に。また、崖下の磯にある「亀石」のくぼみに運玉が入ると願いが叶うとされ、「運玉投げ」は参拝客定番の運試しとなっている。

■ DATA & ACCESS

☎0987-29-1001 ⌂宮崎県
日南市宮浦3232 ⏰6:00～
18:00 休無休 料無料 交JR
油津駅から、宮崎交通路線
バスで約20分、バス停鵜戸
神宮下車、徒歩10分 Pあり

↑豊玉姫命が乗ってきた亀が亀岩になったといわれる

御祭神

日子波激武鸕鶿草葺不合尊
ひこなぎさたけうがやふきあえずのみこと

主なご利益

縁結び、安産、育児、海上安全

249

奥の院

我拝師山側
標高380mに
ある奥の院

出釈迦寺
しゅっしゃかじ

香川県善通寺市　**MAP** P.325C1

讃岐平野や瀬戸内海を一望
霊験あらたかな伝説の奥の院

弘法大師が7歳の時「仏門に入って民を救いたい。この願いが叶うなら釈迦如来よ、姿を現したまえ」と山の断崖絶壁から身を投げたところ、天女が天から下って大師を抱きとめ、釈迦如来が現れたという。その場所に大師が成人後開創したと伝わる寺で、我拝師山は大師出家の原点とされる。絶景ポイントである山頂の奥の院では、鐘楼堂「天空の鐘」をつくことができる。

出釈迦寺

■ DATA &
ACCESS

☎0877-63-0073 所香川県
善通寺市吉原町1091 休休
料参拝自由 交JR善通寺駅
から車で13分 Pあり

↑本堂から奥の院までは徒歩で登る必要がある

御本尊

釈迦如来 しゃかにょらい

主なご利益

諸願成就、悟りへと導き、
苦しみから救済

瀬戸内海に
沈む夕日は
息をのむほどに
美しい

高屋神社
たかやじんじゃ

香川県観音寺市　**MAP** P.325C1

圧巻！「天空の鳥居」
眼下に広がる市街と瀬戸内海

　下宮、中宮、本宮があり、標高404mの稲積山頂上にある本宮の鳥居は「天空の鳥居」として知られる。下宮から山道をたどり中宮を経て、最後に270段の階段を上りきると本宮に到着。途中には、揺れても絶対落ちないと伝わる奇岩「ゆるぎ岩」などの見どころも。山頂からは鳥居越しに瀬戸内海の絶景を眺めることができる。澄んだ大気に満ちており、力強い山のパワーがみなぎっている。

天空の鳥居

DATA & ACCESS

☎0875-24-2150(観音寺市観光協会) 🏠香川県観音寺市高屋町2800 開休料参拝自由 🚃JR観音寺駅から車で20分(土・日曜、祝日はシャトルバス運行時間帯、一般車通行不可) 🅿あり

↑角度や時間によって違う印象になる

御祭神

邇邇藝命 ににぎのみこと
保食命 うけもちのみこと
咲夜比女命 さくやひめのみこと

主なご利益

金運、五穀豊穣、家内安全

123 基の鳥居

日本海の青
鳥居の朱色
自然の緑の
コントラストが
美しい

元乃隅神社

もとのすみじんじゃ

山口県長門市　MAP P.323C1

日本海の青さに朱色が映える
海崖へ続く鳥居123基が壮観

昭和30年(1955)、地元の網元、岡村斉氏の枕元に立った白狐のお告げにより建立された。奉納された123基の鳥居がずらりと並ぶ光景が有名。賽銭箱は高さ約6mの大鳥居の上に設置されており、賽銭が入れば願いが叶うという。神社は変化に富んだ海岸線が続く北長門海岸国定公園に隣接しており、断崖下の海食洞に荒波が打ちつけて海水が吹き上がる「龍宮の潮吹」もすぐそばだ。

■DATA & ACCESS

📞0837-26-0708(長門市観光案内所YUKUTE) 🏠山口県長門市油谷津黄498 🕐7:00〜16:30 🈳無休 🈯無料 🚃JR長門古市駅から車で20分 🅿あり

⬆まるで異世界につながるかのような鳥居の連続

御祭神

宇迦之御魂神 うかのみたまのかみ

主なご利益

商売繁盛、大漁、海上安全、良縁、子宝、開運厄除、福徳円満、交通安全、学業成就

「恋する灯台」に認定された灯台。龍宮神社と合わせて縁結びのご利益があるパワースポット

長崎鼻・龍宮神社
ながさきばな・りゅうぐうじんじゃ

鹿児島県指宿市 **MAP** P.321 C3

東シナ海越しにくっきりと
開聞岳（薩摩富士）の雄姿

薩摩半島の最南端にある岬、長崎鼻に龍宮神社が鎮座する。竜宮伝説発祥の地といわれ、豊玉姫（乙姫様）を祀る。また浦島太郎と乙姫が出会ったとして、縁結びのご神徳も名高い。願い事は絵馬ではなく、貝殻に記して奉納する習わし。また、浦島太郎と亀の石碑を、女性は右、男性は左から2周まわり、亀の頭をなでると願いが叶うという言い伝えもある。

長崎鼻

■ DATA &
  ACCESS

☎0993-22-2111（指宿市観
光課）⚞鹿児島県指宿市山
川岡児ヶ水1581-34 ⚞休⚟
参拝自由 ⚞JR山川駅から
車で15分 ⚞あり

↑長崎鼻灯台公園の龍宮神社

御祭神（龍宮神社）

豊玉姫 とよたまひめ

主なご利益

縁結び、家内安全、航海安全

257

夫婦岩

美しい海岸に
白の鳥居が映える。
時間によって
違う姿を
見せてくれる

桜井二見ヶ浦
さくらいふたみがうら

福岡県糸島市　**MAP** P.322B2

夕日の名所として知られる聖地
夫婦岩は縁結びのシンボル

櫻井神社(→P.185)の宇良宮(裏宮)として祀られる神聖な場所。海岸から約150mの海中には、御神体岩「夫婦岩」が立つ。右は伊邪那岐命、左は伊邪那美命が鎮まるとされ、古くから崇敬されてきた。夏至の日には朝日の名所である伊勢の二見ヶ浦から太陽が昇り、この夫婦岩の間に夕日が沈むという幻想的な光景を見せる。夫婦岩の大注連縄は、4月下旬〜5月上旬に氏子たちによって掛け替えられる。

絶景パワースポット ── 桜井二見ヶ浦

■DATA & ACCESS

📞092-327-0317（櫻井神社）所福岡県糸島市志摩桜井 拝休料見学自由 交JR九大学研都市駅から昭和バス西浦線で30分、二見ヶ浦下車、徒歩すぐ Pあり

⬆夫婦岩の間に沈む美しい夕日

御祭神（櫻井神社）

予止妃大明神 よどひめだいみょうじん
神直日神 かむなおひのかみ
大直日神 おおなおひのかみ
八十枉津日神 やそまがつひのかみ

主なご利益

縁結び、安産、厄除

259

海から一直線に
続く参道。
年に2回見られる
光の道が神秘的

宮地嶽神社

みやじだけじんじゃ

福岡県福津市　MAP P.323C2

神秘的な光の道で知られる
全国宮地嶽の総本社

約1700年前に創建されたと伝わる。主祭神の息長足比売命は神功皇后で、渡韓の際この地で開運を願い船出したといい、開運の神として信仰されている。神社には6世紀末の建立とされる日本一大きな横穴式石室を持つ古墳があり、数々の黄金の出土品が見つかっている。日本一の大注連縄、大太鼓、大鈴、本殿の黄金の屋根がその信仰をうかがわせる。

光の道

↑海岸の鳥居からは玄海灘の先の島が見える

■DATA & ACCESS

☎0940-52-0016 所福岡県福津市宮司元町7-1 休無休 料参拝自由 交JR福間駅から宮司団地・津屋崎橋行バスで5分、宮地嶽神社前下車、徒歩すぐ Pあり

御祭神

息長足比売命 おきながたらしひめのみこと
勝村大神 かつむらのおおかみ
勝頼大神 かつよりのおおかみ

主なご利益

開運、商売繁盛

261

91基の鳥居

色鮮やかな
赤い鳥居。
登った先は
平野を見渡せる
ビュースポット

浮羽稲荷神社
うきはいなりじんじゃ

福岡県うきは市　MAP P.323C2

山に沿って連なる赤鳥居と
登った先から見下ろす筑後平野

伏見稲荷神社から稲魂大神、京都松尾大社から大山咋神、太宰府天満宮から菅原道真公の3神が祀られており、商売繁盛、五穀豊穣、酒造と健康、長命長寿、学問にご利益がある神社。91基もの赤い鳥居を300段ほど登ると見晴らしのよい景色が広がるビュースポットで、原鶴温泉や甘木方面など、九州最大級の平野である筑後平野を見渡すことができる。春は桜の名所としても有名。

■DATA & ACCESS

☎0943-76-3980(うきは観光みらいづくり公社) 🅿福岡県うきは市浮羽町流川1513-9 🅿休🅿参拝自由 🅿JRうきは駅から徒歩25分 🅿あり

⬆石段をさらに上った先に本殿がある

御祭神

稲魂大神 うかのみたまのおおかみ
大山昨神 おおやまくいのかみ
菅原道真公 すがわらのみちざねこう

主なご利益

五穀豊穣、商売繁盛、開運厄除

263

沈み鳥居

池に映る
鳥居の姿が見事。
夏には鮮やかな
花との風景が
楽しめる

弁天池の沈み鳥居
べんてんいけのしずみとりい

滋賀県甲賀市　MAP P.328B1

スイレンの池に沈んだ不思議な鳥居
弁天島に続く参道が沈む

今から約1250年前、日照りに悩む農民のため、灌漑用水として「心」という字の形に4つの池を掘り、その中央に「大池寺」が建立された。中枢にある弁天池には、水没した鳥居が頭をのぞかせている。池の水位が下がると水底に鳥居と弁天島をつなぐ参道が現れ、雨乞いのような神事を執り行ったという。池にはスイレンが生い茂っており、夏には鮮やかな花を咲かせ、花の中に沈む鳥居を見ることができる。

■ D A T A ＆
A C C E S S

☎0748-62-0396（大池寺）
㊤滋賀県甲賀市水口町名
坂 ㊢㊌㊟見学自由 ㊥JR三
雲駅から車で10分 Ｐあり

⬆池には弁財天を祀る祠のある弁天島が

御祭神

なし

主なご利益

芸術、芸能、豊穣、繁栄、学問、
勝負事

265

荒ぶる日本海と
柱状節理の
組み合わせが見事。
遊歩道が整備され
頂上へ行く
ことができる

鉾島神社
ほこしまじんじゃ

福井県福井市　**MAP** P.331C3

日本海と柱状節理が美しい島
登った先には不動明王が

マグマが冷え固まった「柱状節理」が見られ、海に突き出るようにそそり立ち、岩が鉾を立てたように並んでいることから「鉾島」の名前がついた。周囲80m、高さ50mの島の頂上からは亀島や雄島を見ることができる。頂上には小さな祠があり、不動明王が安置されている。その昔地元の漁師が拾い上げ、お告げにより島に安置したところ、嵐をまぬがれたり大漁になるなどのご利益が続いたとされる。

鉾島

■DATA & ACCESS

☎0776-20-5346（福井市おもてなし観光推進課）⬛福井県福井市南菅生町 ⬛休⬛参拝自由 ⬛JR福井駅から車で40分 ⬛Pあり

⬆夕焼けスポットとしても人気

御祭神

不動明王 ふどうみょうおう

主なご利益

大漁祈願

かつて仙人が
修行した場所との
伝説もある「青の洞窟」。
波音が静かに響き、
差し込む光が
水面を照らす

珠洲岬
すずみさき

石川県珠洲市　**MAP** P.331D1

神秘的な青の世界が美しい
自然のパワーが集まる聖域の岬

　能登半島の最果てに位置する珠洲岬は、「聖域の岬」とも呼ばれる日本屈指のパワースポット。南からの暖流と北からの寒流、大地の気流が混じり合う特別な場所にあることから、自然界の「気」が集中するという。周囲には透き通った海と岩礁が織りなす絶景が広がり、大自然の美しさと力強さを実感。崖の下には神秘的な「青の洞窟」があり、源義経が身を隠したという言い伝えが残る。

青の洞窟

■DATA & ACCESS

【青の洞窟】☎0768-86-8000（ランプの宿 よしが浦温泉）⬚石川県珠洲市三崎町寺家10-11 ⬚8:30～17:00（冬期～16:30）⬚無休 ⬚1500円 ⬚能登空港から車で1時間 ⬚あり

↑空中展望台から周囲を一望できる

↑夜の崖下の風景。手前は名旅館「ランプの宿」

国の天然記念物に指定された大規模な柱状節理。崖下をのぞき込むと思わず足がすくむ

東尋坊
とうじんぼう

福井県坂井市　MAP P.331C2

日本海の荒波が心を鍛える
柱状節理がそそり立つ景勝地

約1kmにわたって断崖絶壁が連なる国指定名勝。「東尋坊」の名は、かつて崖から突き落とされた僧兵の名前に由来するとの説があり、荒々しい景色とあいまって自然の威厳と恐ろしさを感じさせる。岩肌に打ち寄せ砕ける荒波は、迷いを断ち切り、困難に打ち勝つ忍耐力を授けてくれるとも。最近は縁結びスポットとしても注目され、東尋坊タワーにある布袋様をなでると恋愛が成就するという。

柱状節理

■ DATA & ACCESS

☎0776-82-5515（東尋坊観光案内所）㊙福井県坂井市三国町東尋坊 ㊙㊙㊙散策自由 ㊚えちぜん鉄道・三国駅から東尋坊行きで10分、東尋坊下車、徒歩5分 ㋟あり

↑神の島として崇められてきた無人島の雄島

↑遊覧船に乗って海から東尋坊を見るのもおすすめ

271

大小4つの島を結ぶ砂州で、青い海と島の緑が鮮やか。干潮の時間は日によって変動するので、事前に確認を

エンジェルロード

香川県土庄町　**MAP** P.325C1

恋人たちの願いが叶う
束の間現れる天使の散歩道

1日2回、引き潮のときだけ海中から姿を現す砂の道。大切な人と手をつないで渡ると幸せになれるといわれ、恋人の聖地となっている。渡る手前にある弁天島の「約束の丘展望台」は、小高い丘の上からエンジェルロードの全景を望める絶景スポット。恋人たちが永遠の愛を誓って鳴らす鐘の音がロマンチックに響き、かたわらには恋の願いをこめた貝殻やハート形の絵馬が多数掛けられている。

天使の散歩道

■ **DATA & ACCESS**

☎0879-62-2801(案内所売店) 雨香川県土庄町甲24-92 営9:00～16:30 休料散策自由 交土庄港から田ノ浦映画村線バスで10分、国際ホテル(エンジェルロード前)下車徒歩すぐ Pあり

↑多くのカップルが訪れる「約束の丘展望台」

↑道が現れるのは干潮時刻の前後3時間ほど

熱田神宮名物
きよめ餅

上品な甘さが特徴の熱田みやげの定番。熱田神宮詣の際に参詣客がお清めのために立ち寄る「きよめ茶屋」にちなんで売り出し、人気になったきよめ餅を販売する老舗。

ここで購入できます
きよめ餅総本家
きよめもちそうほんけ
℡052-681-6161 ㊟名古屋市熱田区神宮3-7-21 ⏰9:00～18:00(土・日曜8:30～18:00) 休無休 🚉名鉄・神宮前駅から徒歩2分

熱田神宮名物
宮きしめん

神宮の「宮」の字をいただいた、熱田神宮が発祥の名物きしめん。カツオだしともっちりした食感、歯ごたえが自慢。おみやげや甘味も販売する。

ここで購入できます
宮きしめん 神宮店
みやきしめん じんぐうてん
℡052-682-6340 ㊟名古屋市熱田区神宮1-1-1(熱田神宮内) ⏰9:00～LO16:30 休無休 🚉名鉄・神宮前駅から徒歩3分

伊勢名物
赤福餅

宝永4年(1707)の創業以来、300年以上にわたって参宮客の英気を養ってきた伊勢の名物、赤福餅。餡の形は五十鈴川の流れを表している。8個入り、12個入りなど

ここで購入できます
赤福本店
あかふくほんてん
℡0596-22-7000(総合案内) ㊟三重県伊勢市宇治中之切町26 ⏰5:00～17:00(繁忙期は時間変更あり) 休無休 🚉伊勢神宮内宮前から徒歩5分

伊勢名物
へんば餅

真っ白な餅を丸く平らにして両面に焦げ目をつけた「へんば餅」。伝統製法で昔ながらの素朴な味を守る。へんばとは馬を返すこと。店を訪れた客が馬を返して参拝した。

ここで購入できます
へんばや商店 おはらい町店
へんばやしょうてん おはらいまちてん
℡0596-25-0150 ㊟三重県伊勢市宇治浦田1-149-1 ⏰9:00～17:00(売り切れ次第閉店) 休月曜(祝日の場合は翌日) 🚉伊勢神宮 内宮前から徒歩10分

伊勢名物
神代餅

内宮のシンボル宇治橋からほど近く、伊勢名物「神代餅」を製造・販売する。保存料や着色料などを一切使わず、天然ヨモギを使った本格派の草餅だ。

ここで購入できます
勢乃國屋
せのくにや
℡0596-23-5555 ㊟三重県伊勢市宇治今在家町117 ⏰8:30～16:30 休無休 🚉伊勢神宮内宮前から徒歩1分

北野天満宮名物
粟餅（あわもち）

作り置きせず、注文を受けてから餅を丸めて仕上げるので驚くほどやわらか。なめらかなこし餡と香ばしいきな粉の2種類がある。甘さ控えめでお茶と一緒に。

ここで購入できます
粟餅所・澤屋
あわもちどころ・さわや
℡075-461-4517 ㊟京都市上京区紙屋川町838-7 ⏰9:00～17:00(売り切れ次第終了) 休木曜、毎月26日 🚉北野天満宮前バス停すぐ

各神社の参道などでいただける名物グルメ。参拝のあとにぜひ伝統の味を。

伏見稲荷大社名物
きつね煎餅

初代がこだわった京都の白味噌とゴマの素朴な甘みが口中に広がる。タイミングがよければ、焼きたてがいただけることもある。

ここで購入できます

総本家 宝玉堂
そうほんけ ほうぎょくどう

℡075-641-1141 京都市伏見区深草一ノ坪町27-7 7:30〜18:00 無休 JR稲荷駅から徒歩5分

上賀茂神社名物
やきもち

餅には滋賀県江州産の羽二重もち米、自家製つぶ餡には北海道産小豆を使用。上品な甘さで、焼き目の香ばしさがポイント。

ここで購入できます

葵家やきもち総本舗
あおいややきもちそうほんぽ

℡075-366-2463 京都市北区上賀茂本山町339 9:00〜17:00 無休 京都市バス・上賀茂神社前下車、徒歩すぐ

東大寺門前名物
きざみ奈良漬

酒粕と天然塩だけで漬け込んだ奈良漬は、白ウリ、スモモ、スイカなどバラエティ豊か。大和の伝統野菜である大和三尺きゅうりの奈良漬が買えるのはこの店だけ。

ここで購入できます

森奈良漬店
もりならづけてん

℡0742-26-2063 奈良県奈良市春日野町23 9:00〜18:00 無休 奈良交通バス・東大寺大仏殿・春日大社前バス停すぐ

吉野山名物
吉野天人

江戸時代創業の吉野本葛の老舗。下千本駐車場の前に店を構え、伝統製法で作った本物の吉野葛を堪能できる。「吉野天人」は天女の羽衣を模した生くずきり。

ここで購入できます

葛の元祖 八十吉 花山店
くずのがんそ やそきち はなやまてん

℡0746-32-8739 奈良県吉野町吉野山25 10:00〜17:00 水・木曜（観桜期は無休） ロープウェイ吉野山駅から徒歩3分

高野山名物
笹巻あんぷ

高野山で唯一の生麩専門店で、文政年間に創業。「笹巻あんぷ」はヨモギを混ぜた麩にこし餡が入ったまんじゅうを、香り高い笹の葉で包んだ人気の伝統和菓子。

ここで購入できます

麩善 本店
ふぜん ほんてん

℡0736-56-2537 和歌山県高野町高野山712 9:00〜17:00（売り切れ次第閉店） 月曜（祝日の場合は翌日） 高野山ケーブル・高野山駅から奥の院前行きで8分、波切不動前下車、徒歩3分

高野山名物
みろく石

奥之院にある弥勒石にちなんだ銘菓。つぶ餡を入れてじっくり焼き上げたまんじゅう。香ばしく甘さ控えめでお茶うけにおすすめ。店内にはカフェスペースもある。

ここで購入できます

みろく石本舗 かさ國
みろくいしほんぽ かさくに

℡0736-56-2327 和歌山県高野町高野山764 8:00〜18:00 不定休 高野山ケーブル・高野山駅から奥の院前行きで11分、小田原通り下車、徒歩すぐ

熊野本宮大社名物
めはり寿司

高菜の漬物でご飯をくるむ「めはり寿司」は熊野地方に伝わる郷土食。目を見張るほどの大きさからこの名がついたと言われる。片手で食べれて熊野詣のお供に最適。

ここで購入できます
三軒茶屋 八咫烏長屋店
さんげんちゃや やたがらすながやてん
℡0735-42-1888 ⑰和歌山県田辺市本宮町本宮255-1 ⊗8:30～16:00 ㉕木曜(最終週は水・木曜) ⊗本宮大社前バス停から徒歩すぐ

熊野本宮大社名物
熊野もうで餅・水もうで

一の鳥居の近くの瑞鳳殿にある茶房。うどんやそばなどが食べられる。おすすめは熊野もうで餅と水もうで食べ比べセット。

ここで購入できます
茶房 珍重菴 本宮店
さぼう ちんちょうあん ほんぐうてん
℡0735-42-1648 ⑰和歌山県田辺市本宮町本宮1110 ⊗9:00～16:00 ㉕水曜 ⊗熊野本宮大社内

嚴島神社名物
もみじまんじゅう

定番のもみじまんじゅうの他に、空気をたっぷりと含ませて焼いた生地のやわらかな食感と、パリッとした衣の対比が楽しめる揚げもみじもおすすめ。

ここで購入できます
紅葉堂 本店
もみじどう ほんてん
℡0829-44-2241 ⑰広島県廿日市市宮島町448-1 ⊗8:30～17:30頃(季節により変動あり) ㉕不定休 ⊗宮島桟橋から徒歩10分

金刀比羅宮名物
灸まん

参拝前後の一服に最適な甘味処。夏はかき氷、冬はぜんざいなどがスタンバイし、参拝客の体を癒やす。定番は甘さ控えめの黄身餡が入った灸まん。

ここで購入できます
灸まん本舗 石段や 本店
きゅうまんほんぽ いしだんや ほんてん
℡0877-75-3220 ⑰香川県琴平町798 ⊗8:00～17:30 ㉕無休 ⊗ことでん・琴平駅から徒歩10分

金刀比羅宮名物
船々せんべい

明治42年(1909)の創業以来、製法と味を継承。卵がたっぷり入った生地を職人さんが1枚ずつていねいに手焼き。焼きたてを食べられるお茶セットも。

ここで購入できます
本家船々堂
ほんけふねふねどう
℡0877-73-2020 ⑰香川県琴平町952 ⊗8:00～17:00 ㉕無休 ⊗ことでん・琴平駅から徒歩10分

金刀比羅宮名物
あん餅パイ

看板商品の五色餅は保存料などを使わず、昔ながらの製法で手作り。豆や餅など素材本来の味を楽しめる。おすすめは和洋折衷、新感覚のあん餅パイ。

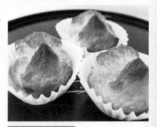

ここで購入できます
浪花堂餅店
なにわどうもちてん
℡0877-75-5199 ⑰香川県琴平町603-3 ⊗8:30～17:00(完売の場合は閉店) ㉕9・19・29日(土・日曜、祝日の場合は営業) ⊗ことでん・琴平駅から徒歩3分

水神が棲む滝と泉へ

水辺のパワースポット

赤目四十八滝

あかめしじゅうはちたき

三重県名張市
MAP P.328B2

高さ15m、幅4m、滝つぼの深さ約20mの千手滝。滝の白さが樹木の緑に映えて美しい

千手滝

↑岩肌をつたって千手のように流れ落ちるところから名付けられたともいわれる千手滝

深山の精気が感じられる
伊賀忍者修行の地

室生赤目青山国定公園の滝川上流にかかる数々の滝。大日如来、千手観音、不動滝など仏にちなんで名付けられたものが多く、一帯が曼陀羅図に見立てられ、全周することで願いが叶うと考えられている。赤目という名は、役小角（えんのおづ）が修行していると不動明王が赤い目の牛に乗って現れたという伝説に由来する。また伊賀忍者の祖・百地三太夫がこの地で修行したことも伝わっている。

□ DATA & ACCESS

📞0595-41-1180 🏠三重県名張市赤目町長坂671-1 🕐8:30〜17:00、12月〜3月第2水曜は9:00〜16:30 休無休 料500円 🚌近鉄・赤目口駅から赤目滝行きバスで10分、赤目滝下車、徒歩すぐ P あり

⬆一条の布を掛けたように落ちる「布曳滝」。細く優美な姿だが、滝つぼの深さは約30mもある

⬆橋上から望める「不動滝」

⬆極寒の日だけ見られる「大日滝」の氷瀑

⬆岩の両側を2つに分かれて流れ落ちる「荷担滝」

体験ツアー

忍者修行＆エコツアー

伊賀流赤目忍術を体験できる忍者修行ツアーと周辺の自然をガイドとともに散策できるエコツアーが実施されている（有料）。どちらも予約はHPから。
忍者修行体験 www.akame48taki.com/ninja/
エコツアー www.akame48taki.com/activity/ecotour/

赤目四十八滝 MAP

体力に自信があるなら、岩窟滝を目指したい。ハイキング並の装備が必要。

気軽に散策を楽しみたい人は、布曳滝までにしておこう。

撫でると眼病治療のご利益があるとされる。

赤目五瀑の最奥にある琵琶滝は、滝壺の深碧色が美しい。

延寿院 / 赤目口 / 津島神社 / 赤目口駅 / START & GOAL 日本サンショウウオセンター / 行者滝 / 霊蛇滝 / 乙女滝 / 赤目牛 / 不動滝 / 八畳岩 / 千手滝 / 千手茶屋 / 布曳滝 / 大日滝 / 陰陽滝 / 縋藤滝 / 滝の茶屋 / 柿窪滝 / 笠間滝 / 百畳岩 / 七色岩 / 雨降滝 / 姉妹滝 / 散骨滝 / 斜滝 / 荷担滝 / 夫婦滝 / 雛壇滝 / 琵琶滝 / 琴滝 / 岩窟滝 / 滝川

赤目四十八滝

0 200m

轟九十九滝
とどろきくじゅうくたき

徳島県海陽町
MAP P.325C2

山奥に連続する滝の数々
龍女伝説のある神秘の里

　清流・海部川の上流に連続する大小の滝を総称し轟九十九滝と呼ぶ。なかでも落差58mを誇る本滝は南海の龍女が棲み降雨出水を司ったといわれ、古くから信仰されてきた。その後この地に籠もった修験者が本滝に祈願して霊験を得て、轟神社を創建したと伝わる。轟九十九滝を含む広大な境内は心願成就のパワースポットとして知られるほか、秋の大祭で行われる荒神輿の大滝壺入りも有名だ。

岩の合間を落下する滝の爆音は「轟」の名のとおり勇壮

☐ DATA & ACCESS

📞0884-76-3050(海陽町観光協会) 🏠徳島県海陽町平井王余魚谷 🕐見学自由 🚃JR阿波海南駅から車で30分 🅿あり

⬆落差8mほどの「横見滝」

⬆「二重滝」。山全体が回廊のようになっており、2時間ほどで大小の滝をめぐることができる

⬆水の神を祀っている轟神社

付近には散策路が整備されており見事な景観を眺めることができる

養老の滝
ようろうのたき

岐阜県養老町
MAP P.329C1

若返りに効果がある
神秘的かつ優雅な名爆

　滝の水が酒に変わり、父に飲ませると元気になったという「孝子物語」が伝わる。近くには名水百選の「菊水泉」も。元正天皇は霊亀3年(717)にこの地で美泉に浴され、年号を若変りの年、養老と改めた。この美泉が養老の滝もしくは菊水泉とされている。不老長寿に霊験がある養老神社もほど近い。

DATA & ACCESS

📞0584-32-0501(養老公園事務所) 🏠岐阜県養老町高林1298-2 🕐休料見学自由 🚉養老鉄道・養老駅から徒歩50分、養老の滝入口駐車場から徒歩30分 🅿あり

⬆高さ30mから雄大に流れ落ちて圧巻

⬆滝谷「不動橋」から望む景観

塩釜の冷泉
しおがまのれいせん

岡山県真庭市
MAP P.327D1

高天原伝説が伝わる
蒜山の清らかな霊泉

　中蒜山の裾の谷間から湧き出し、約60㎡のひょうたん池を形成している。四季を通じて湧水量は毎秒300ℓ、水温は11度前後で、夏場でも冷たい。蒜山は日本神話に登場する高天原の地であったと語られ、伝説の「天の真名井」と結びつける説も。地域では「塩釜様」と呼ばれ、毎年祭礼が開催されている。

DATA & ACCESS

📞0867-66-2511(真庭市役所蒜山振興局) 🏠岡山県真庭市下福田 🕐休料見学自由 🚉米子自動車道・蒜山ICから車で15分、ひるぜん塩釜キャンピングヴィレッジ駐車場から徒歩5分 🅿あり

ひるぜん塩釜キャンピングヴィレッジのロッジ横にある水汲み場からは水を汲める

一の滝までは
遊歩道が
あるので安心

品の滝
しなのたき

広島県三次市
MAP P.327C2

心身ともに安らげる
豊かな自然と渓谷美

　馬洗川の支流・滝川は、流路わずか1.5kmながら多くの滝が存在する。その代表的なものが品の滝。自然環境保全地区に指定された渓谷内にあり、一の滝、二の滝、三の滝という3つの滝からなっている。なかでも一の滝は高さ15mと最大。周囲には貴重な動植物が生息し、自然のパワーを感じることができる。

DATA & ACCESS

☎0847-67-2122(三次市甲奴支所地域づくり係) 㪯広島県三次市甲奴町宇賀 㪯休㪯料見学自由 ㊡尾道自動車道・三次ICから車で約15分 Pあり

夕日の滝
ゆうひのたき

山口県光市
MAP P.326B3

修行の場であったという
ご利益が伝わる小さな滝

　上方に夕日観音が祀られていることからその名がついた小さな滝。古くは修験者たちの修行の場であったといい、この滝に打たれると難病に効くと伝わる。滝の付近には観音や石仏が祀られており、神聖な雰囲気が漂う。なお滝は冬場は凍結するほか、時期によっては水量が少ないこともある。

DATA & ACCESS

☎0833-72-1532(光市商工観光課観光係) 㪯山口県光市束荷横尾 㪯休㪯料見学自由 ㊡JR岩田駅から車で10分 Pあり

滝そのものは
小さいが
すぐそばで
眺められる

諸病退散の
功ありと
古くから
尊ばれてきた
霊泉

瓜割の滝

うりわりのたき

福井県若狭町
MAP P.330B3

心洗われる木々の緑と
清冽な水の流れ

　天徳寺境内奥の山麓一帯に広がる若狭瓜割名水公園。瓜割の滝は、コケが群生する幻想的な森の中にある。瓜割という名前は、あまりの水の冷たさに瓜が割れてしまったという伝説に由来。湧き出る清水は古くから神泉として尊ばれ、安倍晴明が雨乞いのためにこの滝を訪れたとも語り継がれている。

↑名水百選「おいしさが素晴らしい名水部門」第2位の名水

↑まるで自然がつくった芸術作品のよう

□ DATA & ACCESS

☎0770-62-0186（名水の里）🏠福井県若狭町天徳寺37-1-3 🕐見学自由 🚃JR上中駅から徒歩15分 🅿あり

↑緑に囲まれた澄んだ空気を味わいながら散策しよう

緑のなかを美しく流れる雌滝。遊歩道が整備されているのでスニーカー等でも散策できる

布引の滝
ぬのびきのたき

神戸市中央区
MAP P.328A2

数多くの聖地がある六甲 乙姫伝説の名瀑

生田川中流にかかる雄滝、雌滝、夫婦滝、鼓ヶ滝の総称。日光の華厳の滝、紀州の那智の滝と並び日本三大神滝のひとつに数えられ、平安時代には多くの歌人が訪れ和歌に詠んだ。また『伊勢物語』や『平治物語』など古典文学にも登場する。乙姫が竜神となり船人を守ったという、竜宮城の乙姫伝説も語り伝えられている。

↑滝壺の色が美しい「夫婦滝」

↑秋には紅葉との組み合わせも見事

□ DATA & ACCESS

📞078-230-1120(神戸観光局) 🏠神戸市中央区葺合町 🕐休料見学自由 🚇地下鉄・新神戸駅から徒歩20分 🅿なし

↑岩肌をぬって豪快に流れ落ちる「雄滝」

天の真名井

あめのまない

鳥取県米子市
MAP P.327C1

大山の清泉を代表する
豊かな水量を誇る名水

真名井とは神聖な井戸を指す。天の真名井はその最上級の敬称

秀峰・大山の山麓に、こんこんと湧き出る多くの清泉がある。なかでも淀江町の天の真名井は、山陰を代表する名水として有名。1日約2500tもの湧水を誇り、生活用水やニジマス養殖などに使われ人々の暮らしを潤してきた。周辺には水車小屋やあずま屋があり、懐かしい里山の風景が訪れる人を癒やしている。

☐ **D A T A ＆ A C C E S S**

☎0859-37-2311(米子市観光協会) 🏠鳥取県米子市淀江町高井谷47 🕐休料見学自由 🚉JR淀江駅から車で10分 🅿あり

↑ノスタルジックな雰囲気の茅葺きの水車小屋

↑ニジマスを放流し自然を守っている

桃尾の滝

もものおのたき

奈良県天理市
MAP P.330B3

見事な磨崖仏も見られる
山のなかの神々しい滝

布留川上流の桃尾山にあり、地元では「布留の滝」と親しまれてきた。古くから修験道の行場として知られ、滝壺の手前に彫られた不動三尊磨崖仏は鎌倉中期の秀作とされている。毎年7月になると神事とほら貝の儀式が執り行われ、厳かな雰囲気が満ちる。新緑や紅葉、冬の積雪など、四季の景観も素晴らしい。

☐ **D A T A ＆ A C C E S S**

☎0743-63-1242(天理市観光協会) 🏠奈良県天理市滝本町 🕐休料見学自由 🚉JR／近鉄・天理駅から針下山田行きバスで25分、上滝本下車、徒歩10分 🅿あり

歌にも詠まれた景観地。滝の裏には小さな石像が

285

三角池
みすみいけ

大分県中津市
MAP P.323D2

水面に映える朱の鳥居
厳かな池が御神体

　承和年間(834〜848)創建と伝わる薦神社は、境内にある三角池を御神体としている。約5haの池そのものが内宮で、社殿を外宮と称している。宇佐神宮の祖宮とされ、三角池に自生する真薦で宇佐神宮の御神体の御枕を作る習わしがあったという。荘厳華麗な神門も見どころだ。

⬆池の浅瀬には蓮が密生し、真薦が群生している。周囲には遊歩道があり、散策が楽しめる

⬆中津藩主・細川忠興が再建した神門。江戸初期の珍しい様式の三間一戸二重門で、国指定重要文化財

□ DATA ＆ ACCESS
☎0979-32-2440(薦神社) 🅟大分県中津市大貞209 🄲🄷🄰🄿見学自由 🚃JR中津駅から車で13分 🅿あり

別府弁天池
べっぷべんてんいけ

山口県美祢市
MAP P.323D1

長寿や美肌が叶う
翡翠色に澄む名水が湧く

　水不足に悩む人々が夢のお告げにより、社を建て弁財天を祀り、青竹を地面に差したところ、水が湧き出たと伝わる池。湧き水は、飲むと長寿や財宝に恵まれ、肌につければ潤うといわれ、日本名水百選に選ばれている。コバルトブルーに輝く神秘的な景観で、近年はパワースポットとして人気。

□ DATA ＆ ACCESS
☎0837-62-1430(美祢市観光商工部観光政策課) 🅟山口県美祢市秋芳町別府1578 🄲🄷🄰🄿見学自由 🚃JR新山口駅から車で60分 🅿あり

⬆青く透き通った水は思わず見入ってしまうほど。湧き水は専用の給水所で飲むことができる

⬆広島県の厳島神社から分霊され、建立した別府厳島神社。水の守護神としてこの地を守り続けている

百間滝
ひゃっけんだき

愛知県新城市
MAP P.329D1

中央構造線の気を発する
話題のパワースポット

　日本最長の断層帯・中央構造線によって形成された谷の間を流れる滝。近年、この付近から「気」が多く発生しているといわれるようになり、人気のパワースポットに。上流は深い木立に覆われ、全容は見渡せないが、遊歩道や展望台から滝の壮大な大きさやマイナスイオンを実感できる。

☐ D A T A ＆ A C C E S S

⚐愛知県新城市七郷一色 ⏰休料見学自由 🚉JR三河大野駅前からSバスで25分、百間滝口下車、徒歩徒歩9分 🅿なし ※2023年1月現在、周辺では治山工事が続いています。アクセスには十分ご注意ください。

↑中央構造線に沿って流れる百間滝。滝頭には形のよいポットホール（円形の穴）ができている

姥ヶ滝
うばがたき

石川県白山市
MAP P.331C2

林道の中に現れる
ダイナミックな流水

　岩肌に沿って幾筋も流れる様子が、白髪の老婆が髪を振り乱したように見えるのが、その名の由来。幅40m、落差は111mとも76mともいわれる分岐瀑だ。白山白川郷ホワイトロード内の蛇谷園地駐車場から約20分の散策でたどり着ける。すぐ前に天然の足湯と露天風呂「親谷の湯」がある。

☐ D A T A ＆ A C C E S S

📞076-256-7341（白山林道石川管理事務所）⚐石川県白山市中宮（白山白川郷ホワイトロード内）⏰6月上旬〜11月上旬（変動あり）💰1700円（有料道路利用料金）🚉JR金沢駅から蛇谷園地駐車場まで車で1時間40分、蛇谷園地駐車場から徒歩20分 🅿なし

↑細い筋が幾重にも分かれて流れる姿は、女性的な優しさと包み込むようなおおらかさを感じさせる

↳姥ヶ滝は蛇谷と親谷の出合いにかかる2段の滝。平成2年（1990）には「日本の滝百選」に選定されている

中国地方随一の名瀑。雄々しい滝は龍が昇る姿に例えられる

龍頭が滝
りゅうずがたき

島根県雲南市
MAP P.327C1

荘厳な滝と見事な洞窟
すがすがしい空気を体感

　いくつかの流れからなる雌滝と約40mの高さから流れ落ちる雄滝があり、しぶきを飛び散らせ激しく落下する様子はまさに、昇天する龍のようと讃えられる。雄滝の裏には滝観音が祀られた洞窟があり、裏側から滝を眺めることも可能。毎年8月中旬には祭りが催され、花笠を身につけた若者らが滝踊りを披露する。

□ DATA & ACCESS

☎0854-47-7878(雲南市観光協会) 📍島根県雲南市掛合町松笠 🕐🈺🉐見学自由 🚗松江自動車道・吉田掛合ICから車で20分、滝の下駐車場から徒歩15分 🅿あり

⬆裏側から見るとまた違う印象を受ける

⬆周囲にはマイナスイオンが漂う

吐生の滝
はぶのたき

和歌山県串本町
MAP P.328B3

霊水信仰を今に伝える
森の中の小さな聖地

　神秘的な森の中を進んだ先に小さな鳥居とお堂があり、その奥に水量わずかな霊水が存在する。お堂には白衣観音が祀られており、その天女のお告げにより、婦人病や腰から下の病にご利益があると伝わっている。水量は少ないが大雨が降れば美しい滝に変身するといい、水は紀の国の名水にも選ばれている。

□ DATA & ACCESS

☎0735-62-3171(南紀串本観光協会) 📍和歌山県串本町吐生 🕐🈺🉐見学自由 🚗JR紀伊有田駅から車で10分、駐車場から徒歩5分 🅿あり

「施無畏(せむい)の滝」とも呼ばれる小さな滝

石たちが孕む不思議な力

神秘の奇岩と巨石

唐人駄場遺跡

とうじんだばいせき

高知県土佐清水市
MAP P.324B3

山の中腹に大小の
岩が折り重なる
唐人石。太古の
巨石文明の名残
とも考えられる

太古の巨石文明ともいわれる謎多き縄文時代の遺跡

唐人駄場は、足摺半島の丘陵地に開けた直径160m超の平地。かつては中央の石を囲むように列石が見られたといい、ストーンサークルであればその規模は世界最大級。縄文〜弥生時代の土器片や石斧などが多数出土しており、古代の人々の生活がうかがえる。そしてすぐ横の山中に見られるのが、高さ6〜7mもの巨石が林立する唐人石だ。その数は250を超え、いまだ多くの謎に包まれている。

▢ D A T A ＆ A C C E S S

☎0880-82-1212(土佐清水市観光商工課観光係) ㊟高知県土佐清水市松尾977 ㊟㊟見学自由 ✕高知自動車道・四万十町中央ICから車で約2時間 Ｐあり

⬆切断面がフラットで鋭利な鬼の包丁岩

⬆千畳敷石と呼ばれる平らな石の上から見た風景

あわせてまわりたい周辺のパワースポット

自然が生んだハート形
白山洞門
はくさんどうもん　　**MAP** P.324B3

足摺岬にある日本最大級の花崗岩洞門。洞門がハート形に見えるため恋愛成就のスポットとして人気。
☎0880-82-1212(土佐清水市観光商工課) ㊟高知県土佐清水市足摺岬 ㊟㊟見学自由 ✕高知自動車道・四万十町中央ICから車で約2時間、市営駐車場から徒歩10分 Ｐあり

黒潮が洗う断崖の絶景
竜宮神社
りゅうぐうじんじゃ　　**MAP** P.324B3

日本で最初に黒潮が接岸する場所にあり、太平洋の大パノラマが壮観。断崖の上に赤い鳥居が立つ。
☎0880-82-1212(土佐清水市観光商工課) ㊟高知県土佐清水市松尾 ㊟㊟参拝自由 ✕高知自動車道・四万十町中央ICから車で1時間40分、臼碆駐車場から徒歩5分 Ｐあり

地球の雄大さを実感
足摺岬灯台
あしずりみさきとうだい　　**MAP** P.324B3

岬の突端に立つ白亜の灯台。周辺は日本屈指の絶景スポットで、展望台では地球の丸さを実感できる。
☎0880-82-1212(土佐清水市観光商工課) ㊟高知県土佐清水市足摺岬 ㊟㊟見学自由 ✕高知自動車道・四万十町中央ICから車で約2時間、駐車場から徒歩5分 Ｐあり

興玉神石

おきたましんせき

三重県伊勢市
MAP P.329C2

男岩・立岩

二見湾の海中に鎮座する
猿田彦大神ゆかりの霊石

　古くから霊域であったとされる伊勢二見浦。その名勝である夫婦岩の東北700m先の海中に、興玉石または御膳岩と呼ばれる3カ所の岩柱がある。二見興玉神社の御祭神・猿田彦大神ゆかりの霊石とされ、伊勢湾航海の船人から守護神座として崇拝されてきた。近くでは漁業も慎むという神域だ。

▢ DATA & ACCESS

📞0596-43-2020(二見興玉神社) 🏠三重県伊勢市二見町575 🕐休料見学自由 🚃JR二見浦駅から徒歩15分 🅿あり

お伊勢参りの前に参拝したい
夫婦岩・二見興玉神社

めおといわ・ふたみおきたまじんじゃ

MAP P.329C2

祭神である猿田彦大神は、天孫降臨の際に道案内をしたことから、道開きの神、善導の神として信仰を集めてきた。夫婦岩は日の大神(太陽)と沖合に鎮む興玉神石を拝むための鳥居の役目を果たしている。表参道入口には、『君が代』で歌われるさざれ石が据えられている。

📞0596-43-2020 🏠三重県伊勢市二見町江 🕐休料参拝自由 🚃JR二見浦駅から徒歩15分 🅿あり

↑裏参道に建つ朱塗りの社・龍宮社。海の守り神である綿津見大神(わたつみのおおかみ)を祀る

↑天の岩屋。夫婦岩と対の向きにあり、天照大神が身を隠したと伝わる場所のひとつ

↑夫婦岩の日の出がモチーフの絵馬500円

伊勢湾

興玉神石

御塩殿神社

二見浦公園

天の岩屋
一の鳥居

二見興玉神社
夫婦岩

龍宮社

夫婦岩表参道

伊勢夫婦岩めおと横丁

伊勢シーパラダイス

正覚寺

堅田神社

太江寺

大鳥居

二見浦駅

参宮線

江神社

蘇民の森
松下社

二見稲生神社

栗皇子神社

伊勢市駅

栄野神社

松下駅

伊勢市

二見JCT

鳥羽駅

N

0 500m

伊勢二見鳥羽ライン

鳥羽

女岩・根尻岩

高さ9mの男岩、高さ4mの女岩が注連縄で結ばれた夫婦岩。夏至の前後約1カ月間は、岩の間から日が昇る

ご利益を受けた人々により奉納されたカエル。カエルは猿田彦大神の使いと信じられており、「無事帰る」「失くした物が返る」「若返る」などのカエルに掛けた縁起物としても親しまれている

伊勢神宮の旅籠町として賑わった昭和初期の面影が、今も残る夫婦岩表参道

あわせてまわりたい周辺の聖地

古式ゆかしい塩作りを伝承
御塩殿神社
みしおどのじんじゃ MAP P.329C2

神宮の神々に奉納する御塩の守護神を祀る社。五十鈴川の御塩浜で汲み上げた濃い塩水を炊いて粗塩とし、御塩殿で三角錐の土器に詰め、焼き固めて仕上げる。
☎0596-24-1111(神宮司庁) 所伊勢市二見町荘 開休料参拝自由 交JR二見浦駅から徒歩15分 Pなし

最も海に近い内宮の摂社
栗皇子神社
あわみこじんじゃ MAP P.329C2

倭姫命に御贄を奉った海岸守護の神・須佐乃乎命御玉道主命が祭神。風光明媚な池の浦の浜辺にひっそりと建ち、社殿背後の海岸からは飛島を望むことができる。
☎0596-24-1111(神宮司庁) 所伊勢市二見町松下 開休料参拝自由 交JR松下駅から徒歩20分 Pなし

厄除け祈願の門符発祥の地
蘇民の森 松下社
そみんのもりまつしたやしろ MAP P.329C2

蘇民将来が須佐之男命に宿を貸した返礼にと魔除け札を授かった故事にあやかり、「蘇民将来子孫家門」の木札を注連縄とともに玄関に掲げ厄除けとする慣習が、この地に浸透している。
所伊勢市二見町松下 開休料参拝自由 交JR松下駅から徒歩7分 Pあり

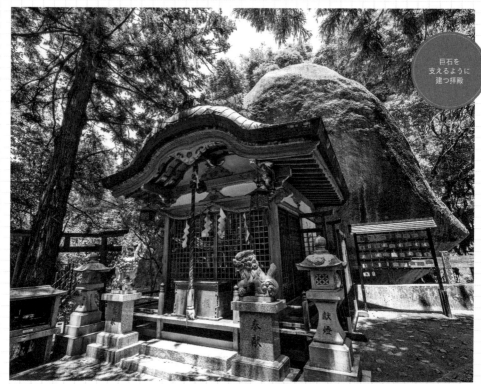

巨石を
支えるように
建つ拝殿

磐船神社

いわふねじんじゃ

大阪府交野市
MAP P.330B2

天の磐船と岩窟をめぐり
古代の巨石信仰を知る

　高さ12m幅12mの船の形をした
岩「天の磐船」が御神体。饒速日命
が降臨したと伝わる聖域で、ほか
にも天の岩戸、道祖神といった巨
石が存在。また神社には洞窟があ
り、古くから修験道の行場として
知られてきた。現在も「岩窟めぐ
り」として拝観することができ、古
代の磐座祭祀を伝えている。

☐ D A T A & A C C E S S

📞072-891-2125 ㊟大阪府交野市私市9-19-
1 ㋺10:00〜15:00 ㋡水・木曜 ㋙無料 ㊠JR
河内磐船駅から車で15分 ㋮あり

↑祠になっている巨岩もあり、古代人の信仰がうかがえる

↑天照大御神が隠れたという「天の岩戸」

↑絶妙なバランスで天野川の上に覆いかぶさっている「天の磐船」

墳丘の径は
約50m
高さは5m。
弥生時代の
墳墓としては
日本最大級

楯築遺跡

たてつきいせき

岡山県倉敷市
MAP P.327D2

巨石と石列が見られる
日本最大級の弥生墳丘墓

弥生時代後期に築造された墳丘墓。真偽は不明だが、古代、石には死者の魂を鎮める力があるともいわれ、それを物語るように円丘頂部には5つの巨石がストーンサークルのように立つ。調査により、主墳の中心からは棺と勾玉などの副葬品が見つかっている。隣接する収蔵庫には、亀石と呼ばれる御神体が祀られている。

DATA & ACCESS

☎086-426-3851(倉敷市文化財保護課) 所岡山県倉敷市庄新町 開休料見学自由 交岡山自動車道・岡山総社ICから車で15分 Pあり

↑地域を治めた首長の墓と考えられている

↑歴史研究の上で非常に重要な遺跡のひとつ

立石山遺跡

たていしやまいせき

愛媛県上島町
MAP P.324B1

瀬戸内海を望む生名島
神に祈りを捧げた舞台

愛媛と広島の県境に位置する生名島。その最高峰・立石山の山頂に、宗教的儀式の場だったとされる巨石群がある。周辺からは旧石器時代の石器や土器片が多く出土しており、山頂部全体が倭国大乱に関係する軍事的集落でもあったと考えられている。なお山の麓には、島外から運ばれたという高さ7mのメンヒル(立石)も存在する。

DATA & ACCESS

☎0897-77-2070(上島町教育委員会) 所愛媛県上島町生名 開休料見学自由 交立石港から徒歩30分 Pあり

瀬戸内海
一帯に
多く残る
高地性集落
のひとつ

岩の隙間から差し込む太陽光を観察できるイベントも開催されている

岩屋岩蔭遺跡
いわやいわかげいせき

岐阜県下呂市
MAP P.331 D3

縄文時代の狩猟基地
古代の天文台という説も

　飛騨金山の山あいにある、巨石からなる遺跡。付近で発掘された縄文時代早期の石器片や石の矢じりから、当時の人々の営みがうかがえる。平氏に敗れた悪源太義平（あくげんたよしひら）が、村人を苦しめていた大ヒヒを退治したという伝説が残る。近年は周辺の巨石群が古代の天文台だったという説もあり、調査が進む。

DATA & ACCESS

☎0576-32-3544（金山町観光協会）所岐阜県下呂市金山町岩瀬高平 開休料見学自由 交JR飛騨金山駅から車で30分 Pあり

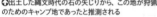

↑出土した縄文時代の石の矢じりから、この地が狩猟のためのキャンプ地であったと推測される

↑太陽や星の観測地だったという調査結果もあり、謎は深まる

拝ヶ石巨石群
おがみがいしきょせきぐん

熊本市西区
MAP P.321 C1

古代文明を彷彿させる
森の中にたたずむ巨石群

　金峰山北側の一峰・拝ヶ石山の山頂付近にあり、最も大きなものは9mもの高さがある。中世の祭祀遺跡と考えられているが、詳しいことはわかっていない。岩に古代の文字と思われるものが刻まれている、あるいは巨石の近くは磁気異常が見られるという説も話題となり、未知の巨石群として注目されている。

DATA & ACCESS

☎096-328-2393（熊本市観光政策課）所熊本市西区河内町東門寺 開休料見学自由 交JR熊本駅から車で30分 Pなし

発掘調査によりわずかな土器片が見つかっている

写真提供：熊本市

磐座は神域であり禁足地。御影山にも無数の岩がある

出雲大神宮の磐座
いずもだいじんぐうのいわくら

京都府亀岡市
MAP P.330 A1

歴史ある神社の神域に神聖なパワーが宿る

大国主命とその后神・三穂津姫命を御祭神とする日本有数の古社。境内には夫婦岩や春日社など多くの神聖な岩が存在するが、なかでも本殿裏手にある磐座はパワースポットとして有名だ。なお御神体山である御影山に入山するには、社務所でたすきを借りる必要がある。

☐ DATA & ACCESS

📞0771-24-7799 📮京都府亀岡市千歳町出雲無番地 🕐休料見学自由(磐座内は神域、禁足地) 🚃JR亀岡駅からJR千代川駅行きバスで10分、出雲大神宮前下車、徒歩すぐ 🅿あり

葦嶽山
あしたけやま

広島県庄原市
MAP P.327 C2

神秘的な巨石が露出する美しい円錐形の山

円錐形の美しい山は古代より先祖の霊が棲まう場所とみなされ、御神体山として祀られてきた。その代表格が「日本ピラミッド」の名称で知られる葦嶽山だ。山頂付近には花崗岩の巨石群や鏡石のような巨大な角柱群があり、神秘的な雰囲気が漂う。地元には、ここが神武天皇陵であるという伝説も残っている。

☐ DATA & ACCESS

📞0824-75-0173(庄原市観光推進機構) 📮広島県庄原市本村町 🕐休料見学自由 🚃[登山口]中国自動車道・庄原ICから車で30分 🅿あり

⬆謎の巨岩が多数存在している

⬆山が信仰の対象になっていたと思われる

⬆情報の少なさも謎を深める魅力のひとつ

円を描くように
9つの石が
配置されている

佐田京石

さだきょういし

大分県宇佐市
MAP P.323D2

神宿る山の麓に立つ
謎のストーンサークル

米神山の麓に並ぶ9本の柱状巨石。高さは2〜3mあり、祭祀遺産、鳥居の原型、仏教の経石など諸説あるが、誰がなんのために造営したのか、いまだ謎のまま。米神山の山中には、ほかにも「月ノ神谷」や「日ノ神谷」など多くの巨石群があり、神宿る山としてミステリアスな様相をていしている。

DATA & ACCESS

☎0978-34-4839(宇佐市観光協会安心院部会) 所大分県宇佐市安心院町佐田 休無 料見学自由 交東九州自動車道・安心院ICから車で5分 Pあり

猪群山環状列石

いのむれさんかんじょうれっせき

大分県豊後高田市
MAP P.323D2

霊場の祭祀遺跡に並ぶ
力を秘めた環状列石

かつては女人禁制の霊場とされていた標高458mの猪群山。頂には高さ4.5mの巨石を中心に、16個の石が楕円状に並ぶ。造営は1800年前と推定される。石は東西南北を正しく示して立てられており、邪馬台国の祭祀遺跡とも考えられるが、詳しいことはわかってない。巨石の近くで磁気異常が見られることから、パワースポットとして注目される。

DATA & ACCESS

☎0978-22-3100(豊後高田市商工観光課) 所大分県豊後高田市臼野 休無料見学自由 交[登山口]JR宇佐駅から車で30分 Pあり

直径東西33m
南北42mの
楕円状を
なしている

まるで水面に
浮いている
ように見える
謎の巨石

生石神社（石宝殿）
おうしこじんじゃ（いしのほうでん）

兵庫県高砂市
MAP P.328A2

日本三奇に数えられる
神秘的な石の御神体

大穴牟遅命と少毘古那命を御祭神とする生石神社。その御神体として祀られているのが、正面にある横約6.5m、高さ約5.6m、奥行約7.5m、重さ約500tの巨大な石造物で、2神が造営中だった石の宮殿が横倒しのまま起こすことができなくなったものと伝えられる。「鎮の石室」あるいは「浮石」とも呼ばれ、日本三奇のひとつに数えられる。

□ DATA & ACCESS

☎0794-47-1006 ㊟兵庫県高砂市阿弥陀町生石171 ㊡㊡参拝自由 ㊹100円 ㊝JR宝殿駅から徒歩25分 ㋲あり

◆宝殿山山腹にある生石神社

◆御神体の分岩「霊岩」

◆神社の裏手に、家を横たえたような巨石がある

この地域に多い磐座祭祀の象徴として祀られている「甑岩」

越木岩神社

こしきいわじんじゃ

兵庫県西宮市
MAP P.328A2

女性守護の神として信仰
東六甲山麓唯一の霊場

600～700年頃の創始と伝わる、東六甲山麓唯一の霊場。御神体は周囲約40m高さ約10mの霊岩「甑岩」で、その形状から安産・子授かりの御利益があるといわれてきた。400年ほど前の大坂城石垣工事の際、この岩を切り出そうとしたところ災いが起きたという伝説が残る。森に覆われた境内奥には、「北の磐座」も鎮座する。

↑社殿は磐座祭祀を経て昭和58年(1983)に改築された

↑市杵嶋姫命を祀っている岩社

DATA & ACCESS

☎0798-31-0009 🏠兵庫県西宮市甑岩町5-4 🈺休料参拝自由 🚃阪急・苦楽園口駅から徒歩15分 🅿あり

↑女性を守る神として祀られている

玉置神社玉石社
たまきじんじゃたまいししゃ

奈良県十津川村
MAP P.328B3

霊峰・玉置山の森の奥
杉の大木に抱かれて鎮座

大杉に囲まれるように御神体が鎮座する

崇神天皇の時代に創建されたと伝わる、熊野三山の奥の宮・玉置神社。そのもとになったとされるのが玉石社だ。熊野磐座信仰のひとつと崇められてきた御神体は、玉置神社の本殿と山頂のなかほどに鎮座する。玉石に礼拝する古代の様式を残しており、大峯修験道では本殿より先に玉石社に礼拝する習わしがある。

DATA & ACCESS

☎0746-64-0500(玉置神社) ⓐ奈良県十津川村玉置川1 ⓐⓑⓒ参拝自由 ⓧ京奈和自動車道・五條ICから車で2時間 ⓟあり

▲拝殿を持たない形の信仰形式を残している

▲深い山の奥にあるパワースポットだ

赤猪岩神社
あかいいわじんじゃ

鳥取県南部町
MAP P.327C1

再起を願う人々が訪れる
古事記再生神話の舞台

「大国主の再生神話」とは、兄神たちにだまされ焼いた大岩につぶされて落命した大国主が、母神と2人の女神の力によって生き返ったというもの。この神話の舞台「伯伎國之手間山本」の現在地とされる赤猪岩神社の境内には、大国主をつぶしたとされる大岩がある。大岩は地中深くに埋められており、見ることはできないが、再生の御加護を求めて、多くの人が神社を訪れる。

DATA & ACCESS

ⓐ鳥取県南部町寺内232 ⓐⓑⓒ参拝自由 ⓧ山陰自動車道・米子西ICから車で15分 ⓟあり

1300年前に編纂された『古事記』の神話の舞台

球形に風化した巨岩が険しい崖の上に鎮座する

ゴトビキ岩

ゴトビキいわ

和歌山県新宮市
MAP P.328B3

熊野大神が降臨した聖地
崖の上に鎮座する巨岩

熊野大神が初めて降臨したと伝わる神倉神社。巨岩ゴトビキ岩を御神体とし、高倉下命と天照大神を御祭神とする。御神体は権現山の麓から急な石段を上った先の天ノ磐盾という峻崖の上にあり、古代の人々は神が宿ると信じたという。1800年以上の歴史がある例大祭・お燈祭は、松明を持った上り子が石段を駆け下りる奇祭だ。

⬆急峻な石段を上り社殿を目指そう

⬆538段の自然石でできた階段の先にある

DATA & ACCESS

📞0735-22-2533（熊野速玉大社）📍和歌山県新宮市神倉1-13-8 🕐参拝自由 🚃JR新宮駅から徒歩15分 🅿あり

⬆新宮市と海を見渡せる絶景ポイントでもある

石舞台古墳

いしぶたいこふん

奈良県明日香村
MAP P.328B2

明日香の里を代表する
巨大な古墳

7世紀初め頃に造られた国内最大級の方墳。被葬者は蘇我馬子という説が有力。盛り土が失われて、巨大な石による横穴式石室が露出している。天井石(南側)の重さは約77t。積み上げられた30個ほどの石の総重量は約2300tにもなる。玄室内に入ることができる。

☐ D A T A ＆ A C C E S S
📞0744-54-3240(飛鳥観光協会) 🏠奈良県明日香村島庄 🕗8:30〜17:00 🚫無休 💴300円 🚌近鉄・飛鳥駅から橿原神宮前駅行きバスで20分、石舞台下車、徒歩すぐ 🅿あり

⬆巨大な石でできた舞台のようなたたずまいが、名前の由来ともいわれる。また明日香村には、亀のような動物が掘られた「亀石」、不思議な模様が彫られた岩「酒船石」などが点在し、悠久の歴史を感じさせる

岩屋山

いわやさん

広島県尾道市
MAP P.327C2

尾道三山の絶景を眼下に
巨石信仰の聖地を訪れる

しまなみ海道の出発点である向島の岩屋山には、巨大な巨石群が点在している。岩の形はさまざまで人為的な模様が残るものもあり、謎が多い。古代の巨石信仰の聖地であったといわれるほか、千光寺、西國寺、浄土寺が岩屋山に向かって建つことから、重要な地であったという説も語られている。なお、2023年3月現在、自然災害の影響で現地を訪問することはできないので、要注意。

⬆お堂の横には謎の形をした巨岩がよこたわる

⬆自然豊かな向島にある

祠になっている巨岩もあり古代の巨岩信仰を象徴しているよう

⬆岩屋巨の石割れ目には人為的な模様が残っている

対の狛犬 （坂の上の異人館）
ついのこまいぬ

神戸市中央区

MAP P.328A2

両方が口を開けた珍しい狛犬
間を通り抜けて邪気払い

　北野異人館街にある「坂の上異人館」で有名なのが「狛犬」。「阿吽」を表すのではなく、口を開けた対の形が不思議。2体の間を通ると邪気が払われるといわれる。

館内の裏庭に通じる場所にある「対の狛犬」

明治後期建築の東洋的な異人館

□ D A T A ＆ A C C E S S
☎0120-888-581（異人館うろこグループ オペレーションセンター）⑤神戸市中央区北野町2-18-2 ⑯公式サイトを確認 ⑭550円 ⑳JR三ノ宮駅／各線三宮駅から徒歩20分

願い橋、叶え橋
（津田の松原）　ねがいばし、かなえばし

香川県さぬき市

MAP P.325C1

風光明媚な松原で願掛け
行って帰れば願いが叶う橋

　「津田の松原」内を流れる梅川に架かる朱塗りの橋。往路は「願い橋」、復路は「叶え橋」。願い事を唱えながら渡り、「叶いますように」と念じながら引き返すと願いが叶うといわれている。

海に向かうのが往路で「願い橋」

戻るのが復路で「叶え橋」

□ D A T A ＆ A C C E S S
☎087-894-1114（さぬき市商工観光課）⑤香川県さぬき市津田町津田松原地内 ⑳JR讃岐津田駅から徒歩10分

サターンの椅子
（山手八番館）サターンのいす

神戸市中央区

MAP P.328A2

女性は右に男性は左に座ると願いが叶う椅子

「山手八番館」館内の「サターンの椅子」は座って願い事をすると叶うと言われる不思議な椅子。ローマ神話の神、サターンの彫刻が施され、女性は向かって右に、男性は左に座る。

←チューダー風の個性的な外観が特徴の「山手八番館」

DATA & ACCESS
☎0120-888-581(異人館うろこグループ オペレーションセンター) ⑩神戸市中央区北野町2-20-7 ⑩営公式サイトを確認 ⑭550円 ㉔JR三ノ宮駅／各線三宮駅から徒歩20分

↑19世紀頃のもので、もともとはイタリアの教会にあったという

めがね橋のハートストーン
めがねばしのパワーストーン

長崎県長崎市

MAP P.322B3

護岸にはめ込まれたハート石探して、さわって、恋愛成就

中島川に架かる眼鏡橋と魚市橋の間の護岸(左岸)に埋め込まれたハート形の石。触れると恋の願いが叶うといわれている。右上の2つの石が「i」に見えるので「i(アイ)ラブ」と読む人も。

DATA & ACCESS
☎095-829-1193(長崎市文化観光部文化財課) ⑩長崎県長崎市魚の町と諏訪町の間 ㉔JR長崎駅前から徒歩20分

↑どこにあるか探すのもお楽しみ
↑ハートストーンはこれ以外にも複数存在

願掛けなでさるぼぼ
（飛騨国分寺）がんかけなでさるぼぼ

岐阜県高山市　MAP P.331D2

願い事によって
撫で方が変わる願掛け像

　高山の「飛騨国分寺」の境内にある「願掛けなでさるぼぼ」。頭を撫でると頭がよくなる、心臓を撫でると出世できる、撫でた体の部分が健康になるなど、願い別に撫で方が異なる。

□ DATA & ACCESS

📞0577-32-1395（飛騨国分寺）🏠岐阜県高山市総和町1-83 🚃JR高山駅から徒歩5分

⬆願いが叶ってお役目を終えたさるぼぼを満願成就の棚にかけると供養していただける

⬅「さるぼぼ」とは、地元では、さるの赤ちゃん、という意味。お守りとしても親しまれている

縁結びかじか蛙（恋谷橋）
えんむすびかじかがえる

鳥取県三朝町　MAP P.327D1

温泉のシンボルガエル像を
優しくなでて恋愛成就

　三朝温泉街に架かる「恋谷橋」の中央に陶製の「縁結びかじか蛙」があり、優しく撫でると恋が実るといわれる。隣には絵馬掛け蛙もあり、カップルや夫婦に人気。

□ DATA & ACCESS

📞0858-43-0431（三朝温泉観光協会）🏠鳥取県三朝町三朝温泉街 🚃JR倉吉駅から車で12分

⬆三朝川に生息するカジカガエルがモチーフ
⬅映画の舞台にもなった「恋谷橋」

貧乏が去る像（JR佐世保駅）
びんぼうがさるぞう

長崎県佐世保市　MAP P.322B3

貧乏神を撫でたあとに
頭上の猿を撫でるのを忘れずに

　JR佐世保駅構内にひっそりとたたずむ、知る人ぞ知る「貧乏が去る像」。貧乏神を撫でたあとに、頭上に乗っている猿を撫でると「貧乏が猿（去る）」。愛らしくどこかとぼけた表情も魅力だ。

□ DATA & ACCESS

📞0956-22-6630（佐世保観光情報センター）🏠長崎県佐世保市三浦町21-1 🚃JR佐世保駅構内

⬆駅構内の佐世保観光情報センター（佐世保観光コンベンション協会）前に設置されている

⬅ゲームソフト会社がゲームのキャラクターをモチーフに制作した「貧乏が去る像」

砂の泉（茶臼山高原）
すなのいずみ

愛知県豊根村　MAP P.329D1

茶臼山山頂に願いを届ける
キューピッドの矢

　愛知県最高峰の茶臼山山頂近くに「砂の泉」のモニュメントがある。上から見るとキューピッドの矢になっており、「ローズクォーツ（天然石）」を投げ入れると願いが叶うという。

平成22年（2010）に「恋人の聖地」に認定された

DATA & ACCESS
📞0536-87-2345（茶臼山高原協会）🏠愛知県豊根村坂宇場字御所平70-185 ⏰11:00〜15:00（土・日曜、祝日は9:00〜16:30）休無休 料ローズクォーツは400円 🚗名古屋ICから車で約2時間

→シバザクラの名所としても知られる「茶臼山高原」

縁結び七福童子
えんむすびしちふくどうじ

福岡市博多区　MAP P.323C2

電車ごっこをしている童子を
撫でて縁結び祈願

　JR博多駅前広場の大屋根の柱と、駅屋上の「つばめの杜ひろば」に設置されているのが、電車ごっこをしている「縁結び七福童子」。童子の頭を撫でるとご利益があるという噂が。

←「縁結び七福童子」は奈良県の「せんとくん」の作者で彫刻家の籔内佐斗司氏の作品

↑実際に手が届くのは屋上の童子のみ

DATA & ACCESS
📞092-431-8484（アミュプラザ博多インフォメーション）🏠福岡市博多区博多駅中央街1-1 博多駅前広場 大屋根の柱／JR博多シティ つばめの杜ひろば 🚉博多駅直通

フクマネキン［福招金］
（唐戸市場2階）

山口県下関市　MAP P.323C2

福を呼ぶ魚として愛される
フグを探して撫でてみよう

　山口県下関町の唐戸市場の2階にある。顔を撫でると、訪れた人の幸福を叶え、商人には商売繁盛を招くという言い伝えがある。開いた口の中はご利益を願う賽銭がぎっしり。

DATA & ACCESS
📞083-231-0001（唐戸市場）🏠山口県下関市唐戸町5-50 ⏰5:00〜15:00（日曜、祝日は8:00〜）休不定休 🚉JR下関駅からサンデン交通バスで唐戸下車、徒歩すぐ

↓なかなか見つからない場所にあるフクマネキン

下関を代表する魚卸売市場「唐戸市場」→

二俣橋
ふたまたばし

熊本県美里町　MAP P.321C1

「恋人の聖地」に認定
橋の下に現れるハート形

　釈迦院川と津留川の合流点に架かる石橋。「二俣福良渡」に立って、「二俣渡」の下に、太陽の光が映し出すハート形を見ることができたら恋が叶うといわれている。

□ **D A T A & A C C E S S**
☎0964-47-1112(美里町役場 林務観光課)　⚐熊本県美里町佐俣・小筵　🚗九州自動車道・松橋ICから車で15分

⬆ハート形が見えるのは、11〜2月の11〜12時頃。季節によって時間は微妙に異なる

ポルチェリーノ
（うろこの家）

神戸市中央区　MAP P.328A2

鼻先を撫でると幸運に恵まれる
中庭に鎮座する猪のブロンズ像

　外壁のうろこ模様が特徴的な「うろこの家」の中庭にある「ポルチェリーノ」と呼ばれる猪のブロンズ像。鼻を撫でると幸運に恵まれるといわれ、休日には周りに行列ができることも。

⬆外国人向け高級住宅として建てられた

□ **D A T A & A C C E S S**
☎0120-888-581(異人館うろこグループ オペレーションセンター)　⚐神戸市中央区北野町2-20-4 ㊙　🕐公式サイトを確認　🈯うろこの家展望ギャラリー1050円　🚃JR三ノ宮駅／各線三宮駅から徒歩20分

⬅多くの人になでられ、鼻先だけ色が変わってしまった「ポルチェリーノ」

ビリケンさん（通天閣）
ビリケンさん

大阪市浪速区　MAP P.330A2

足の裏をなでると喜び
願いを叶える幸運の像

　通天閣5階展望台で来館者を迎えるのが有名な「ビリケンさん」だ。手が短く、お腹が出ているため、足の裏をなでるととても喜び、さわった人の願いを叶えるといわれる。

□ **D A T A & A C C E S S**
☎06-6641-9555(通天閣)　⚐大阪市浪速区恵美須東1-18-6 5F　🕐10:00〜20:00(最終入場19:30)　🈺無休　🈯900円　🚃地下鉄・恵美須町駅から徒歩3分

⬆現在の「通天閣」は昭和31年(1956)に再建された2代目にあたる

⬅アメリカの女性芸術家の夢のなかに現れたイメージがもとになったという「ビリケンさん」

愛野駅（島原鉄道）
あいのえき

長崎県雲仙市 　MAP P.322B3

**大切な人とともに訪れたい
愛にあふれるロマンチックな駅**

「愛野駅」と「吾妻駅」をつなげると「愛しの(野)吾が妻」と読めることから。「愛の後戻りはできません」という意味を込めて「愛野から吾妻ゆき」の片道切符が付いた「最愛認定証」も販売。

□ D A T A & A C C E S S
☎0957-62-2232(島原鉄道本社鉄道課) 所長崎県雲仙市愛野町甲3873-3 時平日6:30～11:20(窓口営業時間) 休日曜、祝日 料最愛認定証は250円

↑屋根にはハートの矢、外壁にはハート形のクローバーがちりばめられたメルヘンな駅舎

幸せの椅子
（松江フォーゲルパーク） しあわせのいす

島根県松江市 　MAP P.327C1

**一年中満開の花園に
絆深める恋人たちのベンチ**

花いっぱいの温室「センターハウス」にあるベンチ。恋人同士で腰掛けて愛を誓えば、固い絆で結ばれるといわれている。近くには花で覆われた大きなリース「幸せのハート」も。

↑宍道湖ほとりの丘陵地に広がる敷地32万㎡の全天候型パーク

□ D A T A & A C C E S S
☎0852-88-9800(松江フォーゲルパーク) 所島根県松江市大垣町52 時9:00～17:30(10～3月は～17:00、入館は閉館の各45分前まで) 休無休 料1650円 交一畑電車・松江フォーゲルパーク駅から徒歩すぐ

↑撮影にぴったりなスポット

めでたいでんしゃ
（南海電鉄）

和歌山県和歌山市 　MAP P.328A2

**紀州は加太名物の鯛がモチーフ
乗れば"めでたい"観光列車**

加太線の観光列車で、鯛をデザインしたラッピング車両。魚形のつり革をはじめ、座席シートや窓、床まで、車内のいたるところに鯛のモチーフがちりばめられており、めでたさいっぱい！

□ D A T A & A C C E S S
☎06-6643-1005(南海テレフォンセンター) 料片道340円(和歌山市駅～加太駅)円 ※運行ダイヤは公式サイトを確認

←「かしら」「なな」「さち」「かい」の4種類

↓運行区間は紀ノ川駅～加太駅

ご縁電車しまねっこ号Ⅱ
（一畑電車）ごえんでんしゃしまねっこごうツー

島根県出雲市　**MAP** P.327C1

出会えたらラッキー！
観光キャラのラッピング列車

　島根県の観光キャラクター「しまねっこ」のラッピング列車で、見かければ幸運がくるという。車両は2両編成で1両目の車内はピンク色。床の「ご縁あみだくじ」が楽しい。

□ DATA & ACCESS

☎0853-62-3383(一畑電車営業課) 圖一畑電車1日フリー乗車券1600円 ※販売当日限り有効

↑運行区間・時間は日々変わるので出会えたらラッキー！

←「しまねっこ」が幸運を運んでくれる

立ち寄り湯 恩湯
（長門湯本温泉）たちよりゆ おんとう

山口県長門市　**MAP** P.323C1

住吉大明神に見守られて
神授の温泉で心身ともに浄化

　長門湯本温泉の原点である元湯を再建し、泉源の上に新たに建てられた施設。住吉大明神像が鎮座しており、古代より絶え間なく湧き続ける、ありがたい「神授のお湯」を享受できる。

→長門湯本温泉は室町時代に住吉大明神のお告げによって発見された山口県で最古の温泉

□ DATA & ACCESS

☎0837-25-4100 圃山口県長門市深川湯本2265 圖10:00〜22:00 圏第3火曜（祝日の場合は変更あり）圈900円 ㊂JR新山口駅から車で1時間

しあわせの青いめのう
しあわせのあおいめのう

島根県松江市　**MAP** P.327C1

「三種の神器」発祥の土地に
幸運を呼ぶパワーストーン

　三種の神器「八尺瓊勾玉」（やさかにのまがたま）が作られたとされる玉造。その温泉街を流れる玉湯川の中に小さな勾玉島があり、中央の青めのうの原石にふれると幸運が訪れるという。

□ DATA & ACCESS

☎0852-62-3300(松江観光協会 玉造温泉支部) 圃島根県松江市玉湯町玉造 ㊂JR玉造温泉駅から造温泉行きバスで6分、温泉上下車、徒歩すぐ

↑川のほとりに足湯があり、そこから数歩

勾玉の形に似た勾玉島→

銭形砂絵
ぜにがたすなえ

香川県観音寺市　　MAP P.325C1

ビッグサイズの「寛永通宝」
一目見れば金運もアップ!?

観音寺市の有明浜に描かれた「寛永通宝」の巨大な砂絵。江戸時代寛永の頃に一夜でつくられたとか。この砂絵を見れば、健康で長生きができ、お金にも不自由しないと伝えられている。

DATA & ACCESS
☎0875-24-2150(観音寺市観光協会) 🏠香川県観音寺市有明町14 🚉JR観音寺駅から車で5分

↑砂絵を見て購入した宝くじが高額に当選したという噂から金運スポットとしても注目の的

猪目窓 (正寿院)
いのめまど

京都府宇治田原町　　MAP P.330B2

日本古来の伝統文様は
災いを退け、福を招くハート形

鎌倉時代創建の古刹。客殿にあるハート形にそっくりな「猪目窓」が福を招く映えスポットとして人気。さらに、陽が射し込むとできるハート形の影「幸せのおかげ」も評判に。

↑客殿「則天の間」にある猪目窓

DATA & ACCESS
☎0774-88-3601(正寿院) 🏠京都府宇治田原町奥山田川上149 🕐9:00〜16:30(12〜3月は10:00〜16:00)※最終受付は閉門15分前 🈺8月17日 💴600円 🚉JR宇治駅から車で30分

↑猪目は除災、招福の意味を持つ日本の伝統文様

ハートのオリーブの葉
(道の駅小豆島オリーブ公園) ハートのオリーブのは

香川県小豆島町　　MAP P.325C1

ハート形の葉っぱは幸運の証し
広大なオリーブ畑で幸せ探し

小豆島では、2枚の葉が寄り添ってひとつのハート形になったオリーブの葉を見つけると幸せになれるという。見つけた葉っぱは、施設内の「オリーブ記念館」でしおりにできる。

DATA & ACCESS
☎0879-82-2200(小豆島オリーブ公園) 🏠香川県小豆島町西村甲1941-1 🕐8:30〜17:00 🈁無休 💴無料 🚉土庄港から車で25分

↑しおりにして自分だけのお守りにしよう
↑オリーブとハーブを楽しめる複合施設

福石猫（猫の細道）
ふくいしねこ

広島県尾道市　MAP P.327C2

さまざまな表情が楽しい
福を運ぶ猫のストーンアート

　園山春二氏が猫を描いた丸い石。「猫の細道」と称される小道を中心に、街の各所で1000匹以上の「福石猫」を見ることができる。3回撫でると願いが叶うともいわれ、尾道名物となっている。

↑尾道を拠点に活動するアーティストの作品

↑荒波にもまれて丸くなった石に猫を描き、艮神社でお祓いを受けて「福石猫」となる

DATA & ACCESS
☎0848-36-5495(尾道観光協会)　所広島県尾道市東土堂町 猫の細道ほか　交千光寺山ロープウェイ山麓駅から徒歩すぐ

純金の茶釜
（足立美術館内「寿楽庵」）
じゅんきんのちゃがま

島根県安来市　MAP P.327C1

茶の湯に宿る純金パワー
招福、長寿を願って一服

　金は古来不変のシンボルとして尊ばれてきた。茶室「寿楽庵」では、純金の茶釜で沸かした湯で点てた抹茶(1000円)を提供しており、「福を招く」「願い事が叶う」「延命をもたらす」といわれている。

↑霰の釜肌が煌めく純金の茶釜

↑「寿楽庵」の床の間には、日本庭園を双幅の掛軸のように眺める粋な趣向が

DATA & ACCESS
☎0854-28-7111(足立美術館)　所島根県安来市古川町320　営9:00～17:30(10～3月は～17:00)　休無休　料2300円　交JR安来駅から無料シャトルバスで20分

おしろい地蔵さま（清厳寺）
おしろいじぞうさま

島根県松江市　MAP P.327C1

お地蔵さまにおしろいを塗って
美肌や病気回復を願う

　美肌を叶えてくれるという地蔵尊。かつて顔にあざのあったお坊さんがお地蔵さまにおしろいを塗って祀ったところ、あざが治ったということから、美肌祈願の信仰が始まった。

↑臨済宗の古刹。境内には、出雲観音霊場三十三番札所の最後の札所「岩屋寺」がある

↑本堂を参拝し「おしろい祈願札」を納めてから、備え付けのおしろいを塗るのが作法

DATA & ACCESS
☎0852-62-0516(清厳寺)　所島根県松江市玉湯町玉造530　営8:00～日没　休無休　料無料　交JR玉造温泉駅から玉造温泉行きバス、玉造案内所下車、徒歩5分

祈りの道を歩く

巡礼の旅

多様な風景や人々と出会いながら
自分と向き合い、心を浄化する旅

四国八十八ヶ所

しこくはちじゅうはっかしょ

弘法大師の足跡をたどって八十八ヶ所の霊場を巡る全長約1400kmの四国遍路。
巡礼によって人間が持つ88の煩悩が消え去り、悟りに至って願いが叶うという。

四国遍路は巡礼の旅であり、歩き遍路が本来の姿。ただし距離が長く道も険しいため、最近は電車やバス、マイカーなどを使う人が多い。まわる順番は、1番から88番札所までを順にまわる「順打ち」のほか、その逆の「逆打ち」、何回かに分けてまわる「区切り打ち」などがある。

遍路道は4県ごとに意味があり、それぞれ「発心・修行・菩提・涅槃」の道場と呼ばれる。仏教の悟りに至るまでの4段階を表したもので、各県のルートの特徴や気候風土も反映されている。服装は白装束が基本で、弘法大師の分身である金剛杖を持つのが伝統スタイル。地元の人が食べ物や宿泊場所などを提供してくれる風習「お接待」にも心が温まる。

↑お遍路の衣装と道具を揃えて出発。竹林寺

↑豊かな自然の風景に出会えるのも魅力だ

> ## 菩提の道場（愛媛県）
>
> 厳しい修行のあと、世俗の迷いを離れ、悟りの知恵を得るといわれる「菩提の道場」。瀬戸内海側の温暖な気候のなかを巡る癒しのルートで、4県のうち最も多い26カ寺がある。40番の観自在寺は始まりの地から最も遠く、四国巡礼の折り返し地点。51番の石手寺の近くには名湯の道後温泉が湧く。

車がない時代からお遍路さんが使ってきた道を通って巡礼。達成感を味わえる

涅槃の道場（香川県）

ついに煩悩を断ち切って悟りの境地に達する「涅槃の道場」へ。66番の雲辺寺は四国霊場の最高峰で、ロープウェイからの眺望も見どころ。弘法大師の生誕地とされる75番の善通寺など、大師ゆかりの寺が多いのも特徴。数々の史跡が残る山里の道を経て、結願の地となる88番の大窪寺に到達する。

瀬戸内海

小豆島・豊島・男木島・女木島・直島・手島・広島・本島・瀬戸大橋・坂出市・宇多津町・丸亀市・高松市・三木町・さぬき市・東かがわ市・綾川町・まんのう町・善通寺市・観音寺市・三豊市・四国中央市・新居浜市・大豊町・本山町・土佐町・いの町・高知市・南国市・香南市・香美市・馬路村・安芸市・安田町・北川村・東洋町・海陽町・室戸市・徳島県・香川県・高知県・愛媛県・太平洋・土佐湾

P.317 屋島寺　P.317 善通寺　P.316 焼山寺　P.316 平等寺　P.316 竹林寺　P.316 最御崎寺

76金倉寺 77道隆寺 78郷照寺 74甲山寺 72曼荼羅寺 71弥谷寺 70本山寺 69観音寺 68神恵院 67大興寺 66雲辺寺 65三角寺 73出釈迦寺 75善通寺 80国分寺 79天皇寺 81白峯寺 82根香寺 83一宮寺 84屋島寺 85八栗寺 86志度寺 87長尾寺 88大窪寺

1霊山寺 2極楽寺 3金泉寺 4大日寺 5地蔵寺 6安楽寺 7十楽寺 8熊谷寺 9法輪寺 10切幡寺 11藤井寺 12焼山寺 13大日寺 14常楽寺 15国分寺 16観音寺 17井戸寺 18恩山寺 19立江寺 20鶴林寺 21太龍寺 22平等寺 23薬王寺 24最御崎寺 25津照寺 26金剛頂寺 27神峯寺 28大日寺 29国分寺 30善楽寺 31竹林寺 32禅師峰寺 33雪蹊寺 34種間寺 35清瀧寺 36青龍寺 37岩本寺

修行の道場（高知県）

札所と札所の距離が離れているところが多く、まさに「修行の道場」。37番の岩本寺と38番の金剛福寺の間は約94kmもある。室戸岬から足摺岬まで、太平洋沿いの荒々しい絶景を眺めながら長い旅が続く。弘法大師が悟りを開いたと伝えられる洞窟「御厨人窟」などの名所にも立ち寄りたい。

発心の道場（徳島県）

「順打ち」遍路の始まりとなる徳島県は、悟りを得ようと心を起こす「発心の道場」といわれる。初めは各札所の距離が近くまわりやすいルートが続き、巡礼の作法やコツを学ぶのに最適。12番の焼山寺は標高約700mに位置する最初の難所で、転がり落ちるほど道が険しい「遍路ころがし」のひとつ。

N　0　20km

315

焼山寺
しょうざんじ

徳島県神山町
MAP P.325C2

大蛇封じ込めの伝説が残る

四国霊場で2番目に高い山岳札所。火を吐く大蛇を弘法大師が封じ込めたという奇異な岩窟がある。推定樹齢300年の杉の巨木は焼山寺のシンボル。

□ **DATA & ACCESS** ☎088-677-0112 所徳島県神山町下分地中318 営納経受付8:00～16:30 休無休 料無料 交JR徳島駅から徳島バスで1時間10分、寄井中停留所で乗り換え、神山町営バスで10分、焼山寺下車、徒歩60分 Pあり

↑標高938mの焼山寺山の8合目近くにある

平等寺
びょうどうじ

徳島県阿南市
MAP P.325D2

病を治す「弘法の霊水」が湧く

弘法大師が刻んだ薬師如来像を本尊とし、心身の病を癒す仏として信仰を集める。弘法大師が掘った井戸からは、万病に効くとされる霊水が湧き続ける。

□ **DATA & ACCESS** ☎0884-36-3522 所徳島県阿南市新野町秋山177 営本堂6:00～17:00、納経受付7:00～17:00 休無休 料無料 交JR新野駅から徒歩30分 Pあり

↑境内はお寺の伝承にちなんで五色の幕で彩られている

最御崎寺
ほつみさきじ

高知県室戸市
MAP P.325C3

空海七不思議の「鐘石」が有名

弘法大師が悟りを開いた場所とされる室戸岬の頂上に位置する。叩くと鐘のような高い音がする「鐘石」があり、弘法大師の七不思議に数えられる。

□ **DATA & ACCESS** ☎0887-23-0024 所高知県室戸市室戸岬町4058-1 営7:00～17:00 休無休 料無料 交土佐くろしお鉄道・奈半利駅から車で1時間 Pあり

↑弘法大師自らが斧を取り製作したといわれる「虚空蔵大菩薩」がある

竹林寺
ちくりんじ

高知県高知市
MAP P.325C2

願いが一つだけ叶うお地蔵様

四国霊場で唯一、文殊菩薩を本尊とする寺。五重塔の近くには、願いを一つだけ叶えてくれるという「一言地蔵」があり、隠れた人気スポットに。

□ **DATA & ACCESS** ☎088-882-3085 所高知県高知市五台山3577 営境内8:00～17:00、名勝庭園・宝物館8:30～17:00 休無休 料拝観料400円 交JR高知駅からMY遊バスで26分、竹林寺前下車、徒歩すぐ Pあり

↑県内唯一の五重塔を持つ竹林寺のある五台山は標高145m

険しい山中にたたずむ札所や海沿いの札所など、個性豊かな札所を訪れたい。

巡礼の旅

四国八十八ヶ所

岩屋寺
いわやじ
愛媛県久万高原町
MAP P.324B2

巨岩の迫力と霊気に包まれる

岩山の中腹に埋め込まれるようにお堂がたたずむ山岳霊場。山全体が本尊で荘厳な雰囲気が漂う。神通力を持つ法華仙人が住んでいたとの伝説がある。

DATA & ACCESS ☎0892-57-0417 所愛媛県久万高原町七鳥1468 開納経受付7:00～17:00 休無休 料無料 交松山自動車道・松山ICから車で1時間10分 Pあり

↑本堂そばの岩屋へははしごで上がることができ、境内を一望できる

石手寺
いしてじ
愛媛県松山市
MAP P.324B2

異世界を思わせる洞窟は必見

国宝の仁王門をはじめ貴重な文化財が多数。本堂裏には「マントラ洞窟」などの不思議スポットがある。持ち帰ると子が授かるという「子宝石」も有名。

DATA & ACCESS ☎089-977-0870 所愛媛県松山市石手2-9-21 開宝物館8:00～17:00 休無休 料宝物館／大人200円 交伊予鉄道・松山市駅から伊予鉄バスで20分、石手寺下車、徒歩すぐ Pあり

↑本堂、三重塔、鐘楼など国の重要文化財が7つもある

善通寺
ぜんつうじ
香川県善通寺市
MAP P.325C1

大師生誕の聖地で戒壇めぐり

弘法大師誕生の地で、大師三大霊跡のひとつ。御影堂では暗闇のなかを歩く「戒壇めぐり」が体験できる。樹齢1000年を超える大楠は県の天然記念物。

DATA & ACCESS ☎0877-62-0111 所香川県善通寺市善通寺町3-3-1 開本堂7:00～17:00、戒壇めぐり・宝物館拝観8:00～17:00(受付～16:30) 休無休 料戒壇めぐり・宝物館拝観セット500円 交JR善通寺駅から徒歩20分 Pあり

↑凛々しくそびえ立つ五重塔

屋島寺
やしまじ
香川県高松市
MAP P.325C1

タヌキを祀る蓑山大明神がある

源平合戦の舞台となった屋島山頂にある寺。境内には日本三大タヌキのひとつ「太三郎狸」を祀る蓑山大明神があり、夫婦円満や子宝のご利益で知られる。

DATA & ACCESS ☎087-841-9418 所香川県高松市屋島東町1808 開宝物館9:30～17:00、記帳受付7:00～17:00 休不定休 料宝物館500円 交ことでん・琴電屋島駅から屋島山上シャトルバス利用 Pあり

↑夫婦の縁結び、子宝、家庭円満にご利益のある寺とされている

317

古くから観音信仰が受け継がれる
日本で最も歴史ある巡礼の道を歩く

西国三十三所
さいごくさんじゅうさんしょ

西国三十三所巡りは、観音菩薩を祀る33の寺院を
まわって参拝する日本最古の巡礼。2府5県(京都、大
阪、和歌山、奈良、兵庫、滋賀、岐阜)に札所が点在し
ており、総距離は約1000kmにおよぶ。その歴史は養
老2年(718)、大和国長谷寺の徳道上人が病で仮死状
態におちいった際、冥土で閻魔大王からお告げを受け、
33の霊場を定めたのが始まり。当時は人々に理解され
なかったが、約270年の時を経て花山法皇が途絶えて
いた観音巡礼を再興し、一般に広まったといわれる。
札所には1番から33番まで番号が付けられているが、
まわる順番は自由。すべての札所を巡り終えると「満
願」となり、極楽往生ができると信じられている。

↑第33番札所で結願・満
願のお寺として知られる、
谷汲山華厳寺。満願札所で
は打ち止めの印として3種
の御朱印をいただける

↓「清水の舞台」で知られ
る京都・清水寺も札所のひ
とつ

↑第1番札所、青岸渡寺。三重塔と那智の滝を眺められる打ち始めの寺だが、巡礼の順番は決まっていない

海と山が織りなす絶景に抱かれ
弘法大師が開いた真言宗の寺を巡る

小豆島八十八ヶ所
しょうどしまはちじゅうはちかしょ

　小豆島八十八ヶ所は、弘法大師が故郷の讃岐と京都の間を往来する際、しばしば立ち寄って修行や祈念を行ったと伝えられる霊場。88カ所に奥の院6カ所を加えた94カ所が公認霊場とされ、寺院霊場30、山岳霊場10余、堂坊50余に分けられる。すべて真言宗の寺院で、なかでも、険しい山谷の地形を生かした山岳霊場が特徴的。全行程約150kmで、まわる順番に決まりはなく、どこから始めてもよいとされている。車がなかった時代の遍路道が今も良好な状態で数多く残されており、体力と時間があれば歩いて巡るのがおすすめ。変化に富んだ自然の風景や地元の人々の「お接待」など、小豆島の多彩な魅力にふれることができる。

↑第60番札所の江洞窟は弘法大師が悪魔を封じ、弁財天を祀ったといわれる地。梵字の「あ」が刻まれた玉石が岩壁の中にある

↑ご本尊である浪切不動明王の周りを3回まわると願いが叶うと伝えられている碁石山は第2番札所。島ならではの風景が楽しめる

美しい自然に彩られた神話の地で
33の札所と特別霊場を参拝する

出雲三十三観音霊場
いずもさんじゅうさんかんのんれいじょう

　約1000年の歴史を持つ出雲三十三観音霊場。平安時代に花山法皇が巡礼したのが起源といわれ、観音菩薩を本尊とする33の札所と、特別霊場の一畑薬師を合わせた全34の寺院からなる。島根県東部の松江・出雲・安来・雲南市に各札所があり、1番の長谷寺から33番の清巌寺まで、全行程は約220km。徒歩ですべて巡ることも可能だが、きつい坂道もあるためバスやマイカーなどを利用する人も多い。とくに29番の朝日寺は、急勾配の道が500mほど続く最大の難所。標高約342mの朝日山頂上にあり、眼下に広がる宍道湖や日本海の眺めが素晴らしい。結願の地となる清巌寺を参拝したあとは、近くの玉造温泉で旅の疲れを癒したい。

↑第21番札所の清水寺は厄払いの寺として有名。本堂奥の三重塔は高さ33mで、山陰唯一の木造の多宝塔。四季折々の景色を楽しめる

↑玉造温泉街にある第33番の清巌寺には「おしろい地蔵さま」があり、おしろいを塗って美肌祈願ができることで女性に人気

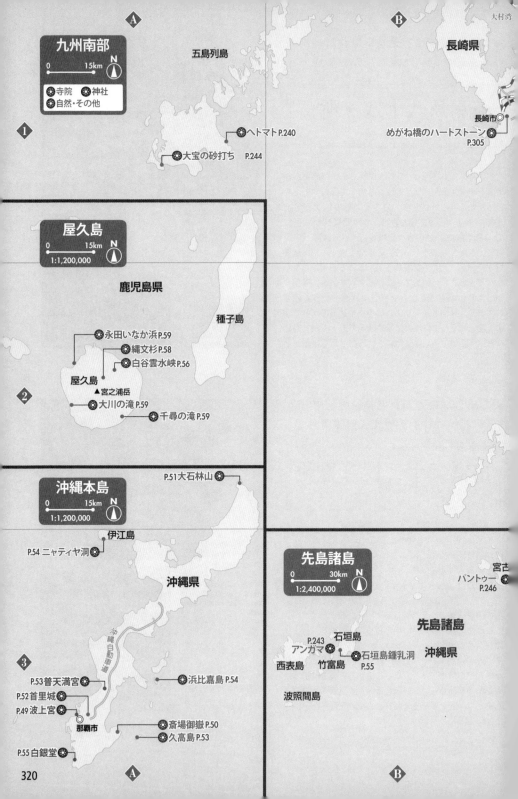

九州南部

0 ──── 15km N

◉寺院　◉神社
◉自然・その他

五島列島

長崎県

◉ヘトマト P.240

◉大宝の砂打ち　P.244

長崎市
◉めがね橋のハートストーン
P.305

大村湾

屋久島

0 ──── 15km N
1:1,200,000

鹿児島県

種子島

◉永田いなか浜 P.59
◉縄文杉 P.58
◉白谷雲水峡 P.56

屋久島

▲宮之浦岳
◉大川の滝 P.59
◉千尋の滝 P.59

P.51大石林山◉

沖縄本島

0 ──── 15km N
1:1,200,000

伊江島

P.54 ニャティヤ洞◉

沖縄県

沖縄自動車道

P.53普天満宮◉
P.52首里城◉
P.49波上宮◉
那覇市

◉浜比嘉島 P.54

◉斎場御嶽 P.50
◉久高島 P.53

P.55白銀堂◉

先島諸島

0 ──── 30km N
1:2,400,000

宮古
パントゥー◉
P.246

先島諸島

石垣島
P.243
アンガマ◉
◉石垣島鍾乳洞
西表島　竹富島　P.55
沖縄県

波照間島

有明海

C

ⓒ 国造神社 P.44　D

ⓒ 阿蘇神社 P.45

豊肥本線

大分県

鹿児島本線

九州新幹線

ⓒ 寂心緑地 P.159

阿蘇山▲

ⓒ 高森殿の杉 P.46

ⓒ 上色見熊野座神社 P.44

拝ヶ石巨石群 P.296 ⓒ

◎熊本市

ⓒ 穂嶽神社 P.41

ⓒ 荒立神社 P.41

ⓒ 天岩戸神社 P.40

ⓒ 天安河原 P.40

ⓒ 高千穂神社 P.40

ⓒ 高千穂峡 P.39

ⓒ 国見ヶ丘 P.41

1

▲雲仙岳

九州自動車道

P.43白川水源 ⓒ

草部吉見神社 P.45

愛野駅

原鉄道)

P.309

三角線

ⓒ 二俣橋 P.308

幣立神宮 ⓒ

P.46

熊本県

宮崎県

日豊本線

日豊本線

日薩線

銀鏡神楽

(銀鏡神社)

P.245 ⓒ

青井阿蘇神社 ⓒ

P.131

P.178 都萬神社 ⓒ

日薩線

大淀川

ⓒ みそぎ池 P.113

2

霧島山▲

宮崎市

大淀川

P.156霧島神宮 ⓒ

鹿児島県

P.235 東霧島神社 ⓒ

吉都線

ⓒ 青島神社 P.181

九州新幹線

宮崎自動車道

蒲生八幡神社 ⓒ

P.160

鹿児島本線

ⓒ 鵜戸神宮 P.248

ⓒ 月讀神社 P.152

ⓒ 弥五郎どん祭り P.246

(岩川八幡神社)

桜島

◎

鹿児島市

日南線

P.246 ヨッカブイ ⓒ

(南さつま市)

鹿児島湾

指宿枕崎線

ⓒ 大塚神社 P.158

3

長崎鼻・龍宮神社 ⓒ

P.185·256

C

D

321

九州北部

0　　15km

N

⊛ 寺院　⊛ 神社
⊛ 自然・その他

P.63 天神多久頭魂神社 ⊛

対馬

P.62 白嶽 ⊛

⊛ 万松院 P.63

P.62　龍良山原始林 ⊛

沖ノ島 ⊛
P.68

⊛ 月讀神社 P.60
⊛ 龍蛇神社 P.61
⊛ 住吉神社 P.61
⊛ 小島神社 P.61

壱岐

P.60 男嶽神社 ⊛

P.258 桜井二見ヶ浦 ⊛

P.185 櫻井神社 ⊛

筑肥線

佐賀

唐津線

長崎自動車

P.155 武雄神社 ⊛

佐世保線

西九州自動車道

貧乏が去る像（JR佐世保駅）⊛
P.306

祐徳稲荷神社 ⊛
P.181

大村線

長崎本線

大村湾

五島列島

長崎県

新
西
幹
九
線
州

長崎本線

長崎市

⊛ ヘトマト P.240

めがね橋のハートストーン ⊛
P.305

愛野駅
（島原鉄道）
P.309

⊛ 大宝の砂打ち P.244

C

D

I

❀ 元乃隅神社
P.254

❀ 立ち寄り湯 恩湯
（長門湯本温泉）P.310
❀ 別府弁天池 P.286

山口県

❀ どじょう森様 P.170

山口市

❀ フクマネキン[福招金]
（唐戸市場 2階）P.307

❀ 防府天満宮
P.165

❀ 笑い講（小俣八幡宮）
P.246

❀ 赤間神宮 P.177
❀ 足立山妙見宮
P.239
❀ 篠崎八幡神社 P.177

❀ 宗像大社
P.94
❀ 宮地嶽神社
P.260

島
68
❀

❀ 志賀海神社 P.70

福岡市
❀ 筥崎宮 P.193

❀ 緑結び七福童子 P.307
❀ 宝満宮竈門神社 P.234
❀ 太宰府天満宮 P.76

福岡県

❀ 三角池 P.286
❀ 猪群山環状列石 P.298
❀ 宇佐神宮 P.90
❀ 大元神社
P.146

❀ 英彦山神宮 P.151
P.298 佐田京石 ❀

❀ 一比山神社 P.169

❀ 水天宮 P.96
❀ 浮羽稲荷神社 P.262

❀ 高良大社 P.172

佐賀市

❀ 大分市

大分県

❀ 水田天満宮
P.187

❀ 四山神社
P.189

P.46 押戸石の丘 ❀
P.43 大観峰 ❀

❀ 阿蘇神社 P.45
❀ 国造神社 P.44

筑後川

海

雪仙岳

❀ 寂心緑地 P.159

❀ 拝ヶ石巨石群
P.296

阿蘇山 ▲

❀ 高森殿の杉 P.46
❀ 上色見熊野座神社 P.44

熊本市

P.43白川水源
草部吉見神社 ❀
P.45

❀ 穂觸神社 P.41
❀ 荒立神社 P.41
❀ 天岩戸神社 P.40
❀ 天安河原 P.40
❀ 高千穂神社 P.40
❀ 高千穂峡 P.39
❀ 国見ヶ丘 P.41

❀ 二俣橋 P.308

❀ 幣立神宮
P.46

熊本県

宮崎県

C

D

2

3

323

浜田自動車道

江の川

山陰本線

島根県

品の滝 ❀ P.282

福塩線

山口線

芸備線

広島県

中国自動車道

I

広島自動車道

山陽新幹線

阿伏兎観音 ❀ P.179

山陽本線

西國寺 ❀ P.166

山口県

広島市

❀ 豊国神社（千畳閣）P.74

P.312 福石猫（猫の細道）

❀ 厳島神社 P.72

呉線

P.303 岩屋山

❀ 霊火堂 P.153

P.169 耳明神社

P.98 大山祇神社 ❀

立石山遺跡 ❀ P.295

❀ 亀居山放光院
大願寺 P.74·195

西瀬戸自動車道

瀬戸内海

❀ 大本山大聖院 P.74

山陽自動車道

❀ 岩國白蛇神社 P.191

夕日の滝 P.282

予讃線

P.147 石鎚神社 ❀

松山自動車道

山陽本線

P.317 石手寺 ❀

松山市

2

予讃線

P.317 岩屋寺 ❀

高知県

愛媛県

予讃線

P.134 總鎮守八幡神社 ❀

P.186 鳴無神社 ❀

P.161 須賀神社 ❀

四万十川

土讃線

予土線

大分県

予讃線

3

土讃線

唐人駄場遺跡 ❀ P.29

四万十川

P.291 竜宮神社 ❀

白山洞門 ❀ P.291

足摺岬灯台 ❀ P.291

A   B

岡山県 C

兵庫県 D

最上稲荷 P.184
吉備津神社 P.126
295 楯築遺跡

岡山市

西大寺会陽 P.241

エンジェルロード P.272

ハートのオリーブの葉
(道の駅 小豆島オリーブ公園)
P.311

屋島寺 P.317

高松市

願い橋、叶え橋
(津田の松原) P.304

田村神社 P.230
ひょうげ祭り P.243
滝宮天満宮 P.165
金刀比羅宮 P.88

善通寺 P.317
出釈迦寺 P.250

香川県

高屋神社 P.252

銭形砂絵 P.311

八坂神社 P.154

徳島県

焼山寺 P.316

轟九十九滝 P.280

平等寺 P.316

竹林寺 P.316

最御崎寺 P.316

P.299 生石神社
(石宝殿)

P.284 布引の滝
P.176 生田神社

神戸市

P.107 絵島

P.304 対の狛犬(坂の上の異人館)
P.305 サターンの椅子(山手八番館)
P.308 ポルチェリーノ(うろこの家)

大阪湾

おのころ島神社 P.106

淡路島

めでたいでんしゃ
(南海電鉄)
P.309

和歌山市

杉尾神社 P.173

和歌山県

丹正祭り(丹生神社) P.244

徳島市

姫宮神社 P.182

山陽新幹線

瀬戸大橋線
瀬戸中央自動車道
予讃線
高松自動車道
高徳線
土讃線
高知自動車道
徳島自動車道
吉野川
徳島線
牟岐線
紀勢本線
阪和自動車道

I
2
3

四国

0   15km

N

寺院 神社
自然・その他

隠岐諸島

隠岐諸島
0　　　15km
1:1,200,000
N

水若酢命神社 P.65
かぶら杉 P.65
岩倉の乳房杉 P.65
P.64 壇鏡の滝
隠岐諸島
島根県
玉若酢命神社 P.65

国賀海岸 P.64
隠岐神社 P.134

中国地方

0　　　15km
N

寺院　神社
自然・その他

P.193 物部神社
P.27 ゆのつ温泉 夜神楽（龍前神社）
島根県

広島市

元乃隅神社 P.254

立ち寄り湯 恩湯（長門湯本温泉）P.310
別府弁天池 P.286
どじょう森様 P.170
山口県

豊国神社（千畳閣）P.74
厳島神社P.
霊火堂 P.153
亀居山放光院大願寺 P.74-19
大本山大聖院

フクマネキン[福招金]（唐戸市場 2階）P.307
防府天満宮 P.165
岩國白蛇神社 P.191

山口市

夕日の滝 P.282

赤間神宮 P.177
足立山妙見宮 P.239
篠崎八幡神社 P.177

笑い講（小俣八幡宮）P.246

福岡県　　大分県

天岩戸神社 P.113

まいそう祭り
（御井神社）
P.240

氷ノ山

若狭湾

小浜線

舞鶴若狭自動車道

P.283 瓜割の滝

P.67 竹生島宝厳寺

P.66 竹生島神社
（都久夫須麻神社）

北陸自動車道

湖西線

琵琶湖

京都府

P.242 伊庭の坂下し祭り
（織峰三神社）

沙沙貴神社
P.171

御上神社
P.110

草津線

山陰本線

福知山線

兵庫県

播但線

中国自動車道

広島福富の自動車道

P.330

比叡山

京都市　大津市

名神高速道路

弁天池の沈み鳥居
P.264

P.188 西宮神社

P.300 越木岩神社

P.284 布引の滝

山陽自動車道

山陽新幹線

P.299 生石神社
（石宝殿）

P.176 生田神社

大阪市

神戸市

関西本線

淀川

奈良市

P.278
赤目四十八

P.107 絵島

大阪湾

P.304 対の狛犬（坂の上の異人館）

P.305 サターンの椅子（山手八番館）

P.308 ポルチェリーノ（うろこの家）

大阪府

P.112 高天彦神社

P.223 南法華寺（壺阪寺）

室生龍穴
P.231

橿原神社 P.193

談山神社 P.134

石舞台古墳 P.303

金峯山寺 P.142

おのころ島神社
P.106

淡路島

P.309 めでたいでんしゃ
（南海電鉄）

和歌山市

和歌山線

P.143 吉水神社

P.143 吉野水分神社

P.143 金峯神社

奈良県

P.136 壇上伽藍

P.138 金剛峯寺

P.139 奥之院

天河大辨財天社 P.194

大台ヶ原

P.173 杉尾神社

P.241 尾鷲ヤーヤ祭り
（尾鷲神社）

徳島市

姫宮神社 P.182

阪和自動車道

紀勢本線

徳島県

牟岐線

P.301 玉置神社玉石社

P.109 鬼ヶ城

P.109 獅子岩

P.108 花の窟神社

熊野古道
P.36

七里御浜
P.109

丹生祭り（丹生神社）
P.244

和歌山県

P.30 熊野本宮大社

P.31 大斎原

P.36 世界遺産 熊野本宮館

P.32 熊野速玉大社

P.302 ゴトビキ岩

熊野川（新宮川）

平等寺 P.316

P.288 吐生の滝

熊野那智大社 P.34

那智の滝
（飛瀧神社）
P.35

P.111 潮御崎神社

御首神社 ⊛ P.167
伊夫岐神社 ⊛ P.149

ⓒ 池ノ上みそぎ祭り P.246
（葛懸神社）

岐阜県

ⓓ

長野県

高山本線
岐阜市

太多線

中央自動車道
中央本線

木曽川

飯田線

砂の泉（茶臼山高原）P.307 ⊛

養老神社 ⊛
P.167
養老の滝 ⊛
P.281
多賀大社 ⊛ P.97

賀県

在所山

名古屋晴明神社 P.226 ⊛
名古屋市
足王社 P.166 ⊛
熱田神宮 P.192 ⊛
上知我麻神社 P.165 ⊛

東海道本線

関西本線

愛知県

花祭（東栄町）P.245 ⊛

静岡県

百間滝 P.287 ⊛

Ⓘ

大井川

伊勢湾岸自動車道

新名神自動車道

武豊線

椿大神社 ⊛ P.80

新東名高速道路

東名高速道路

伊勢湾

伊勢自動車道

津市

紀勢本線

浜名湖

東海道新幹線

東海道本線

天竜川

②

三重県

参宮線

伊勢神宮・外宮 ⊛ P.10
月夜見宮 ⊛ P.16
倭姫宮 ⊛ P.16
月読宮 ⊛ P.16
松尾観音寺 ⊛ P.17
興玉神石 ⊛ P.292
粟皇子神社 ⊛ P.293
蘇民の森 松下社 ⊛ P.293
夫婦岩・二見興玉神社 ⊛ P.292
伊雑宮 ⊛ P.16
御塩殿神社 ⊛ P.293

瀧原宮 ⊛ P.16

頭之宮四方神社 ⊛
P.173

伊勢神宮・内宮 ⊛ P.13
猿田彦神社 ⊛ P.17
宇治神社（足神さん）⊛ P.17

③

近畿・名古屋

0 ___ 15km N

⊛寺院 ⊛神社
⊛自然・その他

ⓒ

ⓓ

京都・奈良・大阪

0 5km

N

周辺図 P.328-329

A

山陰本線

出雲大神宮の磐座 P.297

P.213 賀茂別雷神社（上賀茂神社）
P.180 片山御子神社
P.226 晴明神社

P.209 高山寺
P.78 北野天満宮
P.216 金閣寺
P.214 龍安寺
P.210 総本山 仁和寺
P.180 野宮神社
P.222 わら天神宮
P.208 天龍寺
P.194 芸能神社
P.174 梅宮大社
P.217 西本願寺
P.206 東寺（教王護国寺）

B

三宅八幡宮 P.178
比叡山
延暦寺 P.150
比叡山坂本線
琵琶湖

白峯神宮 P.192
護王神社 P.168
賀茂御祖神社（下鴨神社）P.212
御金神社 P.190
八坂神社 P.190
美御前社 P.195
滋賀県
石山駅
長楽寺 P.222
清水寺 P.202
東海道新幹線
安井金毘羅宮 P.187
醍醐寺 P.211
おせき社 P.168
伏見稲荷大社 P.82
六波羅蜜寺 P.190

京都駅

太秦駅

長岡京駅

京都府

宇治川

京滋バイパス

宇治駅
近鉄京都線

宇治上神社 P.215
平等院 P.216

京田辺駅

P.311 猪目窓（正寿院）

能勢妙見山 P.238

兵庫県

新名神高速道路

大阪府

名神高速道路

東海道本線
阪急京都線

淀川

京奈和自動車道

木津川

木津駅 関西

山崎駅

中山寺 P.175

宝塚駅

中国自動車道

星田妙見宮 P.236
磐船神社 P.294

東大寺 P.218

尼崎駅

山陽新幹線

新大阪駅

近畿自動車道

片町線

東大寺 P.218
春日大社 P.86
夫婦大國社 P

三島神社 P.157

石切劔箭神社 P.171
P.219 興福寺

露天神社
（お初天神）P.184

P.170 少彦名神社
P.176 坐摩神社

梅田駅

大阪天満宮 P.164

難波駅

P.189 今宮戎神社

ビリケンさん（通天閣）
P.308

安倍晴明神社 P.224

住吉大社 P.92

生駒山

近鉄奈良線
奈良駅

P.164 菅原天満宮
生駒山
P.223 霊山寺

奈良駅

P.220 薬師寺
松尾山

法輪寺
信貴生駒
スカイライン

信貴山

生駒山

大阪湾

第二阪奈道路

元興寺 P.221
唐招提寺 P.221
帯解寺 P.174

桜井線

法隆寺駅
近鉄橿原線

天理駅

奈良県
石上神宮
P.128

桃尾の滝 P.285

狭井神社
P.141・172

三輪山

信太森葛葉稲荷神社 P.225

阪和自動車道

柏原駅

王子駅

二上山

耳成山 桜井駅

大神神社
P.140

3

若狭湾

金刀比羅神社 P.134

京都府

兵庫県

山陰本線

鳥取市

因美線

鳥取県

330

A

P.113 天岩戸神社

小浜線

B

P.283 瓜割の滝

舞鶴若狭自動車道

北陸

0　　　15km　Ｎ

◉ 寺院　◉ 神社
◉ 自然・その他

C

D

I

◉ 珠洲岬 P.268

◉ お熊甲祭
（久麻加夫都阿良加志比古神社）
P.243

◉ P.162 氣多大社

北陸自動車道

北陸新幹線

七尾線

氷見線

富山湾

◉ 雄山神社
（前立社壇）P.145

金沢市 ◎

立山 ▲

◉ 酒とり祭
（下後亟神明宮）
P.242

◉ 富山市

高山本線

東海北陸自動車道

富山県

2

◉ 白山比咩神社
P.84

石川県

槍ヶ岳 ▲

◉ 東尋坊 P.270

九頭竜川

◉ 姥ヶ滝 P.287

白山 ▲

◉ 願掛けなでさるぼぼ
（飛騨国分寺）P.306

◉ 鉾島神社 P.266

P.175 足羽神社 ◎ 福井市

◉ 飛騨一宮水無神社 P.148

毛谷黒龍神社
P.228

越美北線

北陸本線

◉ 劔神社
P.232

福井県

九頭竜川

岐阜県

御嶽山 ▲

高山本線

3

◉ 氣比神宮 P.183

P.296 岩屋岩蔭遺跡 ◉

中央本線

東海北陸自動車道

中央自動車道

長良川

木曽川

湖西線

北陸自動車道

◉ 池ノ上みそぎ祭り P.246
（葛懸神社）

賀県

琵琶湖

C

高山本線

D

331

索引

STAFF

編集制作 Editors
(株)K&Bパブリッシャーズ

取材・執筆 Writers
伊藤麻衣子　森合紀子　服部生美
遠藤優子　伊藤朱理　新崎理良子
沖崎松美　赤須朋子　白鳥幸代
岡崎佐智子　塩田陽子　坪倉希実子
高見真理子　サティスフィールド

撮影 Photographers
赤山シュウ　石原一樹　水野雄斗
立岡美佐子　中村雅和

本文・表紙デザイン Cover & Editorial Design
(株)K&Bパブリッシャーズ
杉原陽子

表紙写真 Cover Photo
PIXTA

地図制作 Maps
トラベラ・ドットネット(株)
サティスフィールド
石井正弥
フロマージュ

写真協力 Photographs
関係各市町村観光課・観光協会
関係諸施設
SEBUN PHOTO/amanaimages
PIXTA
杏編集工房（中島彰子）

総合プロデューサー Total Producer
河村季里

TAC出版担当 Producer
君塚太

TAC出版海外版権担当 Copyright Export
野崎博和

エグゼクティヴ・プロデューサー
Executive Producer
猪野樹

旅コンテンツ完全セレクション
神秘の 聖地 聖域 パワースポット 西日本

2023年4月22日　初版　第1刷発行

著　　者　TAC出版編集部
発　行　者　多　田　敏　男
発　行　所　TAC株式会社　出版事業部
　　　　　　　　　　　　　（TAC出版）
　　　　　〒101-8383 東京都千代田区神田三崎町3-2-18
　　　　　電話　03(5276)9492（営業）
　　　　　FAX　03(5276)9674
　　　　　https://shuppan.tac-school.co.jp
印　　刷　株式会社　光邦
製　　本　東京美術紙工協業組合

©TAC 2023　Printed in Japan　　　　ISBN978-4-300-10566-5
N.D.C.291　　　　　　　　　落丁・乱丁本はお取り替えいたします。